요한복음의 새 창조

정 규 철 지음

New Creation Motif in John's Prologue

by Kyu Chul Chung

요한복음의 새 창조

2018년 2월 5일 초 판 1쇄 인쇄
2018년 2월 10일 초 판 1쇄 발행

지은이 • 정 규 철
펴낸이 • 조 경 혜

도서출판 그리심
07030 서울시 동작구 사당로2길 72 인정 인정 B동 b-01
등록번호 • 제 7-258호(1998. 4. 23)
출 판 사 • 전화 523-7589 팩스 523-7590
홈페이지 • http://grisim.biz
전자우편 • grisimcho@hanmail.net

ISBN 978-89-5799-407-8 (93230)

추천사

성경은 창조에서 시작해서 새 창조로 끝을 맺는 하나님의 창조에 관한 계시라 할 수 있습니다. 창조의 관점으로 성경을 해석하려는 시도는 그동안 다양하게 있어 왔습니다. 그러나 상대적으로 바울 신학에 집중되었던 것이 사실입니다. 요한복음에 나타난 창조 개념에 관한 연구도 그동안 간헐적으로 있었지만, 특히 요한복음 서문 전체를 창조의 관점으로 보려는 시도는 극히 드뭅니다. 이런 이유로 요한복음 서문에 관한 정규철 박사의 새 창조적 접근은 그 신학적 의의가 적지 않다 할 수 있습니다. 일찍이 조직신학을 전공한 저자는 성경신학적 접근과 조직신학적 접근을 접목시켜 요한복음 서문에 관한 다양한 지식을 제공합니다. 뿐만 아니라, 초대 교부들의 입장까지 간략하게 소개하여 독자들로 하여금 폭넓게 서문을 바라볼 수 있게 합니다. 요한복음 서문에 관한 연구서가 시중에 적지 않지만, 이 책이 요한복음 서문에 대한 이해를 한 단계 더 높이는데 귀하게 쓰임 받기를 소망합니다.

권 해 생

(국제신학대학원대학교 신약학 교수)

추천사

신약성경 중에서도 그 내용이 가장 심오하고 신비롭기까지 한, 그래서 많은 주석가들과 설교자들에게 여전히 많은 부분에서 베일에 가려있는 요한복음의 서문을 구속사의 요약문으로 담아내고 있는 본서는, 특별히 로고스 그리스도의 선재하심과 성육신과 그의 공생애 사역, 그리고 그의 십자가의 죽음과 부활이 어떻게 창조-새창조의 모티브와 씨줄과 날줄처럼 연결되는지를 잘 보여주고 있다. 뿐만 아니라 본서의 저자는 요한복음의 서문을 단순히 그리스도의 위대한 성육신의 선언으로만 보는 데 그치지 않고, 그것이 모든 그리스도인의 위대한 거듭남(중생)으로 연결되고 있음을 보여줌으로써, 요한복음의 서문을 진정한 "복음 서문"으로 소개하고 있다. 본서를 읽는 모든 독자들이 참빛이 되신 독생자의 영광을 더욱 밝히 볼 수 있게 되기를 소원한다.

김 준 범

(계약신학대학원대학교 신약학 교수)

추천사

「요한복음의 새 창조」는 저자가 서론에서 밝힌 바와 같이 요한복음 서문을 새 창조의 관점에서 체계적으로 연구한 논문을 책으로 발간한 것입니다. 저자는 조직신학과 신약신학을 전공하였기에 요한복음 전체 또는 요한복음 서문에서 증거하고 있는 내용을 새 창조라는 모티브를 가지고 조직신학과 신약신학 두 관점에서 연구할 수 있었습니다. 또한 구약과 신약 뿐만 아니라 중간기 문헌을 다루면서 새 창조 모티브가 어떻게 반영되었는지를 조사했기에 요한복음 서문과 요한복음 전체의 연관성을 새 창조의 모티브로 제시함과 더불어 성경 전체에 내재된 것을 나타내었습니다.

더 나아가, 고대로부터 최근의 학자들에 이르기까지 대표적인 학자들과 유대문헌까지 조사함으로써 새 창조 모티브에 대한 보다 폭 넓은 연구를 했다는 점 역시 의미 있게 주목할 부분입니다. 무엇보다 (저자가 밝힌 대로) 성경 전체를 창조에서 새 창조에 이르는 과정이라고 할 때에 금번 책에서 저자가 연구한 창조에서 새 창조의 대변환점이 로고스의 성육신과 구속 사역인 것을 잘 나타내었습니다. 따라서 요한복음 전체 또는 요한복음 서문에 나타난 새 창조 모티브 특히, 로고스가 새 창조의 하나님 나라를 세울 메시아임에 관심이 있는 분들에게는 금번 연구가 상당히 흥미가 있고 유익하므로 이 책을 기꺼이 추천하는 바입니다.

김 창 훈
(계약신학대학원대학교 조직신학 교수)

머리말

이 책은 저자가 국제신학대학원대학교에 제출한 철학박사논문이다. 원래 제목은 "요한복음 서문(1:1-18)에 나타난 로고스의 새 창조에 관한 연구"인데 「요한복음의 새 창조」라고 줄인 것은 내용상 무리가 없기 때문이다. 다만 원래의 목차와 내용에다 §로 표시한 소제목만 추가하고, 경우에 따라 추가한 소제목에 내용도 약간 첨가했다. 이 책은 저자가 하나님의 은혜와 이병규 목사님의 허락으로 계약신학대학원대학교 교수가 되어 지난 18년 동안 신약을 강의하는 중 전공자가 아니라는 것이 마음에 걸려서 이번에 신약신학전공의 박사과정을 이수한 결과이다. 이미 저자는 조직신학전공으로 학위를 취득한 바가 있기 때문에 이 책에 조직신학적 토대가 녹아있음을 부정하지 않는다. 그래도 성경 전체를 창조에서 새 창조에 이르는 과정으로 파악하고 창조에서 새 창조의 대변환점이 로고스의 성육신과 구속사역인 것을 확인한 것은 저자의 성경이해에 새로움과 기쁨을 더했다. 그래서 이 책은 그 기쁨과 희열을 객관적으로 표명한 것이기도 하다.

이 책이 나오기까지 친구 나 원 이사장(국제신학대학원대학교)의 배려를 입어 등록금 면제로 학위과정을 마칠 수 있었음을 감사한다. 또한 권해생 교수의 성실한 지도로 연구가 마무리 된 것을 감사한다. 그는 주제를 제시하고 어쩌면 저자보다도 더 많은 관심으로 이 논문을 가다듬었다. 아울러 심사위원 김재성, 이태훈, 장세훈, 권 호 교수와 외부위원 김주한 박사의 학술적 코멘트를 감사하게 생각한다. 또한 도서관 이용에 편의를 제공한 총신대 한상진 교수와 계약신대원 옥 진 과장에게 감사한다.

사실 저자의 스승인 서철원 박사의 요한복음 강의와 강해를 통하여 사도요한의 신학적 깊이를 새롭게 인식한 바가 있었기 때문에 이 연구는 박사님의 가르침을 조금이나마 재생산한 것이라고 할 수 있다. 혹 누군가 이 책을 통하여 사도요한의 복음 선포를 새롭게 인식하고 우리 주 예수님에 대한 믿음고백으로 영생을 누리며 하나님을 섬긴다면 그것은 이 책 출간의 궁극적 목적을 이루는 것이고 로고스 그리스도 하나님께 영광이 되리라.

이번에도 개혁신학과 신앙의 전파에 문서선교로 헌신하시는 그리심의 조경혜 사장님과 장종길 장로님을 통해 이 책을 출판하게 된 것에 무한한 감사를 드린다. 아울러 일본에서 표지를 디자인해 준 딸 인애에게 고마움을 전한다.

2018년 1월

정 규 철

목 차

제3장 성경과 중간기 문헌에 나타난 새 창조

제4장 로고스의 새 창조와 요한복음

제5장 요한복음 서문과 로고스의 새 창조

제6장 결론

약어

ACTS	Asian Center for Theological Studies and Mission
BDAG	*A Greek-English Lexicon of the New Testament and Other Early Christian Literature* by Bauer
BDB	*Hebrew and English Lexicon of the Old Testament* by Francis Brown, S. R. Driver and Charles A. Briggs
ICC	International Critical Commentary
LXX	Septuagint
MidEsch	Eschatological Midrash
NICNT	The New International Commeantary on the New Testament
NICOT	The New International Commeantary on the Old Testament
NPNF	*A Select Library of the Nicene and Post-Nicene Fathers of the Christian Church*
NIV	The New International Version
PNTC	The Pillar New Testament Commentary
Q(=DSS)	Qumran Dead Sea Scrolls
QJN	Qumran *The New Jerusalem*
syrBar	*Die syrische Baruch-Apokalypse*
TDNT	*Theological Dictionary of the New Testament* ed. Gerhard Kittel
WBC	Word Biblical Commentary
WA	*Works of St. Augustine: A Translation for the Twenty-First Century*

New Creation Motif in John's Prologue

요한복음의 새 창조

제 1 장

서 론

1. 연구의 동기와 목적

(1) 연구의 동기

루돌프 불트만(R. Bultmann)에 따르면, 요한복음의 로고스는 하나님이 아니고, 신화적 언어일 뿐이다.[1] 이처럼 요한복음의 로고스에 관한 진술 자

---

1) R. 불트만, 「요한복음서 연구」, 허혁 역 (서울: 성광문화사. 1990), 8. 불트만은 요한복음 서문의 "문예학적 성격이 신화로 성격 지워 질 수 있다"고 말한다. 그러면 불트만에게 요한복음은 하나님의 말씀과 계시가 아니다. 심지어 불트만은 성경의 "종말, 구속자, 구원 등의 개념은 신화론적인 세계관으로서 이미 지나가버린 것이고 폐기처분된 것이다"고까지 평가한다. R. 불트만, 「요한복음서연구」, 허혁 역 (서울: 성광문화사, 1990), 2; 루돌프 불트만, 「예수 그리스도와 신화」, 이동영 역 (서울: 한국로고스연구원, 1994), 20. 교황 요한 23세가 20세기 최대의 신학자로 규정한 칼 발트(Karl Barth)는 "성경은 그 본문에 있어서 근동의 한 종족의 종교 역사 문서이고 그 종족의 헬레니즘적인 외도자의 종교 문서일 뿐"이라고 말한다. 이처럼 성경을 근동의 한 종족이 갖는 종교의 단순한 역사문서일 뿐이라고 규명한다면 요한복음과 성경의 신적 권위는 물론 하나님의 존재와 사역도 불분명하게 된다. Karl Barth, *Die kirchliche Dogmatik* 1/1 (Zurich: Theologischer Verlag, 1976), 171. 창세기부터 여호수아까지의 6경을 말하는 폰 라트(Gerhard von Rad)는 6경 전체를 하나의 거대한 '민담'으로 본다. 이러한 주장대로라면 창세기로부터 여호수아까지는 성경도 아니고 하나님의 말씀도 아니다. 게르하르트 폰 라트, 「창세기」, 국제성서주석 (서울: 한국신학연구소, 1993), 15. 요아킴 예레미아스(Joachim Jeremias)는 "예수의 말씀의 전승은 얼마나 신뢰할만한가?"라는 스스로의 질문에 대하여 긍정적인 답변을 하지 않는다. 왜냐하면 예레미아스는 신약의 기적 이야기가 언어상의 오해에서 나왔다고 주장하기 때문이다. 요아킴 예레미아스, 「신약신학」, 정충하 역 (서울: 새순출판사, 1992), 21-23. 레이몬드 브라운도 그의 「신약개론」의 "신약성경의 성격과 기원"에서 신약에 대하여 '오

체를 부정해버리는 견해와는 다르게, 윌리엄 덤브렐(W. J. Dumbrell)은 그의 「새 언약과 새 창조」(*The End of The Beginning: Revelation 21-22 and the Old Testament*)에서 요한복음을 포함한 성경 전체의 신학을 새 창조의 관점에서 새롭게 정립하려 시도했다.[2] 그레고리 빌(G. K. Beale)도 그의 「신약성경신학: 성경신학적 종말론적 주제별 연구 방식」(*A New Testament Biblical Theology: The Unfolding of the Old Testament in the New*)에서 "성경신학적 종말론적 주제별 연구방식"이란 부제로 시작된 종말과 시작된 새 창조라는 시각에서 성경 전체를 조망하려고 시도했다.[3] 그레엄 골즈워디(G. Goldsworthy)는 그의 「복음과 하나님의 계획」(*According to Plan: The Unfolding Revelation of God in the Bible*)과 「하나님의 아들과 새 창조」(*The Son of God and the New Creation*)에서 새 창조의 관점에서 성경신학을 정립하려 하였다.[4] 이러한 경향은 요한복음이 신화일 뿐이라는 불트만의 주장을 약화시킬 뿐만 아니라, 기왕의 헬만 리델보스(H. Ridderbos, *The Coming of the Kingdom; Paul: An Outline of His Theology*)나 게할더스 보스(G. Vos, *Biblical theology: old and new Testaments; The Pauline Eschatology*)가 구속사적 종말론의 관점에서 성경 전체가 하나님의 나라를 지향한다는 성경신학을 수립하였던 노력에 새로움을 더하는 시도라고 할 수 있다.[5] 그러나 이러한 연구들은 성경 전체를 개략적으로 다루는

랜 발전의 과정' 이었던 '기독교문헌' 으로 볼 뿐 신약성경이 하나님의 말씀이라는 표현을 하지 않는다. 레이몬드 E. 브라운, 「신약개론」, 김근수 외역 (서울: 기독교문서선교회, 2009), 49-65.

2) 윌리엄 J. 덤브렐, 「새 언약과 새 창조」, 장세훈 역 (서울: CLC, 2007).

3) 그레고리 빌, 「신약성경신학」, 김귀탁 역 (서울: 부흥과개혁사, 2014).

4) 그레엄 골즈워디, 「하나님의 아들과 새 창조」, 강대훈 역 (서울: 부흥과개혁사, 2016); 「복음과 하나님의 계획」, 김영철 역 (서울: 성서유니온선교회, 2007). 그레엄 골즈워디는 「성경신학적 설교 어떻게 할 것인가」(*Preaching the Whole Bible As Christian Scripture*)를 저술하기도 했다.

5) 헤르만 리델보스, 「하나님 나라」, 오광만 역 (서울: 도서출판솔로몬, 2008); 게할더스

것들이어서 성경 각 권이나 특정 본문에 대한 보다 구체적이고 세밀한 연구는 진행되지 못하는 한계가 있었다.

예컨대, 그레고리 빌은 그의 「신약성경신학: 성경신학적 종말론적 주제별 연구 방식」에서 한 마디로 성경이 구속사적으로 새 창조를 말하고 있다고 주장한다. 그러나 이러한 빌의 논의는 그의 책의 부제가 말하듯이 주제별 연구 방식을 취하였기 때문에 특정 본문에 대한 상세한 주해적 연구를 제대로 수행할 수 없었다.

덤브렐은 그의 「새 언약과 새 창조」에서, 새 예루살렘, 새 성전, 새 언약, 새 이스라엘, 그리고 새 창조를 논의했다. 덤브렐이 이렇게 5개의 주제로 논의를 전개한 근거는 요한계시록 21:1-5에 이 5개의 주제가 있는 것으로 보았기 때문이다. 그러나 이 5개의 주제로 성경 전체를 동원하여 논의를 전개했으나 요한복음을 가장 적게 다루었다. 더구나 요한복음 서문(1:1-18)에 관하여는 거의 다루지 않았다.

그레엄 골즈워디는 그의 「복음과 하나님의 계획」에서 하나님의 계획은 새 창조를 통해 성취되고 그것이 바로 복음이라는 것을 제시했다. 이러한 주제를 드러내기 위해 골즈워디는 이 책에서 성경신학의 방법을 제시하면서 출애굽이 구속의 패턴임을 주장했다. 아울러 두 번째 출애굽은 우리를 위한 새 창조이고, 우리 안에서 시작된 새 창조임을 주장하고 있다. 그러나 한글 번역판 기준으로 400여 페이지에 이 모든 내용을 다루다 보니 요한복음 등 성경 각권에 나타난 새 창조의 논의는 전혀 취급하지 못했다.

골즈워디는 또한 그의 「하나님의 아들과 새 창조」에서 "하나님의 아들이신 예수님은 또한 성자 하나님이며 삼위일체의 영원한 제2위 하나님이시다.

보스, 「성경신학」, 원광연 역(서울: 크리스챤 다이제스트, 2005).

6) 그레엄 골즈워디, 「하나님의 아들과 새 창조」, 176-77.

그러나 우리의 구원과 영원한 운명은 성자 하나님이 하나님의 아들로 성육신하신 것에 달려 있다"고 결론 지으며,[6] "예수님은 새 창조, 새 약속의 땅, 새 예루살렘, 새 성전, 그리고 하나님의 새 백성이시다"고 주장했다.[7] 골즈워디는 "예수님은 그의 인격과 사역을 통해 하나님 나라의 본질을 세우는 창조의 패턴을 축약해서 보여 주신다"고 말하고, 하나님의 아들이신 예수가 새 아담, 새 이스라엘, 새 인류로서 하나님이 자기 백성 안에 주신 모든 약속은 예수 안에서 성취된다고 말한다.[8] 이것은 하나님의 아들이신 예수가 우리의 구원을 만물의 갱신, 즉 새 하늘과 새 땅의 본질적 요소이신 것을 함의한다.[9] 그러나 이러한 주장을 제시함에 있어서 요한복음을 비롯한 요한의 문헌을 세밀하게 다루지는 못했다. 골즈워디가 "요한은 예수님이 하나님이면서 인간이라는 사실을 반드시 짚고 넘어가는 점에서 수준 높은 조직신학자라고 할 수 있다"고 주장하면서도 보다 깊은 주석적 논의를 전개하지 않았다.[10]

따라서 빌과 덤브렐과 골즈워디가 성경 전체를 조망하여 제시한 새 창조의 주제를 특별한 본문인 요한복음 서문(1:1-18)에서 찾을 수 있을 것인지를 탐구하는 것이 이 논문을 계획한 동기이다. 이 논문에서 새 창조는 그전까지 없었던 일로서 로고스의 사역을 통하여 하나님만이 하실 수 있는 사역이라

---

7) 그레엄 골즈워디, 「하나님의 아들과 새 창조」, 177.

8) Ibid.

9) Ibid.

10) 박호용도 요한복음의 한 특징으로 '조직신학 논문으로서의 요한복음'이라고 명명하였다. 요한은 로마제국 하에서 유대교와의 피할 수 없는 대립과 갈등상황에서 기독교 신앙을 변증하기 위해 바울의 서신형식이나 공관복음서의 전기형식보다는 신학적 주제에 따른 논문형식의 글쓰기가 적합하다는 결론을 내렸을 것이기 때문이라는 것이다. 논문에는 논문이 갖추어야 할 논문의 목적, 주제, 구조 및 방법론 등의 기본적인 요소가 있는데 설화체로 되어 있는 요한복음에는 이 같은 논문의 기본 요소들이 놀랍게도 완벽하게 갖추어져 있다는 것이다. 박호용, 「천하제일서 요한복음」 (서울: 쿰란출판사, 2012), 223-24.

11) Chrysostom, Aquinas, Calvin, Boismard, Bultmann, Barrett, Lincoln, Koestenberger,

는 의미로 사용하고자 한다.

(2) 연구의 목적

연구의 동기에서 밝힌 대로 그동안 국내외에서 요한복음 연구가 많이 진행되었지만[11] 요한복음 서문(1:1-18)을 새 창조의 관점에서 체계적으로 연구한 것은 거의 없었다.[12] 요한복음 전체 혹은 요한복음 서문에서 새 창조 모티프를 연구한 저술을 발견하지 못했기 때문에 그 중에 요한복음 서문에서 새 창조 모티프를 찾아내려는 것이 이 연구의 직접적인 목적이다. 성경 전체를 창세기의 '창조' 에서 요한계시록의 '새 창조' 에 이르는 과정으로 보는 것이 타당하다면, 요한복음의 일부인 요한복음 서문(1:1-18)에 새 창조 모티프가 반영되었는지를 고찰할 수 있을 것이다.[13] 따라서 이 책에서는 과연 요한복음 서문(1:1-18)에 새 창조의 주제가 얼마나 종합적으로 나타나는지를 탐구할 것이다. 이와 함께 요한복음 서문에 등장하는 로고스가 연구의 주제로서 합당한지도 살필 것이다. 아울러 요한복음 서문에서 로고스는 새

Brown, Burge, Keener, Michaels, Morris, Beasley-Murray, Hendrickson, McHugh, 이상근, 이필찬, 주성준, 이상훈, 유상섭 등의 요한복음에 관한 저술들을 보시오.

12) Masanobu Endo, *Creation and Christology: A Study on the Johannine Prologue in the Light of Early Jewish Creation Accounts* (Tübingen: Mohr Siebeck, 2002)을 제외하고 눈에 띄는 연구가 없었다. 이 책은 마사노부 엔도(Masanobu Endo, 1963-)가 리처드 보컴(Richard Bauckham)의 지도를 통하여 세인트 앤드류 대학에 제출한 박사학위논문으로 새 창조의 관점보다는 초기 유대교의 창조 개념의 관점에서 요한복음 서문을 연구한 것이다. 그러나 엔도는 이 책의 소주제로 하나님의 자녀가 새 창조임을 제시했다(Masanobu Endo, *Creation and Christology*, 221). M. E. Boismard, St. *John's Prologue*, trans. Carisbrooke Dominicans (Westminster, Maryland: Newman Press, 1957)와 이복우, 「내 뒤에 오시는 이」 (수원: 합신대학원 출판부, 2011) 등도 좋은 연구이지만 새 창조의 관점에서 연구한 것은 아니다.

13) 요한복음 '서문' (1:1-18)에 대하여 윌라드 스와틀리(Willard M. Swartley)는 요한복음 '서곡' 이라고 표기한다. 그러나 요한복음은 음악의 악보가 아니라 문서로 된 책이기 때문에 이 논문에서는 '서문'으로 표기할 것이다. 윌라드 스와틀리, 「요한복음」, 이영훈 역 (서울: 대장간, 2016).

14) 새 창조의 의미는 과거 없었고 사람이 결코 할 수 없으며 하나님만이 할 수 있는 사

창조의 중보자로서 어떻게 새 창조를 수행했는지를 논의할 것이다. 연구를 진행하면서 뒤따르는 요한복음 서문의 통일성 문제, 독생자의 번역문제, 새 창조의 주체가 누구이며, 어떤 방법으로 새 창조가 이루어지는가의 문제에 대한 결론도 함께 도출될 것이다. 이 연구의 부수적인 결과로 요한복음의 로고스가 하나님이 아니고 신화적인 언어일 뿐이라는 불트만의 주장은 설득력을 잃게 될 것이다.

2. 연구의 범위와 방법

(1) 연구의 범위

위에서 말한 대로 이 연구의 범위는 제한적일 수밖에 없다. 왜냐하면 새 창조라는 주제로 성경 전체를 연구하기에는 범위가 너무 넓기 때문이다. 모세오경의 출애굽기만 보더라도 새 창조 모티프가 드러나 있다. 연구의 동기에서 밝힌 새 창조 의미의 관점에서, 떨기나무의 꺼지지 않는 불꽃과 10가지 기적적 재앙과 홍해가 갈라지는 기적과 새로운 십계명 두 돌판, 그리고 성막 건설 등에서 새 창조 모티프를 발견할 수 있다.[14] 이사야 65:17에서는 새 창조에 대하여 직접적으로 "보라 내가 새 하늘과 새 땅을 창조하나니 이전 것은 기억되거나 마음에 생각나지 아니할 것이라"고 말하고, 66:22에서는 "내가 지을 새 하늘과 새 땅이 내 앞에 항상 있는 것 같이 너희 자손과 너희 이름이 항상 있으리라 여호와의 말이니라"고 말한다. 갈라디아서 6:15의 "할례나 무할례가 아무 것도 아니로되 오직 새로 지으심을 받는 것만이 중요하니라"라는 구절과 고린도후서 5:17에서도 "그런즉 누구든지 그리스도 안에 있으면 새로운 피조물이라 이전 것은 지나갔으니 보라 새 것이 되었도다"고

역이라는 관점에서 볼 때 그렇다.

새 창조에 대해서 직접 말하고 있다. 요한계시록 21:1에서는 "또 내가 새 하늘과 새 땅을 보니 처음 하늘과 처음 땅이 없어졌고 바다도 다시 있지 않더라"는 묘사로 완성된 새 창조를 말한다. 이상의 몇몇 구절을 보더라도 신구약 성경 전체에서 새 창조의 모티프를 찾을 수 있다. 그렇다고 성경의 모든 새 창조 모티프를 연구하는 것은 하나의 제한된 논문에서 다루기에는 범위가 너무 넓다. 따라서 논의의 집중도를 높이기 위하여 요한복음 서문(1:1-18)으로 연구의 범위를 한정한다. 요한복음 서문은 적은 분량에 비하여 함의하는 바가 크다고 판단되기 때문이다. 요한복음 서문은 창세기, 출애굽기, 이사야, 바울서신, 요한계시록 등과 연관될 수 있는 용어와 문장들이 많기 때문이다. 여기에 곁들여 새 창조 모티프가 구약의 율법서와 선지서와 성문서 그리고 신약의 공관복음과 바울서신 그리고 요한복음에 어떻게 반영되었는지를 전후문맥의 측면에서 살펴볼 것이다.

(2) 연구의 방법

본 연구는 문헌 탐구와 주해적 연구 방식을 취할 것이다. 따라서 연구의 진행은 요한복음 서문에 새 창조 모티프가 어떻게 반영되었는지를 알아보기 위하여 먼저 제2장에서 요한복음의 로고스와 새 창조 연구사를 개관할 것이다. 여기서 로고스의 배경으로 헬라세계와 구약의 연관성을 알아볼 것이다. 이어서 존 크리소스톰(John Chrysostom, 349-407), 아우렐리우스 어거스틴 (Aurelius Augustine, 354-430), 토마스 아퀴나스(Thomas Aquinas, 1224-1274), 존 칼빈(John Calvin, 1509-1564), 루돌프 불트만(Rudolf Bultmann, 1884-1976), 찰스 바레트(Charles Kingsley Barrett, 1917-2011), 레이몬드 브라운(Raymond Edward Brown, 1928-1998), 레온 모리스(Leon Lamb Morris, 1914-2006), 도널드 카슨(Donald Carson, 1946-), 게리 버지(Gary Burge, 1952-), 안드레아스 쾨스텐베르거(Andreas Johannes

Koestenberger, 1957-), 크레익 키너(Craig S. Keener, 1960-) 등이 요한복음 서문의 로고스를 어떻게 연구했는지를 조사할 것이다. 이 학자들은 교회사적으로나 혹은 신학적으로 대표성을 띤 학자들로 보이기 때문이다. 제3장에서는 로고스의 새 창조 모티프에서는 새 창조의 의미가 신구약 성경의 중심개념이고, 재창조로서의 새 창조임을 밝히고, 구약에서 모세오경, 선지서, 성문서 그리고 중간기문헌과 아울러 신약의 공관복음서와 바울서신에서 새 창조 모티프가 어떻게 반영되었는지를 조사할 것이다.

제4장에서는 로고스의 새 창조와 요한복음에서는 요한복음의 구조와 새 창조, 7개의 표적, 새로운 출생, 그리고 로고스 메시아 사역의 마지막 일주일을 근거로 요한복음 서문과 요한복음 전체의 연관성을 새 창조를 모티프로 하여 제시할 것이다. 제3장과 제4장을 연구하는 이유는 요한복음 서문의 새 창조 개념이 요한만의 독특한 개념이 아니라 이미 성경 전체에 함축적으로 내재된 것임을 드러내기 위함이다.

제5장에서는 새 창조의 필요성으로서 어둠과 깨닫지 못함과 알지 못함과 인간의 타락을 제시할 것이고, 새 창조의 중보자로서 로고스의 의미와 선재를 살펴보고 또한 성육신하신 로고스가 하나님이고 아버지의 독생자이며 예수 그리스도임을 제시할 것이며, 로고스의 새 창조로서 로고스의 창조사역과 로고스의 새 창조 사역과 하나님의 자녀 그리고 은혜와 진리의 출애굽 모티프를 제시할 것이다. 그리고 제6장에서 결론을 도출할 것이다.

II

제 2 장

요한복음 서문의 로고스와 새 창조 연구사

1. 로고스의 역사적 배경

요한복음 서문의 연구를 위해서는 로고스의 배경을 살펴볼 필요가 있다. 로고스는 요한복음 서문(1:1-18)의 주제가 되기 때문이다. 로고스는 헬라어이기 때문에 헬라세계의 배경을 무시할 수 없을 것이다. 그럼에도 불구하고 로고스는 유대인에 의하여 사용되었기 때문에 유대적 배경도 배제할 수 없을 것이다.

(1) 헬라세계

헬라세계(Greco-Roman world)에서 로고스(λόγος)는 동사형 레고(λέγω)[1]와 마찬가지로 어원의 기본적 의미가 '모으다, 계산하다, 열거하다, 말하다, 이야기하다, 생각하다, 평가하다' 였다.[2] 그래서 셈(counting), 계산,

---

1) 헬라어의 특징은 동사가 문장 맨 앞에 나오는 것이다. λέγω, ἀγαπάω 등을 보면 그렇다. "Aαγαπάω σεσε"의 헬라어 문장을 보면, "사랑한다+내가+당신을"의 어순으로 되어 있다. 이것은 고대인들이 동작을 중요시했음을 반영한 결과일 것이다. 우리말의 어순은 "내가+당신을+사랑한다"고 하여 동사가 끝에 위치한다. 영어의 어순은 "I+love+you"라고 하여 동사가 주어 다음에 위치한다.

2) Gerhard Kittel ed., *Theological Dictionary of the New Ttestament*, tr. Geoffery

평가, 근거, 이성 등의 뉘앙스를 지닌다. 셈한다는 것은 목록이나 카타로그(catalogue)의 의미를 제시하기도 한다.[3] "반즈에 의하면 개념적으로 로고스 혹은 설명(account)은 말하는 것(legein)으로 정의되어 진다. 그리고 이 로고스는 주전 6세기 내내, 그리고 5세기 전반기에도 뮈토스(μῦθος)와 동의어였다."[4] 로고스와 비슷한 레마(ῥῆμα)는 행동적인 단어로 사용되었다. '레고' (λέγω)와 비슷한 '랄레오' (λαλέω)는 어린이를 달래는 의성어 '룰' (lull)과 같이 어린이들이 재잘거리는 것처럼, 별 의미 없는 말을 한다는 의미가 있다.[5]

주전 6세기의 헤라클리투스(Heraclitus)는 로고스를 우주의 창조과정의 이성적 원리로 보았다.[6] 헬라의 소피스트(sophist)들은 로고스가 인간의 이성을 의미하는 것으로 보았다. 즉 이것은 사고와 언변의 능력을 의미하고, 정치에서는 설득력을 의미했다.[7] 소크라테스와 플라톤은 로고스가 일상적인

W. Bromiley, Vol. IV (Grand Rapids, Michgan: Wm. B. Eerdmans Pub. Co., 1993), 69. 이하 TDNT로 약칭한다.

3) 최수, "로고스와 뮈토스: 철학과 문학텍스트에 나타난 대리보충" (박사학위논문, 고려대학교, 2015), 16.

4) Jonathan Barnes, *The PreSocratic Philosophers: The Arguments of the Philosophers* (London: Routhledge, 2000) in 최수, "로고스와 뮈토스: 철학과 문학텍스트에 나타난 대리보충," 16. 최수는 "버낭(J.P. Vernant)은 자신의 「헬라시대의 신화와 사회」(*Myth and Society in Ancient Greece*)에서 '뮈토스' 와 '로고스' 에 대한 정의를 어원적 분석으로 풀어 설명해 준다. 그에 의하면 헬라어 muthos는 "공식화된 언어" 로써, 이는 '말[씀]의 영역(domain of legein)' 에 속한다. 여기서 중요한 점은 뮈토스와 로고스가 그 기원에 있어서 같은 의미로 공유되는 점인데 그 이유는 뮈토스가 'legein의 영역' 에 속하기 때문이다. 어원적으로 'legein' 은 logos의 동사형이고 그 명사형이 logos이다. legein은 '모으다, 수확하다, 계산하다, 말하다' 등의 여러 의미가 있으며, 그 명사형 logos는 '말해진 것[말씀(logos; logia)], 설명, 정의(definition)' 등의 의미를 갖고 있다. 이처럼 어원적인 측면에서 뮈토스와 로고스는 같은 뿌리를 갖고 있다" 고 설명한다. 최수, "로고스와 뮈토스: 철학과 문학텍스트에 나타난 대리보충," 1-2.

5) TDNT, 76.

6) TDNT, 81.

7) TDNT, 82.

혀를 통하여 나온 것으로 보고, 이성의 로고스와 실재의 로고스 간의 조화를 전제했다.[8] 아리스토텔레스에게 로고스는 인간의 미덕과 경건의 근원이기도 하였다.[9] 따라서 헬라세계에서 로고스의 주된 의미는 말과 이성이라 볼 수 있다.

신약시대로 들어와서 스토아학파는 로고스를 우주의 본성으로 표현하였고, 신플라톤주의는 세상을 형성력 있는 로고스로 보았다.[10] 이와 관련하여 브라운(R. E. Brown)은 스토아학파가 사용하는 로고스와 요한이 사용하는 로고스의 의미에는 차이가 있다고 주장한다.[11] 그 차이는 우주의 본성과 신적 개념에 나타난다고 볼 수 있다. 이 시대에 알렉산드리아의 필로(Philo)는 유대교와 헬라철학을 연합시키려고 시도했다. 그는 로고스에 원리나 이성의 차원을 넘는 신적 개념을 처음으로 도입했다. 하지만 필로의 로고스는 인격이 아니고, 성육신이 불가능하고, 완전한 신도 아니고, 선재자이거나 메시아가 아니었다. 단지 신과 인간의 중간적 존재에 머무를 뿐이었다.[12]

(2) 구약과 유대교

프록쉬(O. Procksch)는 로고스에 관하여 킷텔(Gerhard Kittel) 편집의 「신약신학사전」(*Theological Dictionary of the New Ttestament*)에서 다음과 같이 설명한다.[13] 구약에서 로고스(λόγος)로 번역될 수 있는 단어는 히브리어 '아마르' (אמר)와 '다바르' (דבר)이다. 전자는 '말함' (saying)을 뜻하고, 후자는 '말씀' (word)을 의미하는데, 이 단어들의 어근은 '뒤' (back,

---

8) TDNT, 83.
9) TDNT, 84.
10) TDNT, 84-86.
11) 레이몬드 브라운, 「요한복음개론」, 최흥진 역 (서울: 기독교문서선교회, 2013), 179.
12) 나채운, "요한복음 서론의 문학적 구조와 신학적 의미 (Ⅱ)," 「장신논단」 Vol.7 (1991), 37.
13) TDNT, 91-92.

background)를 뜻한다.[14] 즉 말해진 것의 배경이나 내용을 언급한다. '아마르' 는 헬라어 로고스(λόγος)와 레마(ῥῆμα)를 의미한다. 칠십인역(LXX)은 로고스(λόγος)와 레마(ῥῆμα)를 동의어로 취급하여 '아마르' 를 번역할 때 둘 다 사용하였다. 레마(ῥῆμα)는 오경과 여호수아 사사기, 룻기, 욥기 등에서 흔히 사용되었고, 로고스(λόγος)는 시편과 다른 역사서 그리고 예언서에서 더 많이 사용되었다. 이것은 출애굽기 19-40장의 시내산 배경에 로고스(λόγος)와 레고(λέγω)가 사용되었음을 포함한다. 랍비 유대교 문서에서 율법은 지혜와 하나님의 말씀과 동일시되었다.[15] 중요한 것은 칠십인역에서 로고스를 하나님의 말씀과 율법을 계시하는데 사용하였다는 점이다.

또한 로고스는 구약에 대한 유대인들의 명칭인 '타나크' (תנך)와 연관된다. '타나크'의 구조상 율법서와 선지서와 성문서의 중심에 '토라'(תורה)가 자리 잡고 있다고 할 수 있기 때문에 로고스는 말씀으로서 구약 전체와 연관된다고 할 수 있다. 왜냐하면 선지서들은 선지자들이 토라에 근거하여 예언한 내용이고, 성문서는 주로 토라를 노래하는 내용이기 때문이다.

구약에서 지혜를 만물의 창조자(욥 28:25-29; 잠 3:19; 8:12-30)로 언급한 것을 보면 창조주로서 지혜와 동일시되는 로고스에도 인격적 개념이 있을 가능성이 있으나, 유대교에서 로고스를 신적 인격으로까지 다루지는 않았다.[16] 왜냐하면, 신명기 6:4의 여호와 하나님의 유일신 개념에 위배되기 때문이다.

이상에서 볼 때 로고스는 첫째, 헬라적 배경과 구약적 배경을 갖고 있

14) Ibid.
15) 서형석, "요한복음 서막의 로고스와 코스모스" (박사학위논문, 연세대학교, 2004), 58.
16) Bultmann, Ridderbos, Dunn, Schnackenburg 등은 유대교가 말하는 로고스에는 인격 개념이 전혀 없다고 주장한다. 이복우, 「내 뒤에 오시는 이」 (수원: 합신대학원 출판부, 2011), 184-87.

다.[17] 둘째, 헬라적 배경에서 중요한 것은 '하나님과 세상'의 이원론을 중간적 존재인 로고스 개념으로 해결한 것이다. 셋째, 구약과 유대적 배경에서 중요한 점은 로고스로 하나님의 존재와 뜻을 계시하는 말이었다는 점이다. 넷째, 시내 산에서 율법을 수여할 때 여호와께서 말씀하신 것을 칠십인역에서 로고스(λόγος)와 그 동사형 레고(λέγω)를 많이 사용하였다.

2. 로고스와 새 창조 연구사

이하의 연구에서 다음의 학자들을 선정한 것은, 우선 그들이 요한복음 전체를 연구했고 요한복음 연구에 있어서 성경무오에 관한 전통적 입장이든 비평적 입장이든 대표성을 띠고 있는 것으로 보이기 때문이다. 다만 이하의 연구는 주로 요한복음 서문(1:1-18)에 한정한다. 로고스는 요한복음에서 서문에만 등장하기 때문이다.

(1) 존 크리소스톰

크리소스톰(John Chrysostom, 349-407)의 「요한복음 설교」는 가장 오래된 요한복음에 관한 저술들 중의 하나이다.[18] 크리소스톰은 요한복음 1:1에서 로고스를 설명하면서 '태초에'와 '계셨다'를 결합시켜서 '계셨다'는 말이 인간의 경우 과거를 의미하지만, 하나님의 경우는 영원을 가리킨다고 설명하였다.[19] 그는 로고스가 하나님의 아들로서 영원으로부터 나심을 언급

17) 신성종, 「신약총론」 (서울: 기독교문서선교회, 1983), 129.
18) J. Chrysostom, "Homilies on the Gospel of St. John," *A Select Library of the Nicene and Post-Nicene Fathers of the Christian Church*, ed. Philip Schaff, vol. xiv (Grands Rapids: Eerdmans Publishing Co., 1983), 4-54. 이하 NPNF로 약칭한다.
19) NPNF.1.14, 8.

했다.[20)]

크리소스톰이 요한복음 1:14을 설명할 때 로고스가 사람이 된 것은 본질이 변한 것은 아니라고 하였다. 본질은 그대로인 채 종의 모습을 취한 것이다.[21)] 크리소스톰은 14절의 영광을 설명하면서 로고스가 사람이 되어 기적을 행한 것과 함께 십자가에 못 박히신 고난을 영광이라고 표현하였다.[22)] 로고스가 하나님의 독생자로서 사람들에게 수치스럽게 보이는 일을 당함으로 죽음이 폐지되고 저주가 풀렸으며 악마들이 수치를 당하고 정복되어 웃음거리가 되었으며 우리의 죄의 빚 문서가 십자가에 못 박혔다.[23)] 로고스의 고통은 악마들의 폭정을 무너뜨리고 우리에게 영원한 불사와 육체의 영원한 생명의 기쁜 소식을 전하였다.[24)] 이것은 로고스의 속죄사역과 그 결과라 할 수 있을 것이다.

크리소스톰은 요한복음 1:15에 세례요한의 증언이 등장한 것은 유대인들이 세례요한을 매우 존경했기 때문이고, 로고스를 받아들이지 않는 유대인들을 부끄럽게 하기 위함이라고 설명했다.[25)] 16절에서 우리 모두가 그분의 충만함에서 받았다는 표현은 선구자인 세례 요한의 말이 아니라 제자인 사도 요한의 말이다.[26)] 로고스는 본성으로 충만한 은혜를 소유하고 내가 은혜를 소유하는 것은 참여에 의한 것이며 전체의 작은 일부일 뿐이다.[27)]

크리소스톰은 17절을 설명하면서 모세는 '시내산에서' 아말렉과 전투할 때 그의 양손은 아론과 훌에 의해서 펼쳐졌고(출 17:12), 로고스인 그리스도

---

20) NPNF.1.14, 16.
21) NPNF.1.14, 38.
22) NPNF.1.14, 42.
23) Ibid.
24) Ibid.
25) NPNF.1.14, 44.
26) NPNF.1.14, 48.
27) NPNF.1.14, 47.

는 십자가에서 그의 양손을 펼쳤으며, 그를 통하여 은혜와 진리가 왔음을 말한다.[28] 18절을 설명할 때 크리소스톰은 하나님은 영이시기 때문에(요 4:24) 아무도 볼 수 없는데 로고스가 아버지의 독생자로서 하신 사역과 분명한 가르침을 통하여 알려주셨다고 말한다. 그래서 로고스는 말씀이고 위대한 '상담의 천사' (사 9:6, LXX)라고 불린다는 것이다.[29]

이상의 내용을 볼 때 크리소스톰이 말한 로고스는 다음과 같이 정리될 수 있을 것이다. 첫째, '태초' 와 '계셨다' 를 결합시켜 영원을 가리키는 것으로 설명한 것이다. 둘째, 로고스가 하나님의 독생자임을 설명할 때 영원한 나심으로 표현한 것이다. 셋째, 로고스의 성육신과 속죄사역을 말했다. 넷째, 크리소스톰은 17절을 설명하면서 시내산의 배경을 사용하여 모세가 아말렉 전투에서 두 팔을 펼친 이미지를 활용하고 성육신하신 로고스로서 예수 그리스도의 은혜와 진리를 언급했다. 다섯째, 로고스는 볼 수 없는 하나님을 사역과 가르침으로 알려주었다. 여섯째, 로고스의 인격과 속죄사역에 관한 해설은 로고스의 새 창조 사역을 함의한다고 볼 수 있다.

(2) 아우렐리우스 어거스틴

어거스틴(Aurelius Augustine, 354-430)은 요한복음 1:1의 로고스를 설명하면서 이미 로고스가 하나님에게서 나셨어도 시작도 없고 처음도 없다고 말했다.[30] 로고스로서 예수 그리스도는 두 번 나셨다. 한 번은 신적 탄생이고, 또 한 번은 인간적 탄생이다. 로고스는 하나님이시다. 또 아들 자신이다.

---

28) NPNF.1.14, 50.
29) NPNF.1.14, 52.
30) 조엘 C. 엘로브스키 편. 「교부들의 성경주해: 신약성경 V 요한복음 1-10장」, 67; 어거스틴, 「설교집」 196, 1; J. E. Rotelle ed., *Works of St. Augustine: A Translation for the Twenty-First Century*, Hyde Park (N.Y.: New City Press, 1995)를 참고하라. 이하 WA로 약칭한다.

아버지께서는 아들이 없이 계신 적이 없다. 아들이 없이 계신 적이 없던 아버지께서 아들을 낳으셨다.[31] 낳으셨는데 처음이 없다는 것이 어거스틴의 설명이다. 말하자면 로고스의 영원출생이다.

어거스틴은 요한복음 1:14에 관하여 해설할 때 로고스가 사람의 육체와 영혼을 취하신 것이고, 로고스가 사람이 되었어도 여전히 하나님으로 머물러 계셨다고 말한다.[32] 어거스틴에 의하면, 로고스가 육이 된 것은 로고스가 파멸되고 육이 되었다는 말이 아니다. 오히려 육이 파멸되는 것을 방지하기 위하여 로고스에 육이 덧붙여진 것이다. 그 결과 사람은 영혼과 육이듯이 로고스는 그리스도로서 하나님이시며 사람이시다. 이것은 두 본성의 혼합이 아니라 위격의 일치로 이루어진 것이다.[33] "실로 로고스로서 아들의 신성에 인성이 더해진 것이다. 그렇다고 사위일체라거나 네 위격이 계신 것이 아니라 삼위일체 또는 세 위격만 계실 뿐이다."[34] 어거스틴에 의하면, 우리는 성육신 하신 로고스의 피를 통하여 죄악의 누더기를 벗어버리고 불사의 옷을 입게 되었다.[35] 로고스가 육을 입어 육의 잘못을 지우고 죽음으로 죽음을 죽이기 위하여 왔다. 그래서 로고스가 육이 된 것은 로고스의 영광을 본 것이라고 말할 수 있다. 그 영광은 은혜와 진리가 충만한 아버지의 독생자의 영광이다.[36]

15절에 대해서 어거스틴은 세례요한이 설교할 때 사람들이 그를 그리스도로 생각할 정도였기 때문에 세례요한 자신은 그리스도가 아님을 스스로 증언했다. 세례요한은 하나님의 말씀에 사로잡혀 있었기 때문에 사람들의 말

31) Ibid.
32) Ibid., 122; WA 3.6, 265.
33) Ibid., 126; WA 3.6, 24.
34) Ibid.
35) Ibid., 123; WA 3.2, 175.
36) Augustine, *Homilies on the Gospel of St. John*, NPNF.1.7, 18.

로 영광스럽게 되는 것을 원하지 않았다.[37)]

어거스틴은 16절의 '은혜 위에 은혜'는 믿음의 은혜와 영원한 생명의 은혜라고 말한다.[38)] 우리는 먼저 믿음으로 하나님의 총애를 입어서 죄 용서받기에 합당한 자격이 없음에도 의롭게 되었다. 믿음으로 이러한 하나님의 총애를 얻으면 그 상급으로 불사와 영원한 생명을 얻게 된다.[39)] 17절의 '은혜와 진리'에 대해서 어거스틴은 로고스로서의 주님께서 일시적 죽음으로 영원한 죽음을 쳐부순 덕분에 죄의 사슬이 영원히 묶어두지 못할 것이라 하였다.[40)]

어거스틴은 18절의 "본래 하나님을 본 사람이 없으되"를 강해하면서 모세가 본 것은 구름과 천사와 불이라 하였다.[41)] 로고스로서 그리스도는 은혜와 진리로 오시기 위하여 미리 모세를 통해 율법을 보내셨다. 주님의 모습을 한 천사는 미래의 은혜와 진리를 약속했다.[42)] 그러나 육체의 형태로 보인 모든 것은 하나님의 실체가 아니었다.[43)] 아들이 보인 것은 로고스의 육 때문이다. 그러므로 로고스의 성육신 전에 하나님을 보았다는 것은 대단한 착각이고 엄청난 실수이다. 육은 볼 수 있어도 실체 자체는 결코 보이지 않는다. 사람의 말도 눈으로 볼 수 없는데 어찌 하나님의 말씀을 볼 수 있겠는가?[44)] 로고스는 본성에 따른 아들이고 우리는 은혜에 따른 자녀이다. 그분은 아버지께서 나셨지만 우리는 자녀가 되는 자격을 얻어 자녀가 되었다. 하

---

37) 조엘 C. 엘로브스키 편. 「교부들의 성경주해: 신약성경 V 요한복음 1-10장」, 130; WA 3.3, 210.
38) NPNF.1.7, 22.
39) NPNF.1.7, 21-22.
40) NPNF.1.7, 22-23.
41) NPNF.1.7, 23.
42) NPNF.1.7, 23.
43) NPNF.1.7, 24.
44) Ibid.

나님의 독생자 말고 인류가 청하거나 기대할 수 있는 약이 있을 수 있겠는가?[45] 어거스틴에 의하면 로고스는 하나님의 독생자로서 두 번 탄생했다. "첫 번째 탄생은 어머니 없이 아버지에게서 나신 것이고, 두 번째 탄생은 아버지 없이 어머니에게서 나신 것이다. 첫 번째 탄생은 시간 이전에 나신 것이고, 두 번째 탄생은 정해진 때에 나신 것이다. 첫 번째 탄생은 육체 없이 아버지와 가장 가까이 계신 것이고, 두 번째 탄생은 육체로 나신 것이다. 그러나 이 탄생은 어머니의 동정성을 훼손하지 않았다."[46]

이상의 내용은 다음과 같이 정리될 수 있다. 첫째, 로고스가 삼위일체의 한 위격이라는 점이다. 둘째, 로고스는 성육신하여 구속사역을 했다. 셋째, 18절에 시내산을 배경으로 한 하나님 목격 모티프와 모세 모티프가 나타난다. 넷째, 로고스의 신성과 성육신과 구속사역을 강조한 것은 로고스의 새 창조 사역의 필수적인 실체를 지적했다고 할 수 있다.

(3) 토마스 아퀴나스

아퀴나스(Thomas Aquinas, 1224-1274)는 「요한복음 주석」을 썼다.[47] 이 책에서 아퀴나스는 전도자로서 사도요한이 성육신하신 로고스의 신성을 보여주는 것을 그의 중요한 목적으로 삼았다고 언급한다.[48] 요한은 첫째, 로고스의 신성에 관하여, 둘째, 하나님의 로고스의 성육신에 관하여 다룬다는

---

45) 조엘 C. 엘로브스키 편. 「교부들의 성경주해: 신약성경 V 요한복음 1-10장」, 137; WA 3.11, 311.

46) 조엘 C. 엘로브스키 편. 「교부들의 성경주해: 신약성경 V 요한복음 1-10장」, 138; WA 3.6, 153.

47) Thomas Aquinas, *COMMENTARY ON THE GOSPEL OF ST. JOHN Part I: Chapters 1-7*, trans. James A. Weisheipl, O.P. (Albany, N.Y.: Magi Books, Inc., 1998); http://dhspriory.org/thomas/SSJohn.htm (2017.10.30. 접속). 이하 Aquinas로 약칭한다.

48) Aquinas, 23.

것이다.[49] 그리고 아퀴나스는 로고스의 신성에 네 가지가 있다고 말한다. 첫째 로고스가 태초에 계셨다는 것, 둘째 로고스가 하나님과 함께 계셨다는 것, 셋째 로고스가 하나님이셨다는 것, 그리고 넷째는 로고스가 태초에 하나님과 함께 계셨다는 것이다.[50]

아퀴나스는 오리겐을 따라서 '태초' (In the beginning)는 라틴어 '프린시피움' (principium)으로 번역하였고, 원리, 원천, 시작 등을 의미한다고 말한다.[51] 또한 '태초' 의 의미에 대해서 아들의 인격, 아버지의 인격, 로고스의 영원성으로 설명한다.[52]

아퀴나스는 14절이 로고스의 성육신의 방법을 보여주고, 11절(자기 땅에 오매)을 재론하는 것으로 말한다. 로고스의 성육신은 유티커스(Eutiches)가 말한 것처럼, 육신으로 변한 것이 아니다.[53] 아리우스(Arius)가 말한 것처럼 하나님의 로고스가 그리스도의 영혼을 대신했다는 것도 아니다.[54] 로고스가 취한 영혼은 감각적 영혼일 뿐 지적인 것이 아니라고 말하는 것은 아폴리나리스(Apollinaris)의 잘못이다.[55]

아퀴나스의 강의에 의하면, 14절의 "우리 가운데 거하시매"는 로고스의 성육신의 방식이다.[56] 이러한 해석과는 반대로, 마니교도들(Manichiaeans)은 의지의 자유를 파괴하여 펠라기우스(Pelagius)의 이단에 빠졌다고, 어거스틴이 반박했다.[57] 복음서 기록자 요한이 "우리 가운데 거하시매"를 덧붙

49) Ibid.
50) Aquinas, 23.
51) Aquinas, 34
52) Aquinas, 34-37.
53) Aquinas, 166.
54) Ibid.
55) Aquinas, 168.
56) Aquinas, 173.
57) Aquinas, 174.

인 것은 "로고스가 육신이 되었다"고 해서 그리스도 안에서 본성들의 혼합이나 변형을 생각하지 않도록 하기 위함이다.[58] 14절 하반절에서 아퀴나스는 성육신하신 로고스의 증거를 제시한다. 첫째로 "우리가 로고스를 보았다"는 것이고, 둘째로, "세례요한으로부터 들었다"는 것이다(15절).[59]

14절의 로고스 영광은 "모세가 '주의 영광을 내게 보이소서' (출 33:18) 하고 보기를 고대했던 것이다."[60] 그러나 그는 보지 못했다. 대신 "네가 내 등을 볼 것이요"(출 33:23)라는 말씀만 들었다. 모세와 다른 선지자들은 희미한 모습으로만 로고스의 영광을 보았다. 그렇지만 "이사야가 이렇게 말한 것은 주의 영광을 보고 주를 가리켜 말한 것이라"(요 12:41)는 요한의 진술에 따르면, 사도들은 육신으로 나타난 로고스를 밝히 보았다(고후 3:18). 그래서 "너희가 보는 것을 보는 눈은 복이 있도다. 내가 너희에게 말하노니 많은 선지자와 임금이 너희가 보는 바를 보고자 하였으되 보지 못하였다"(눅 10:23-24).[61] 이와 같이 아퀴나스는 14절의 시내산 배경을 묘사했다.

성경은 간혹 그리스도를 독생자라고 말한다(14절, 18절).[62] 다른 곳에서는 '맏아들'이라 한다. "그가 맏아들을 이끌어 세상에 다시 들어오게 하실 때에 하나님의 모든 천사들은 그에게 경배할지어다"(히 1:6). 이러한 이유는 하나님의 로고스가 독생하신 하나님으로서 삼위일체 하나님에 속하기 때문이다. 하나님은 한 분이시다: "이스라엘아 들으라 우리 하나님 여호와는 오직 유일한 여호와이시니"(신 6:4). 그런데 이 신성한 이름이 다른 사람들에게 적용된 적이 있다. "신이라 불리는 자가 있어 많은 신과 많은 주가 있다"(고전 8:5). 따라서 로고스를 하나님이라 말하지 못할 이유가 없다. 더구나

---

58) Ibid.
59) Aquinas, 179.
60) Aquinas, 183.
61) Ibid.
62) Aquinas, 187.

로고스는 하나님의 독생자이기 때문에 다수가 하나님의 아들이 되는 참여의 방식이 아니라 유일하게 본성적으로 하나님의 독생자이다.[63] 독생자는 아버지와 동본질(consubstantialis)이다.[64] 18절의 “아버지 품속에 있는 독생하신 하나님이 나타내신 것”은 모세와 선지자들에게도 나타내지 않았던 삼위일체의 신비이다.[65] 아퀴나스는 로고스가 하나님의 독생자이기 때문에 삼위일체 하나님에 속한다고 말한다.

이상에서 아퀴나스가 언급한 성육신하신 로고스는 다음과 같이 요약될 수 있을 것이다. 첫째, 아퀴나스는 로고스의 인격에 관하여 로고스의 신성과 성육신과 삼위일체 되심을 자세하게 언급했다. 둘째, 이러한 아퀴나스의 설명에 시내산 배경이 있는 것은 강력한 인상을 준다. 셋째, 크리소스톰과 어거스틴의 로고스 설명에 비하여 아퀴나스의 설명에는 로고스의 사역에 관한 언급이 거의 없는 것으로 보인다. 넷째, 새 창조 모티프에 관한 언급이 없지만 새 창조의 주체로서 로고스의 정체성을 제시했다고 할 수 있다.

(4) 존 칼빈

칼빈(John Calvin, 1509-1564)은 「요한복음 주석」에서 요한복음 1:1이 로고스의 영원한 신성을 선언한다고 말한다.[66] 요한이 로고스를 하나님의 아들이라고 부르는 것은, 첫째로 로고스가 하나님의 영원한 지혜의 으뜸이고, 둘째로 그 지혜이신 하나님이 직접 나타나셨기 때문이다.[67] 태초는 시간을 초월한다.[68] 태초에 이미 있었던 로고스의 헬라어 의미는 이성 또는 계

63) Aquinas, 187. 217.
64) Aquinas, 218.
65) Aquinas, 222.
66) 존 칼빈, 「신약성경주석 3: 요한복음 1」 (서울: 성서교재간행사, 1980), 22. cf. John Calvin, *Calvin's Commtaries: The Gospel according to St. John 1-10*. trans. T. H. L. Parker (Grand Rapids, Michigan: Wm. B. Eerdmans Pub. Co., 1995).
67) Ibid.

산이다.[69]

그런데 칼빈은 "로고스가 하나님과 함께 계셨다"는 구절을 설명하면서 초대교회 저자들처럼 하나의 단순한 하나님의 본질(essence)에 세 인격(persons)이 계신다고 말한다.[70] 칼빈은 인격(person)을 휘포스타시스(hypostases)와 숩스탄티아(substantia)와 프로소폰(prosopon)과 같은 의미로 본다.[71] "이 말씀은 곧 하나님이시니라"을 해설하면서 칼빈은 로고스 그리스도의 신성에 어떤 의심도 하지 못하도록 이 로고스가 하나님이라고 선언한다고 말한다. 하나님은 한 분이신 만큼, 로고스로서의 그리스도는 하나님 아버지와 같은 본질에 속하면서 어떤 면에서 다른 데가 있는 분이라는 것이다.[72]

칼빈은 14절의 "말씀이 육신이 되어"를 설명하면서 영혼이 없이 인간의 몸을 입으셨다는 아폴리나리스(Apollinaris)의 상상을 어리석은 것으로 말한다. 이 구절에서 중요한 것은, 첫째로 그리스도 안에서 두 본성이 한 인격에서 참 하나님과 참 인간이 되신다는 사실이고, 둘째로 인격의 통일성이 유지되어 신성은 신성대로 인성은 인성 그대로 유지되었다는 것이다.[73] 네스토리우스(Nestorius)가 로고스 그리스도의 두 인격을 말하고, 유티커스(Eutiches)가 두 본성의 혼합을 말하는 것은 미친 소리라고 칼빈은 말한다.[74] 셀베투스(Servetus)와 재세례파(Anabaptists)가 신성이 잠시 인성으로 변하고 다시 인성이 신성으로 흡수되었다고 주장하는 것은 모독적인 망

68) 칼빈, 「요한복음 1」, 23.
69) Ibid. 칼빈은 다음 페이지에서 이 '로고스'가 라틴어 '베르붐'(verbum)으로 번역된 것을 비판하고 '세르모'(sermo)가 더 적절한 번역이라고 주장한다.
70) 칼빈, 「요한복음 1」, 25.
71) Ibid.
72) Ibid. "그리스도가 피조물이라는 것은 아리우스(Arius)의 궤변이다."
73) 칼빈, 「요한복음 1」, 39-40.
74) 칼빈, 「요한복음 1」, 40.

언이라고 복음서 기록자가 논박한다.[75)]

14절의 "은혜와 진리가 충만하더라"고 한 것은 로고스 그리스도께서 하나님 나라의 신령한 나라에 속하여 충만하실 뿐만 아니라, 그리스도께서 모든 일에 구속자가 되시며 메시아 되심을 보여준다고 본다.[76)] 그리스도께서 세례요한보다 앞선 것은(15절) 육신의 출생시간의 관점이 아니라 신분상의 가치에서 앞선 것이다.[77)] 세례요한보다 훨씬 높은 신분으로 구원의 사역을 완수하는 것이 '은혜 위에 은혜'(16절)이다.[78)] 이 은혜는 율법이 줄 수 없고 그리스도를 통해서 경험하게 된다. 칼빈에게 이 은혜는 "거저 죄를 사하여 주시는 것"이고, "마음이 거듭나는 것"이다. 그러니까 이 은혜는 영적인 의와 관련되는 모든 것이 포함된다. 하나님께서 죄를 우리에게 돌리지 않으심으로 우리가 하나님과 화목하게 되고 새롭게 변화된다는 것이다.[79)]

18절에서 요한은 복음으로 말미암아 우리에게 전달된 하나님의 계시를 찬양한다.[80)] 모세는 "네가 내 등을 볼 것이요 얼굴은 보지 못하리라"는 하나님의 말씀을 들었다. 이것은 시내산의 이미지이다. 그런데 아브라함은 "나의 때 볼 것을 즐거워하다가 보고 기뻐하였느니라"고 그리스도는 말씀하셨다(요 8:56). 사람이 볼 수 없던 하나님이 그리스도 안에 나타나셨다. '아버지의 품'은 은유인데 '품'은 의논의 장소이다. 그래서 요한은 로고스 아들이 아버지의 가장 깊은 비밀까지 가르친다. 따라서 로고스 복음 안에서 하나님의 품이 활짝 열려 공개된 것이다.[81)]

---

75) Ibid.
76) 칼빈, 「요한복음 1」, 42.
77) 칼빈, 「요한복음 1」, 42-43.
78) 칼빈, 「요한복음 1」, 44.
79) 칼빈, 「요한복음 1」, 45-46.
80) 칼빈, 「요한복음 1」, 46.
81) 칼빈, 「요한복음 1」, 47.

이상에서 알아본 바와 같이, 칼빈은 로고스에 대하여 첫째, 하나님임을 강조했다. 둘째, 로고스가 삼위일체 하나님의 한 위격임으로 해석했다. 셋째, 하나님의 성육신임을 주장했다. 넷째, 로고스는 그리스도로서 한 인격에 두 본성(신성과 인성)이 있는 것으로 해석했다. 다섯째, '은혜 위에 은혜' (16절)를 "거저 죄를 사하여 주시는 것"으로 해석했다. 여섯째, 로고스의 시내산 배경을 거론했다. 일곱째, 로고스가 성육신하여 한 인격에 두 본성을 가지고 죄 사함의 사역을 했다고 해석한 것은 그의 새 창조 사역과 연관된다고 할 수 있다.

(5) 루돌프 불트만

불트만(Rudolf Bultmann, 1884-1976)은 1941년에 「요한복음서」(*Das Evangelium des Johannes*)를 출판했다. 이 책에서 말하는 바, 불트만에 따르면, 로고스는 "신 자신은 아니다! 그가 '신과 함께 있었다' 고 말하기 때문이다!"[82] 불트만에게 요한복음의 로고스에 관한 진술은 신화적 언어일 뿐이다.[83] 요한복음 1:1의 로고스는 구약성서에 의해 이해될 수도 없고, 신의 말도 아니다.[84] 그런데 구약의 지혜의 모습이 로고스의 모습과 유사하게 보인다.[85] 불트만에 따르면, 이 지혜는 신화적 언어로 신의 모습처럼 거론된다는 것이다.[86] 그리고 지혜-신화는 오로지 이방 신화에서만 생길 수 있는 것이라고 말한다.[87] 요한의 서문에서 지혜와 신화가 유사함은 이 둘이 같은 전통을 자료로 사용했다는 것이고, 로고스의 신화적 모습은 영지주의의 세계

82) R. 불트만, 「요한복음서 연구」, 허혁 역 (서울: 성광문화사. 1990), 8.
83) Ibid.
84) 불트만, 「요한복음서 연구」, 10.
85) 불트만, 「요한복음서 연구」, 11.
86) Ibid.
87) 불트만, 「요한복음서 연구」, 13.

이해에 그 자리를 두고 있다는 것이다.[88)]

불트만은 로고스에 대하여 기가 막힌 말을 하였다. "로고스는 구세주로서 스스로 인간의 모습을 지니고 낮은 세계에 내려온다. 그는 암흑의 악마적 세력을 속이고, 구원해야 할 인간들을 놀라지 않게 하기 위해 인간의 몸으로 변장한다."[89)] 또한 "구세주의 수육사상은 가령 그리스도교로부터 영지주의에로 침투된 것이 아니고, 원래 영지주의적인 것이다."[90)] 이러한 사상이 기독교에 의해 수용되고 기독론을 위해 이용된 것이라고 불트만은 말한다. 그리하여 로고스는 '제 2의 신' 이나 '신의 아들' 이나 '독생자' 나 '신의 형상' 으로, 때로는 '기술신' (δημιουργός)으로 불리어졌다는 것이다.[91)] 그러나 로고스에 관한 요한의 말(1:1-2)은 신화적 언어일 뿐이다.[92)]

14절의 "로고스가 육신이 되었다"는 화법은 불트만에 의하면 신화적인 언어에 의지한 것이다.[93)] 말하자면 영지주의 구원-신화를 따랐다는 것이다.[94)] 불트만에게 육신은 영의 영역으로서의 신적인 것에 반대되는 세상-인간적인 것의 영역이다. 이 영역은 무상성, 절망성, 허무성, 반신적인 것의 영역으로 어두움으로 지칭되며, 눈앞에 보이는 세상의 거짓된 삶에 속하는 것이다.[95)]

로고스는 순수한 인간성을 지닌 계시자라고 불트만은 말한다.[96)] 그의 사람들은 그의 영광도 보는데, 육을 통하여 보는 것이 아니다. 육신 외에 다른

88) Ibid.
89) 불트만, 「요한복음서 연구」, 15.
90) 불트만, 「요한복음서 연구」, 15-16.
91) 불트만, 「요한복음서 연구」, 16.
92) 불트만, 「요한복음서 연구」, 23.
93) 불트만, 「요한복음서 연구」, 58.
94) Ibid.
95) 불트만, 「요한복음서 연구」, 59.
96) 불트만, 「요한복음서 연구」, 60-61.

곳에 있는 것이 아니라, 영광을 보려면 육을 직시할 수밖에 없다는 역설이라는 것이다. “그러므로 계시는 특수한 은폐성 중에 존재한다.”[97)]

“우리가 그의 영광을 보니 아버지의 독생자의 영광이다”는 요한의 진술은, 불트만에 의하면, 인간 예수에게서 신의 영광을 인지한 자들의 신앙고백일 뿐이다.[98)] 이 ‘보았다’는 것은 감정적인 것도, 정신적인 것도 아니라 신앙의 봄이다.99) 이것은 반드시 목격자들의 말일 수만은 없다.[100)] 로고스 “계시자를 볼 수 있는 것은, 이성이 아니라 믿음인데, 말하자면 계시자를 향한 신앙이다.”[101)]

불트만에 따르면, 17절은 삽입된 것이고, 14, 16절에 낯선 것이다.[102)] 18절의 ‘독생자’는 신앙고백의 칭호이고, 아들이 아버지의 형상이라는 영지주의 계시사상의 성격을 가진다.[103)] ‘품 안에 있는 자’라는 표현은 신화적으로 표현된 것이다.[104)] ‘나타내다’(ἐξηγεῖσθαι)는 요한복음 중 유일하게 여기서만 등장하는 단어인데, 신의 뜻을 해석하기 위해 사용된 전용어였다. 이 용어는 로고스가 말에 의한 계시자임을 나타낸다. “예수는 말이면서 말을 한다.”[105)] 그런데 이러한 불트만의 설명이 무엇을 의미하는지는 불투명하다.

로고스에 관한 불트만의 서술을 종합하면, 첫째, 불트만은 요한복음의 서문을 역사적 사실로 인정하지 않고 신화로 간주한다. 둘째, 로고스에 관한 요한복음의 진술은 영지주의의 영향을 받은 것이다. 로고스의 성육신도 영지

97) 불트만, 「요한복음서 연구」, 61.
98) 불트만, 「요한복음서 연구」, 64-65.
99) 불트만, 「요한복음서 연구」, 67.
100) 불트만, 「요한복음서 연구」, 68.
101) 불트만, 「요한복음서 연구」, 81.
102) 불트만, 「요한복음서 연구」, 79.
103) 불트만, 「요한복음서 연구」, 82-83.
104) 불트만, 「요한복음서 연구」, 83.
105) 불트만, 「요한복음서 연구」, 84.

주의적이다. 셋째, 로고스에 관한 진술은 신앙고백의 언어이다. 넷째, 로고스의 신성을 부인한다. 다섯째, 창조와 새 창조 모티프를 말하지 않았다.

(6) 찰스 바레트

영국의 신약학자 바레트((Charles Kingsley Barrett, 1917-2011)는 1955년에 「요한복음 주석」(*The Gospel According to St. John: an introduction with commentary and notes on the Greek text*, London: S.P.C.K.)을 저술했다. 이 책에서 바레트는 로고스가 오직 서문에서만 기독론적 의미로 사용되었다고 말한다.[106] 바레트는 로고스가 등장하는 요한복음 1:1의 '태초' (ἀρχή)가 창세기 첫 구절을 상기시키고, 최초의 복음서라고 주장하는 마가복음 1:1의 '시작' (ἀρχή) 부분을 반영한다고 생각하는 것이 그럴 법하다고 말한다.[107] 바레트는 1절의 로고스가 불트만처럼 영지주의와 관련된 이원론에 근거해서 이해되어야 함을 말한다.[108] 그런데 요한복음 1:1의 "로고스가 하나님이었다"에서 '하나님'은 서술적이며, 로고스의 본질을 서술한다는 것이다.[109] 바레트에 따르면, 이 문장에 관사가 없다는 것은 로고스만이 유일하게 신적인 것은 아니라고 지적한다. 그럼에도 불구하고, "그것은 삼위의 두 번째 인격 외에는 어떠한 신적 존재도 존재하지 않는다는 뜻을 함축한다."[110] 여기서 바레트는 로고스가 삼위일체 하나님의 두 번째 인격임을 말한다.

---

106) C. K. 바레트, 「요한복음(1)」, 국제성서주석 (서울: 한국신학연구소, 1993), 231. 이 책은 박경미가 초역했고, 박재순과 김필진이 번역진임을 이 저서의 뒷장에서 밝히고 있다.
107) Ibid.
108) 바레트, 「요한복음(1)」, 237.
109) Ibid.
110) 바레트, 「요한복음(1)」, 237.

요한복음 1장에서 14절은 11절을 요약하고, 보다 신학적인 언어로 성육신을 진술하기 시작하는 것이다.[111] '육신'은 하나님과 구별되는 인간의 본성을 나타낸다. 그러나 6절의 '사람'보다는 거칠게 표현된 것이다.[112] 바레트는 불트만처럼 "로고스가 육신이 되었다"는 것을 신화와 유사하다고 본다.[113] "우리가 보았다"는 일인칭 복수형은 반드시 복음서가 목격자들에 의해 기록되었다는 것을 의미하지는 않지만, "그의 영광을 보았다"는 것은 실제로 목격한 것에 근거한다.[114] '아버지의 독생자'에서 모노게네스(μονογενής)는 '그 종류 중 유일한 것'을 뜻하니까 독생자 외에 다른 것을 의미할 수 없다.[115] 아들은 아버지의 아들일 뿐만 아니라 아버지로부터 인격적으로 나온다는 뜻이다.[116] '은혜와 진리'라는 한 쌍의 말은 구약의 쌍인 '인자와 진실'을 상기시킨다.[117] "그러나 이것은 다시 신화론적으로 표현된 '로고스'의 주제를 지시한다"는 것과 "요한은 계속해서 구약성서와 헬레니즘적 언어들을 결합시킨다"는 것이 바레트의 주장이다.[118] 15절의 "증거하여 외쳤다"에서 '외쳤다'(κράζω)는 현재의 의미로 사용되었다. 그러면 '증거하다'(μαρτυρέω)와 '말하다'(λέγω)와 함께 세례요한은 그리스도에 대한 영원한 증인으로 남는다.[119] 16절의 '충만한 데서'는 요한복음에서 이곳에만 나타나는데, 로고스가 "은혜와 진리가 충만하더라"(14절)를 소급하여 지시한다.[120]

---

111) 바레트, 「요한복음(1)」, 252.
112) 바레트, 「요한복음(1)」, 252-53.
113) 바레트, 「요한복음(1)」, 253.
114) 바레트, 「요한복음(1)」, 254-55.
115) 바레트, 「요한복음(1)」, 256.
116) 바레트, 「요한복음(1)」, 255-56.
117) 바레트, 「요한복음(1)」, 256.
118) 바레트, 「요한복음(1)」, 257.
119) Ibid.
120) 바레트, 「요한복음(1)」, 259.

바레트는 18절의 "하나님을 본 사람이 없다"는 부정문 형식은 복음서의 기본적인 주제가 하나님의 계시임을 강조한다.[121] 그러나 바레트는 불트만이 말한 대로, "신앙 안에서 하나님의 불가시성에 관한 사상이 부정적이 아니라 긍정적인 개념으로 되었다. 그것은 인간이 자신에 대해 참된 지식을 표현한 것으로 되었다"는 진술이 옳다고 말한다.[122] '독생하신 하나님' (μονογενής θεός)은 '독생자' (μονογενής υἱός)보다 사본 상의 지지를 더 많이 받고 있는데,[123] '품속에 있는' 은 헬레니즘적 용법이라고 바레트는 말한다.[124] 이어서 '나타내셨느니라' 는 말은 주된 헬라어 용법으로서 헬레니즘적 종교에서 특징적이듯이 요한복음의 서문이 이 말로 끝나는 점에 의미가 있다고도 말한다.[125] 계시 개념은 헬레니즘적일 뿐만 아니라 성경적이기도 하다고 바레트는 말한다.[126] 또한 바레트는 20:22를 주석하면서 새 창조를 말했다.[127]

이상의 로고스에 대한 바레트의 설명은 다음과 같은 장단점이 있다. 장점으로 첫째, 예리한 주석적 능력을 발휘했다. 둘째, 로고스가 삼위일체 하나님의 두 번째 인격임을 말했다. 셋째, 새 창조를 말했다. 그러나 단점으로 첫째, 불트만처럼 영지주의의 영향을 받았다는 것이다. 둘째, 헬레니즘의 용어들을 결합시켰다. 셋째, 로고스의 성육신에 관한 진술은 신화적인 언어라고 설명했다.

---

121) 바레트, 「요한복음(1)」, 260.
122) Ibid.
123) 바레트, 「요한복음(1)」, 261.
124) Ibid.
125) Ibid.
126) Ibid. "요한은 성서보다는 그리이스 문헌들에 익숙한 독자들이 이해할 수 있고, 또 친숙하게 느낄 수 있는 언어를 사용하고자 했을 것이다."
127) C. K. Barrett, *The Gospel According to St. John: An Introduction with Commentary and Notes on the Greek Text* (London: SPCK, 1978), 570.

(7) 레이몬드 브라운

브라운(Raymond Edward Brown, 1928-1998)은 미국의 카톨릭 신학자로서 1966년과 1970년에 「요한복음 주석」(*The Gospel According to John*)을 출간했다. 여기서는 이 저서의 요한복음 서문에 나타난 성육신하신 로고스 부분에 주목하고자 한다. 브라운은 요한복음 1:1의 태초가 창세기 1:1, 마가복음 1:1과 병행하며, 시간적 영역이라기보다 질적인 하나님의 영역에 대한 묘사라고 진술한다.[128] 1절에서 "로고스가 계시니라"의 '계시니라'가 크리소스톰 이후 주석가들은 존재와 관계 및 서술적 용례 등 세 가지 용례를 가진다고 생각했는데, 여기서는 단지 존재했을 뿐이라는 것이 브라운의 입장이다.[129] '하나님과 함께'는 로고스가 성부 하나님과의 부자관계와 일치하지 않을 수 있다고 브라운은 말한다.[130]

브라운은 1절 하반절의 하나님에 관사가 없어서 서술적 용법으로 사용된 것은 분명하지만, 이러한 규칙이 정체성에 관한 진술에도 적용되는 것은 아니라고 말한다.[131] 그래서 "로고스가 하나님이시라"와 "예수 그리스도는 참 하나님이시라"는 후기 교회의 고백(니케아 공의회) 사이에는 철학적 사상에 있어서의 뚜렷한 발전 및 다른 문제들이 있었다는 사실을 알아야 한다는 것이다.[132] 결국 브라운은 로고스가 하나님임을 부정한다.

브라운은 14절을 '시'로 본다.[133] 로고스는 사람이 된 것이 아니고 육신

---

128) 레이몬드 브라운, 「요한복음 1: 표적의 책」. 최흥진 역, 앵커 바이블 (서울: 기독교문서선교회, 2013), 215; Raymond E. Brown, *The Gospel according John I-XII*, The Anchor Bible (New York: Doubleday & Company, 1977).

129) Ibid.

130) 브라운, 「요한복음 1」, 216.

131) 브라운, 「요한복음 1」, 216-17.

132) 브라운, 「요한복음 1」, 217.

133) 브라운, 「요한복음 1」, 231. 슈낙켄부르그는 14c-d를 삽입된 부분으로 보아 제거하고, 14a-b와 14e만 원래의 시로 생각하여 남긴다. 그린은 14e를 삽입으로 보고, 케제

이 된 것이다.[134] '거하시매' (σκηνόω)는 신약성경에서 이곳과 요한계시록에서만 발견된다. 이에 덧붙여 '성육신 개념에 대한 지나친 비약'이라고 브라운은 말한다. '독생자의' 는 '독생자로서의' 이고 '독생자처럼' 이 아니다. '독생자' (μονογενής)는 '한' (μόνος) '종류' (γένος)여서 정확한 번역이라 할 수 없다.135) 삼위일체 신학에서 말하는 '나심'(procession)이 아니라, 로고스의 자격과 특별함에 대한 묘사이다.136) '아버지의'도 삼위일체의 개념이 아니다.[137]

§ 요한복음 편집설과 성경무오

아울러 브라운은 '은혜와 진리' 가 편집된 증거라고 본다.[138] 세례요한의 증거를 진술한 15절에 관해서 6-9절과 동일한 유형의 삽입으로 14절과 16절 사이에 부자연스럽게 들어와 있다고 브라운은 주장한다.[139] 더구나 '말하기를' 은 30절과 마찬가지로 부자연스럽고 비논리적이며, "편집의 증거가 확실하다" 고 브라운은 강조한다.[140] 16절은 다른 구절들과 내용과 질적인 면에서 동일하지 않다. 그래서 16절이 삽입구라면 "우리는 두 단계의 편집을 받아들여야만 한다" 는 것이 브라운의 주장이다.[141] 브라운은 계속해서 말한다. "17절은 16절에 대한 편집적 확장이다."[142] 이러한 브라운의 주장

만은 14절 전체를 삽입구로 본다.

134) 브라운, 「요한복음 1」, 231-32.
135) 브라운, 「요한복음 1」, 232.
136) 브라운, 「요한복음 1」, 233.
137) Ibid.
138) 브라운, 「요한복음 1」, 234.
139) 브라운, 「요한복음 1」, 235.
140) Ibid. 그러나 이와 같은 브라운의 진술은 아무런 근거가 없는 주장들이다. 요 21:24에 근거해서 몸체와 처음 부분과 마지막 장이 다른 편집자들의 손을 거쳤다고 주장하나 그런 것은 다 현대비평가들의 새로운 설일 뿐이다.
141) 브라운, 「요한복음 1」, 236.

은 근거가 불확실하고, 성경 자체가 주장하는 성경무오교리에 위반된다.[143]

그러면서도 브라운은 20:22을 주석하면서 새 창조를 말했다. 왜냐하면 숨을 내쉬는 동사 '엠퓌산' (ἐμφυσαν)이 창세기 2:7에서 하나님의 창조 장면과 지혜서 15:11에 등장하여 창조기사를 해석했는데, 예수가 성령을 불어넣어 영생을 주신 것은 새로운 창조라고 말하기 때문이다.[144]

이상의 연구를 통해 알 수 있는 특징은 다음과 같다. 첫째, 본문에 대한 분석적 연구로 편집비평을 수용하였다. 둘째, 따라서 사도요한을 요한복음의 기록자로 인정하지 않는다. 셋째, 시내산 배경을 언급한다. 넷째, 삼위일체 하나님을 부정한다. 다섯째, 새 창조를 제시했다.

(8) 레온 모리스

모리스(Leon Lamb Morris, 1914-2006)는 1971년에 출간한 「요한복음 주석」(*The Gospel according to John: the English text with introduction, exposition and notes. New International Commentary on the New Testament.* Grand Rapids, MI: Eerdmans)에서 로고스가 요한복음 서문(1:1-18) 전체에 흐르는 주제라고 말한다.[145] 모리스는 요한이 1절에서 '태초'를 언급함으로써 하나님의 새 창조에 관하여 집필하고 있다고 진술한다.[146] 태초에 로고스가 있었다는 뜻은 로고스가 여타 일체의 존재에 앞서 있다는 것이다.[147] 또한 로고스는 창조되지 않았다.[148] 그래서 로고스는 영원하고 불변

142) 브라운, 「요한복음 1」, 238.

143) 정규철, 「성경무오: 역사적 증거」 (서울: 도서출판 그리심, 2003)을 참고하시오.

144) 레이몬드 E. 브라운, 「요한복음 II: 영광의 책」, 최흥진 역 (서울: CLC, 2013), 1899.

145) 레온 모리스, 「요한복음(상)」, 이상훈 역, 뉴 인터내셔널 성경주석 (서울: 생명의말씀사, 1994). 93.

146) Leon Morris, *The Gospel according to the JOHN*, NICNT, Revised Edition (Grand Rapids, Michigan: Wm. B. Eerdmans Pub. Co., 1995), 64.

의 존재이다.[149] 하나님의 로고스 말씀은 인간이 이해할 수 있도록 언어로 구사된 하나님의 사고(thought)라고 모리스는 말한다.[150]

"로고스가 하나님과 함께 계셨으니 이 로고스는 하나님이시니라"는 구절은 로고스의 신적 인격을 말한다.[151] 그렇다고 요한의 의도가 두 인격의 우열을 말하는 것이 아니라, "두 분은 하나이다"는 점을 말한다.[152] "저자 요한은 자기 신앙의 중심에 유일신 사상이 자리 잡고 있음을 의식하면서, 말씀이 '하나님' 이시라는 증언에서 일보도 양보할 수 없었다"는 것이 모리스의 말이다.[153]

14절은 로고스의 성육신에 관한 가장 간결한 진술이다.[154] '거하시매' 가 장막 친다는 것을 의미한다고 해서 임시적 성육신으로 해석한다면 그것은 오류이고, 영원히 정착하는 하나님의 임재를 요한이 의도했다는 것이 가능하다고 모리스는 말한다.[155] 요한이 즉각적으로 영광을 언급하는 것은 장막과 연관이 있고, 요한이 로고스의 인격에서 새로운 더 큰 모세를 보았을 가능성이 있다는 것이다.[156] 또한 요한이 그 영광을 '보았다' 는 것은 환상이 아니고, 문자적 의미에서 육체의 눈으로 나사렛 예수의 인격에 함께 한 영광을 보았다는 것이다.[157] "깊은 차원에서 진정한 영광을 유감없이 보여주심은

147) 모리스, 「요한복음(상)」, 93.
148) 모리스, 「요한복음(상)」, 95.
149) 모리스, 「요한복음(상)」, 94.
150) 모리스, 「요한복음(상)」, 96.
151) 모리스, 「요한복음(상)」, 97-98.
152) Ibid.
153) 모리스, 「요한복음(상)」, 99-100. 요한은 "뒤에 가서 성령의 신격을 생각할 때도 같은 관계를 표시하고 있다."
154) 모리스, 「요한복음(상)」, 99.
155) 모리스, 「요한복음(상)」, 128.
156) 모리스, 「요한복음(상)」, 129-30.
157) 모리스, 「요한복음(상)」, 131. 14절의 '우리' 는 사도적 교회(Barrett)나 일반신도(Bultmann)를 가리킴이 아니라, 목격한 자들로 제한되어야 한다는 것이 모리스의

그 능욕의 십자가이다."[158] '독생자' 는 하나 이상의 의미가 아니라, 아버지와 아들의 유일한 관계의 특성을 말한다.[159] 모리스는 로고스가 육신이 되었다는 진리 말고 다른 곳에서 하나님의 은혜를 더 명백하게 경험할 수는 없고,[160] 로고스가 '은혜와 진리의 계시' 라고 말한다.[161]

모리스는 15-18절이 그리스도의 유일성을 강조하므로 요한복음 서문을 결론 낸다고 말한다. 그리스도로 표현된 로고스는 세례 요한보다 우월하고, 율법을 대신하여 은혜와 진리를 공급하여 모세보다 우월하고, 아무도 본 일이 없는 하나님의 유일하신 계시자라는 점에서 그렇다는 것이다.[162]

이상에서 모리스가 성육신하신 로고스에 대해서 말한 것은 다음과 같은 특징이 있다. 첫째, 사도 요한을 요한복음의 기록자로 인정한다. 둘째, 로고스의 신격을 말한다. 셋째, 아버지와 일체임을 말하여 삼위일체를 뒷받침한다. 넷째, 시내산 배경을 말한다. 다섯째, 새 창조 모티프를 명시했다.

(9) 도널드 카슨

카슨(Donald Arthur Carson, 1946-)은 그의 「요한복음 주석」에서 새 창조를 주장한다. "성령은 우리에게 새 하늘과 새 땅의, 즉 부활 소망을 지닌 약속된 새 창조의 첫 착수금(downpayment)과 보증물(guarantee)로서 주어져 있다" 고 말한다.[163] 즉 성령이 새 창조의 시작이면서 보증임을 주장

해설이다.

158) 모리스, 「요한복음(상)」, 1323.

159) Morris, *The Gospel according to the JOHN*, 93-94; 모리스, 「요한복음(상)」, 132-33. 요한은 하나님을 가리켜 아버지라 한다.

160) 모리스, 「요한복음(상)」, 133; Morris, *The Gospel according to the JOHN*, 94. 은혜는 원칙적으로 '기쁨의 원인이 되는 것' 이라는 뜻이고, 진리는 상식적으로 거짓의 반대이다.

161) 모리스, 「요한복음(상)」, 134; Morris, *The Gospel according to the JOHN*, 94.

162) 모리스, 「요한복음(상)」, 135; Morris, *The Gospel according to the JOHN*, 95.

163) D. A. 카슨, 「요한복음」, 박문재 역, PNTC (서울: 도서출판 솔로몬, 2017), 174.

한다. 이 주장은 카슨의 독특한 제시로 보인다.

카슨은 요한복음 서문(1:1-18)의 구조에 관하여 컬페퍼(Culpapper)가 제시한 거대 교차대구법적 구조를 받아들였다.[164] 먼저 서문의 양쪽 끝에서 시작하여 가운데로 향하여 읽어가는 방식을 취하였다. 1:1-2는 1:18과 병행이 되고, 1:4-5은 1:16과 병행이 되고, 1:6-8은 1:15과 병행이 되며, 1:9-10은 1:14과 병행이 되고, 1:11은 1:13과 병행이 되며, 1:12a는 1:12c와 병행이 되고, 1:12b가 이 교차대구법의 '축'으로서 관심의 중심이 된다고 주장한다.[165] 그러면 "그 이름을 믿는 자들에게는 하나님의 자녀가 되는 권세를 주셨으니"가 요한복음 서문의 핵심이 되는 셈이다. 그러나 교차대구법적 구조 자체는 내용상 유사점이 있기 때문에 문제가 없지만, 요한복음 서문의 핵심을 12b로 해석하는 것은 주객이 전도되는 것으로 보인다. 왜냐하면 서문의 주어가 말씀(로고스)이기 때문이다. 또한 12절은 로고스의 성육신의 결과를 사람들이 받아들이는 과정을 설명하기 때문이다. 오히려 요한복음 서문의 핵심은 12절이라기보다는 1절과 14절에 있는 것으로 해석하는 것이 문맥상 더 타당할 것이다. 로고스의 성육신이 있었기 때문에 사람들은 성육신한 로고스를 믿음으로 받아들일 수 있었기 때문이다. 서문의 강조점이 로고스에 있다는 것은 카슨도 지적하였다.[166] 카슨이 1절과 18절의 로고스 언급이 1-18절 전체를 교묘하게 하나로 포괄하고 감싸 안는 문학적 장치로서 수미쌍관법을 형성하고 있다는 사실에 의해서 극적으로 강화된다고 강조한 것은 요한복음 서문의 특징을 드러낸 것으로 보인다.[167]

카슨은 그의 「요한복음 주석」에서 새 창조라는 단어를 좀처럼 사용하지

---

164) 카슨, 「요한복음」, 193-94.
165) 카슨, 「요한복음」, 194.
166) 카슨, 「요한복음」, 235.
167) Ibid.

않다가 20:22의 "성령을 받으라"를 주석하면서 이 구절이 의미하는 바는 '새로운 창조의 시작' 이라고 명시하였다.[168] 카슨은 1:13의 '하나님께로부터 난 자들' 을 '새로운 출생' 이라고 해설하였다.[169] 또한 카슨은 1:13을 3:5와 연결시켜 '위로부터 난 자' 가 '물과 성령으로 난 자' 임을 말하고 3:5도 '새로운 출생' 을 의미한다고 해석하였다.[170] 이와 함께 카슨은 "새로운 출생을 가져다주는 것은 성령"이라고 명시하였다. 그리고 20:22에서 '성령' 을 새로운 창조의 시작자로 주석하였다.

이상의 연구에 따르면, 카슨이 요한복음을 주석하면서 새 창조를 주장했다고 할 수 있다. 또한 서문과 관련하여서도 새 창조의 모티프를 사용하였다고 할 수 있을 것이다. 성령이 새 창조의 시작자라는 카슨의 주장은 독특한 면이 있다. 왜냐하면 요한복음 서문은 로고스를 강조하고 있고 로고스가 새 창조의 시작자인 뉘앙스를 표명하기 때문이다.

(10) 게리 버지

버지 (Gary Burge, 1952-)는 우선 요한복음 서문(1:1-18)을 매우 높게 평가한다. 그 이유는 고대교회가 요한복음의 상징으로 독수리를 사용한 이유 중의 하나가 이 서문이 획득한 높은 위치 때문이라는 것이다.[171] 버지는 정통 기독교의 기독론 교리 형성에서 이 서문이 그 토대의 역할을 했다고 주장한다.[172] 요한은 단순한 표현으로 신성과 인성, 선재성과 성육신, 그리고 계시와 희생을 논하고 있기 때문이라는 것이다. 뿐만 아니라 요한복음은 삼

168) 카슨, 「요한복음」, 1213.
169) 카슨, 「요한복음」, 218.
170) 카슨, 「요한복음」, 346.
171) 게리 버지, 「요한복음」, 김병국역, NIV 적용주석 (서울: 도서출판 솔로몬, 2011), 67.
172) Ibid.

위일체와 성육신에 관한 기독교 신앙을 정의하기 위해 열렸던 4세기와 5세기 초기 종교회의들에 있어서 결정적인 지침을 제공하였다고 버지는 소개하였다.[173)]

버지는 요한복음 서문이 고대 기독교의 찬송시였을 가능성이 높은 것으로 보고, 네 개의 연으로 분석하였다. 즉 첫 번째 연(1-2, 로고스와 하나님), 두 번째 연(3-8, 로고스와 창조), 세 번째 연(9-13, 로고스와 계시) 그리고 네 번째 연(14-18, 로고스와 성육신)으로 분해하였다.[174)]

버지는 요한복음 첫 두 구절이 기독교 신학의 승리임을 강조한다. 뿐만 아니라 요한복음은 창세기 1장을 연상시키고 남자들과 여자들의 재창조와 소망 없는 어두운 곳에 생명을 주는 것을 기록한 복음서라고 소개한다.[175)] 여기서 재창조는 새 창조를 의미할 것이다. 버지는 요한복음 1:1-2이 요한의 기독론의 서론이며 삼위일체 사상의 시작이라고 해석하였다.[176)] 버지가 참으로 "요한은 그의 복음서 전체가 이 구절의 빛 속에서 읽혀질 것을 의도하고 있다"는 바레트의 글을 인용하고, 예수에 대한 이런 최상의 궁극적 주장을 생략하고 요한복음을 읽는다면 그 책의 중심적 주장을 놓치게 된다고 강조한다.[177)] 버지의 이러한 주장은 그의 신학적 입장이 정통 기독교의 노선에 있음을 표명한 것으로 보인다.

13절에 대하여 버지는 두 가지 흥미로운 해석을 소개한다. 하나는 어떤 사본들이 13a에서 단수 동사를 적용하여 "이는 혈통으로나 육정으로나 사람의 뜻으로 나지 아니하고"라는 구절의 주어가 예수라는 분석이다. 그러면 예수는 독특하게 하나님의 뜻으로 나셨다는 의미이다. 그러나 또 하나는 대부

173) 버지, 「요한복음」, 21.
174) 버지, 「요한복음」, 69-77.
175) 버지, 「요한복음」, 70.
176) 버지, 「요한복음」, 72.
177) Ibid.

분의 번역들이 복수 동사를 적용하여 13절은 12절의 생각을 이어간다는 것이다. 로고스를 따르는 자들, 즉 믿고 하나님의 권세를 받은 자들은 거룩한 태어남을 통해 강력한 변화를 함께 누리게 될 것이라는 것이다.[178] 이와 관련하여 버지는 '거듭남' (요 3:3)을 다시, 혹은 위로부터 태어남으로 이해하여 신적 태어남으로 파악했다. 그리고 이 표현을 헬라주의적 배경을 지닌 독자들이 쉽게 이해했을 것으로 관찰했다.[179] 당시 헬레니즘에는 신의 재탄생 개념이 흔한 것이었기 때문이라는 것이다. 또 당시에 유대교로 개종한 자들은 종종 새로 태어난 자녀라고 불리었다는 것이다.

버지는 예수가 '다시 태어남' 을 통하여 인간의 본성 전체가 완전히 새롭게 갱신되는 것을 촉구한 것으로 해석한다.[180] 그런데 예수는 신적 태어남을 '물과 성령으로 태어남' 이라고 설명하였다(요 3:5). 이에 대하여 버지는 구약에 예언 된 종말론적 재탄생을 표현한 개념이라고 제시하였다.[181] 선지자들은 하나님의 변화의 영이 모든 사람들 위에 풍부하게 임하게 될 다가오는 시대를 묘사하였다는 것이다(사 32:15-20; 욜 2:28). 또한 에스겔 36:25-27에서는 "맑은 물을 너희에게 뿌려서...너희를 정결하게 할 것이며 또 새 영을 너희 속에 두고 새 마음을 너희에게 주되...너희가...내 백성이 되고 나는 너희 하나님이 되리라"고 하여 물과 영이 쉽게 결합될 것을 말하여 '물과 성령' 의 새 언약적 배경을 이룬다는 것이다. 따라서 버지는 물과 성령에 의하여 위로부터 다시 태어남은 한 인간 전체의 포괄적이고 완전한 갱신으로서 영적 재출생을 의미하는 것으로 해석하였다. 버지의 이러한 해석은 요한복음 서문에 대해 새 창조의 관점에서 해석하는 것을 가능하게 하는 것으

178) 버지, 「요한복음」, 77.
179) 버지, 「요한복음」, 147.
180) 버지, 「요한복음」, 148.
181) 버지, 「요한복음」, 149.

로 보인다.

(11) 안드레아스 쾨스텐베르거

쾨스텐베르거(Andreas J. Koestenberger, 1957-)는 2009년에 「요한신학」(*A Theology of John's Gospel and Letters: The Word, the Christ, the Son of God*. Biblical Theology of the New Testament)을 출판하여 로고스와 새 창조 모티프에 대한 그의 견해를 드러냈다. 쾨스텐베르거는 이 저서에서 말씀(로고스)이 창조와 새 창조 사역의 수행자임을 제시했다.[182] 요한복음 서문에 등장하는 '생명'과 '빛'은 창조 용어에 해당하고, 예수의 초기 사역을 한 주간의 창조와 일치하게 한 주간에 걸친 것으로 소개하는 것이 새 창조를 암시한다고 주장했다.[183] 쾨스텐베르거가 요한이 그의 복음서 처음부터 '태초'를 언급하여 히브리 성경의 첫 구절(창 1:1)을 반향하게 함으로써 구약성경의 첫 마디와 요한복음 첫 마디 사이의 정경성 관련성을 확증했다.[184]

이와 더불어 요한복음 독자는 '태초에 하나님'을 기대했을 것이지만 요한은 하나님 대신 '말씀'(로고스)을 언급하여 하나님과 로고스의 관련성을 연상하게 하였다. 이것은 로고스의 선재를 보여줌으로써 뒤따라오는 새로운 시작 즉 로고스의 성육신(요 1:14)에 대한 언급을 준비했다.[185] 요한이 요한복음 1:1의 '태초'가 창조 이전을 가리킨다고 쾨스텐베르거는 설명한다.[186] 로고스는 하나님의 뜻을 표현하심을 나타낸다. 하나님이 말씀하시

182) 안드레아스 J. 쾨스텐베르거, 「요한신학」, 전광규 역(서울: 부흥과개혁사, 2015), 369-70.
183) 쾨스텐베르거, 「요한신학」, 370.
184) 쾨스텐베르거, 「요한신학」, 371.
185) Ibid.
186) Ibid.

자 모든 것이 존재하게 되었다(창 1:1, 9; 참조 창 1:11, 15, 24, 30). 요한은 이러한 로고스가 예수 그리스도로 나타났다고 주장한다.[187)] 요한이 로고스라는 단어를 사용한 것은 자신의 헬라 청중에게 복음의 메시지를 이해시키기 위함이었을 것이다. 쾨스텐베르거는 요한이 로고스라는 용어를 사용한 것은 적어도 부분적으로 헬레니즘 문화권의 독자에게 복음을 상황화하기 위한 것처럼 보인다고 말한다.[188)] 그렇지만 요한은 자신이 언급한 로고스가 하나님의 말씀에 대한 구약의 묘사가 깊이 스며들어 있음을 말한다. 이에 대한 증거로 쾨스텐베르거는 다음 4가지를 제시했다.

(1) 히브리 성경의 첫 마디를 반향하기 위해 '태초' 라는 문구를 사용하는 저자의 의도적인 노력, (2) 창세기 1장의 중요한 몇몇 단어가 요한복음 1장에 다시 나타나는 것(빛, 어둠, 생명), (3) 도입부에서 이스라엘의 광야 방랑(요 1:14의 장막을 친다는 의미의 '거하다' 라는 동사 사용) 및 율법 수여(1:17-18)를 암시하는 것, (4) 요한복음 저자가 자신의 기본적인 기독론 틀에 맞게 이사야 55:9-11을 고쳐 쓴 것이다.[189)]

이사야 55:10-11은 요한복음 서문(1:1-18)에 가장 결정적인 영향을 끼쳤을 것이라는 것이다.[190)] 로고스가 태초에 존재했기 때문에 그 로고스가 하나님이었고, 그 로고스가 하나님과 함께 있었다고 생각할 수 있을 것이다. 요한복음 1:3-4은 로고스가 실제 창주주로서 생명을 수여하고 있음을 말한

---

187) 쾨스텐베르거, 「요한신학」, 372.

188) Ibid.

189) 사 55:9-11, "이는 하늘이 땅보다 높음 같이 내 길은 너희의 길보다 높으며 내 생각은 너희의 생각보다 높음이니라. 이는 비와 눈이 하늘로부터 내려서 그리로 되돌아가지 아니하고 땅을 적셔서 소출이 나게 하며 싹이 나게 하여 파종하는 자에게는 종자를 주며 먹는 자에게는 양식을 줌과 같이 내 입에서 나가는 말도 이와 같이 헛되이 내게로 되돌아오지 아니하고 나의 기뻐하는 뜻을 이루며 내가 보낸 일에 형통함이니라."

190) Ibid.

다. 로고스 안에 있는 생명은 사람들의 빛이다. 이것은 로고스가 생명의 근원임과 아울러 초자연적 빛의 근원임을 의미한다. 왜냐하면 영원한 생명을 지닌 자들만 빛 가운데로 걸어갈 수 있기 때문이다.[191] 9절에 등장하는 '세상' (κόσμος)이란 단어는 요한복음서에 78번이나 사용되었다. 마태복음에 8번, 마가복음과 누가복음에 각각 3번 사용된 것에 비하면, 요한복음에 월등히 많이 사용되었다. 그런데 로고스에 의하여 창조된 세상의 로고스 거부는 아이러니이며 비극이다(1:10-11). 세상의 가장 기본적인 죄는 로고스 예수를 알고 믿는데 실패했다는 것이다. 세상은 하나님이신 로고스의 선재와 성육신을 알지도 못하고 믿지도 못했다. 이상의 쾨스텐베르거의 진술은 요한복음 서문(1:1-18)의 내용과 일치하게 해설한 것으로 보인다.

쾨스텐베르거는 예수의 대속적 죽음을 통하여 '누구든지 저를 믿는 자마다' 새롭고 영원한 생명을 누릴 수 있게 되었고, 사망에서 생명으로, 어둠에서 생명으로 옮겨진다는 것을 증언하는 것이 요한 신학에 자리 잡고 있음 주장한다.[192] 이런 의미에서 예수는 우주적 차원과 개인적인 차원 모두에서 새 창조를 행한다는 것이다.[193]

이상의 연구에서 알 수 있는 것은 쾨스텐베르거는 새 창조를 분명하게 주장했다. 말씀 곧 로고스와 생명과 빛은 새 창조를 나타낸다고 명시했다. 그는 표적의 책(1:19-12:50)에 새 창조 신학이 나타나고, 수난 내러티브에서 새 창조 신학의 존재를 언급하며, 예수의 부활을 새 창조 신학의 절정이라고 주장했다.[194]

---

191) 쾨스텐베르거, 「요한신학」, 373.
192) 쾨스텐베르거, 「요한신학」, 383.
193) Ibid.
194) 쾨스텐베르거, 「요한신학」, 370-88.

(12) 크레익 키너

키너(Craig S. Keener, 1960-)는 요한복음 1:3에서 요한이 로고스를 지혜와 토라처럼 하나님의 창조의 수행자(agent)로 나타낸 것은 로고스의 새 창조 사역을 예시한 것이라고 해석하였다.[195] 유대인의 전통에서 하나님은 발언(speech)의 행위에 의해서만 세상을 창조하셨다.[196] 창세기에서 하나님의 말씀에 의한 창조는 지혜와 토라에 의한 창조와 연결된다. 유대인의 전통에 의하면, 하나님은 우주가 존재하도록 말씀하신 분이시다.[197] 그래서 요한복음 1:1의 창조적인 로고스는 전체적으로나 부분적인 배경으로 창세기의 창조적 말씀을 떠오르게 한다는 것이다.[198] 말씀, 지혜, 토라에 의하여 창조된 세상은 말씀, 지혜, 토라에 의하여 유지된다. 나중에 랍비들은 토라의 실천을 통하여, 혹은 어떤 의미에서 의에 의하여 세상이 유지된다고 해석하였다.[199] 이런 의미에서 세상은 율법과 의를 위해서 창조되었다고까지 말할 수 있다는 것이다.[200] 키너의 이러한 해석은 결국 로고스의 새로운 창조 모티프를 드러낸 것이라 할 수 있을 것이다.

키너는 요한복음 1:12에서 '하나님의 자녀'가 되는 것은 인간의 노력으로 전혀 이룰 수 없고 하나님만이 가지는 권세(ἐξουσία; authorization)에 의해서만 가능한 것임을 강조했다.[201] 위로부터 내려온 계시자만이 하늘의 영역으로 사람들을 인도할 수 있는데, 하나님의 자녀가 되는 것은 예수의 완전한 신성을 받아들이는 것이 수반된다.[202] 이것은 또한 그의 성령만이 참으

---

195) Craig S. Keener, *The Gospel of John: A Commentary* Vol. 1 (Massachusetts: Hendrickson Publishers, 2003), 374.
196) Keener, 379.
197) Ibid.
198) Keener, 380.
199) Ibid.
200) Keener, 381.
201) Keener, 403.

로 개종시킬 수 있음을 의미한다.[203] 그래서 '하나님의 자녀'는(요 1:12) '하나님께로부터 난 자'(요 1:13)이다. 이러한 탄생은 로고스 예수에 의하여 시작된 전체적 새 창조에 참여하는 것이다.[204] 인간 편에서 하나님에게 이를 수 없는 큰 간격을 잇기 위해 하나님의 신적 로고스가 육신이 되었다(요 1:14). 그래서 '하나님의 자녀'는 육체로부터가 아니라 '하나님께로부터 난 자'이다(요 1:13). 요한복음 3:3에 따르면 '하나님께로부터 난 자'는 '위로부터 난 자'이다. '위로부터 난 자'는 '성령으로부터 난 자'(요 3:6)이다. 육체로부터 난 것과 마찬가지로 성령으로부터 난 자에 대해서 키너는 특별한 종류의 재창조(re-creation)라고 표기하였다.[205] 키너가 이와 같이 하나님의 자녀가 되는 것을 하나님의 새로운 창조로 해석한 것은 요한복음 서문이 의도한 것을 드러낸 것이라 할 수 있다.

키너가 요한복음 1:14-18을 '새로운 시내 산'(The New Sinai)이라고 지명한 것은 그의 중요한 통찰이라 할 수 있다. 키너는 요한복음 1:14-18의 주도적인 이미지가 출애굽기 33-34장에서 하나님이 시내 산에 내려와 모세에게 토라를 주신 것을 다시 떠오르게 한다는 것이다.[206] 하나님이 시내 산에서 모세에게 그의 영광을 계시하신 것처럼, 요한복음 1:14에서 예수는 그의 제자들에게 '은혜와 진리가 충만하게' 그의 영광을 계시한다.[207] 또한 키너는 "말씀이 우리 가운데 거했다"(요 1:14)는 것을 "하나님이 광야에서 그의 백성 가운데 거했다"(tabernacled)와 연관시켜 새로운 출애굽(the new exodus)이 예수 안에서 성취되었다고 해석한다.[208] 키너가 제시한 '새로운

202) Ibid.
203) Keener, 404.
204) Keener, 405.
205) Keener, 541.
206) Keener, 405.
207) Keener, 406.
208) Keener, 408.

출애굽' 은 새 창조를 함의하는 것으로 보인다.

키너는 로고스의 영광을 본 것(요 1:14)에 관하여 그리스도 안에서 종말론적으로 일어난 영광의 절정적인 계시라고 해석하고, 토라가 새 언약으로 다시 계시된 것이라고 주장한다.[209] 그리스도는 모세보다 큰 자이고, 이스라엘에 의하여 증언된 영광은 예수 자신의 영광이었다.[210] 따라서 새 언약의 영광은 또한 첫 언약의 영광보다 크다는 것이다(cf. 고후 3:3-18). 왜냐하면 로고스의 영광은 창세 전에 아버지와 함께 가졌던 영화로써 지금도 아버지와 함께 가진 영광이기 때문이다(요 17:5). 예수는 십자가 죽음과 부활과 승천을 영광으로 표현한다(요 13:31-33). 키너가 요한복음 서문의 주석에서는 새 출애굽을 말하고 이 부분의 주석에서 새 창조를 언급하지 않는 것은 해석에 일관성이 없어 보인다. 예수의 영광은 아버지의 영광이고 하나님의 영광은 그의 백성을 새롭게 창조하는 하나님의 나라의 영광일 것이기 때문이다.

(13) 권해생

권해생은 요한복음에 세 가지 관점에서 새 창조 모티프가 있음을 주장한다.[211] 첫째, 요한복음 전체 표적이 새 창조 모티프를 나타낸다고 주장하였다. 권해생은 우선 일반적으로 알려진 일곱 개의 표적보다는 대체로 학자들의 의견이 일치하는 여섯 개의 표적이 새 창조 모티프를 나타낸다고 지목하였다. (1) 가나 혼인 잔치 사건(2:1-11), (2) 왕의 신하의 아들을 고친 사건(4:46-54), (3) 베데스다 연못 사건(5:1-9), (4) 오병이어 사건(6:1-15), (6) 맹인을 고친 사건(9:1-12), 그리고 (6) 나사로 부활 사건(11:1-14)이 바로

209) Keener, 410-11.

210) Keener, 419.

211) 권해생, "요한복음의 새 창조 모티프: 표적, 십자가와 부활, 성전", 「신약연구」 제16권 4호 (2017.12), 141. 이 논문은 2017년 9월에 한국복음주의 신약학회에서 발표되었던 것이다.

그것이다.[212)]

둘째로, 십자가-부활 사건이 새 창조 모티프를 나타낸다고 주장한다. 브라운과 키너가 십자가-부활 기사에 창세기의 배경이 등장하지 않는다고 주장함에도 불구하고 권해생은 강한 창세기의 분위기를 보여주기 때문에 예수의 십자가와 부활에 새 창조적 함의가 있음을 강조한다.[213)] 예수께서 죽으시고 부활하신 장소가 '동산' 으로 표기된 것이 에덴동산과 연결될 수 있고 이것은 바로 요한복음에 등장하는 또 하나의 새 창조 모티프라는 것이다.[214)] 특히 권해생이 예수의 성령 수여(요 20:22)에 새 창조 모티프가 가장 분명하게 드러난다고 주장한 것은 의미 있는 강조로 보인다.[215)] 심지어 요한복음은 로고스의 창조사역으로 시작해서(1:4-5) 성령의 창조사역으로 끝난다(20:22)고 강조하였다.[216)] 요한복음 15:26에서는 예수가 아버지로부터 성령을 받아서 성령을 파송하신 것으로 사도 요한이 보도하고 있다. 권해생은 요한복음 3:3, 5에 나타난 물과 성령에 의한 출생과 관련하여 성령을 '창조의 영' 으로 지명하고 성령이 예수를 통해 새 창조 사역에 참여하신다는 것을 드러내었다는 것이다. 비록 요한복음 20:22의 성령 수여는 사도행전 2장의 오순절의 성령 강림과 어떤 관련성이 있는지를 논의하지는 않았지만 예수의 성령 파송을 새 창조로 파악한 것은 성경신학적 의의가 있는 것으로 보인다.

마지막 세 번째로, 성전신학과 새 창조가 연관되어 있음을 주장한다.[217)] 지금까지 성전신학과 새 창조는 거의 논의 된 바가 없지만, 구약에서 창조와

212) 권해생, "요한복음의 새 창조 모티프: 표적, 십자가와 부활, 성전", 141-42.
213) 권해생, "요한복음의 새 창조 모티프: 표적, 십자가와 부활, 성전", 155.
214) 권해생, "요한복음의 새 창조 모티프: 표적, 십자가와 부활, 성전", 156.
215) 권해생, "요한복음의 새 창조 모티프: 표적, 십자가와 부활, 성전", 158.
216) 권해생, "요한복음의 새 창조 모티프: 표적, 십자가와 부활, 성전", 160.
217) Ibid.
218) 권해생, "요한복음의 새 창조 모티프: 표적, 십자가와 부활, 성전", 165.

성전은 긴밀하게 연관되어 있고, 이것이 요한복음에서 전개되었다는 주장이다.[218] 요한복음에서 성전과 새 창조가 직접적으로 연결되는 곳운 예수의 성전 사건이다(2:13-22). 이 때 예수는 새로운 성전을 제시하였는데, 그것은 자신의 몸이라는 것이다(2:19-21). 따라서 이제는 건물로 된 예루살렘 성전이 아니라 자신의 몸이 하나님이 임재하시고 예배 받으시는 성전이 될 것이라 하셨다는 것이다. 또한 이 새로운 성전은 예수의 죽음과 부활과 긴밀하게 연결된다. 예수가 자신의 죽음과 부활을 성전 파괴와 건축으로 설명하신 것은 그만큼 성전이 새 창조와 밀접하게 관계있다는 것이다.[219] 이상과 같이 세 가지 관점에서 권해생이 요한복음에 새 창조 모티프가 있음을 논증한 것은 요한복음을 새롭게 이해하려는 시도라고 할 수 있다.[220]

3. 요약

위의 연구사는 다음과 같이 정리할 수 있다.

우선, 요한복음 서문(1:1-18)에 관하여, 불트만은 역사적 사실로 인정하지 않고 신화로 간주하며, 신앙고백의 언어라고 주장한다. 바레트도 불트만의 주장처럼 로고스의 성육신에 관한 진술은 신화적인 언어라고 주장했다. 브라운은 사도요한을 요한복음의 기록자로 인정하지 않는다. 반면에 모리스는 사도 요한을 요한복음의 기록자로 본다.

크리소스톰과 어거스틴은 로고스가 '태초에 계셨다' 는 것을 로고스의 영원한 선재를 가리키는 것으로 설명하였다. 크리소스톰은 로고스로서의 하나님의 독생자가 하나님의 영원한 나심이라고 설명했다. 어거스틴은 로고스가

---

219) 권해생, "요한복음의 새 창조 모티프: 표적, 십자가와 부활, 성전", 167.

220) 다만 권해생의 연구 범위는 요한복음 전체이고 이 저서의 연구 범위는 요한복음 서문에 국한된다는 점에서 차이가 있다.

삼위일체의 한 위격이라고 해석했다. 칼빈은 로고스가 하나님이고, 삼위일체 하나님의 한 위격이며, 하나님의 성육신일 뿐만 아니라, 로고스가 그리스도로서 한 인격에 두 본성(신성과 인성)이 있음을 말했다. 모리스는 로고스의 신격을 말하고, 아버지와 일체임을 말하여 삼위일체를 뒷받침하였다.

크리소스톰은 로고스의 성육신과 속죄사역을 말했다. 어거스틴은 로고스가 성육신하여 구속사역을 한 것이라고 설명했다. 칼빈은 로고스의 구속사역을 말하고 로고스가 하나님 아버지의 품 안에 있는 비밀까지도 나타내셨다고 주해했다. 로고스의 성육신과 속죄사역은 로고스의 새 창조 사역을 함의한다.

크리소스톰은 17절을 설명하면서 시내산의 배경으로 모세가 아말렉 전투에서 두 팔을 펼친 이미지를 활용하여 성육신하신 로고스로서 예수 그리스도의 은혜와 진리를 언급했다. 어거스틴은 18절을 설명하면서 시내산 배경으로 하나님 목격 모티프와 모세 모티프를 사용했다. 아퀴나스의 성육신하신 로고스에 관한 설명에도 시내산 배경이 있다는 강력한 인상을 주었다. 칼빈에 이어 브라운과 모리스도 성육신하신 로고스에 대해서 해석할 때 시내산 배경을 언급했다.

결국 크리소스톰, 어거스틴, 아퀴나스, 칼빈, 모리스는 요한복음이 하나님의 말씀이라는 전통적 정통신학의 입장에서 요한복음 서문을 주석하였고, 불트만, 바레트, 브라운은 현대의 역사비평적이고 편집비평적인 입장에서 본문을 주석했음을 드러내었다. 이들의 공통적인 것은 성육신하신 로고스 시내산 배경이 있다는 점이다.

모리스가 정통적 입장을 유지한 것은 평가받을 만하다. 불트만의 연구 결과를 대부분 수용한 바레트와 브라운이 요한복음 서문을 헬라의 영지주의적 신화로 보고 역사비평과 편집비평으로 연구한 것과는 다르게, 모리스는 크리소스톰, 어거스틴, 아퀴나스, 그리고 칼빈의 해석과 다르지 않은 연구결과를 나타내어서, 기독교의 복음이 강조되었기 때문이다.

위의 연구사에서 특징적인 것은 바레트, 브라운, 모리스, 카슨, 버지, 쾨스텐베르거, 그리고 키너와 권해생이 요한복음 서문에서 새 창조 모티프를 언급했다는 점에서 의의가 있다. 왜냐하면 그 이전의 연구자 대부분은 요한복음 전체를 주석하면서 새 창조 모티프를 발견하고 그 연구 결과의 하나로 새 창조를 언급하였을 뿐이지 새 창조의 관점에서 서문 연구를 종합적으로 시도하지 않은 것으로 보이기 때문이다. 그렇더라도 이 학자들이 요한복음 서문의 새 창조 모티프를 충분히 드러냈다고는 할 수 없고, 간단히 언급하는 정도에 불과했다. 따라서 요한복음 서문에서 새 창조 모티프는 보다 분명하게 연구되어야 할 과제로 남게 되었다. 이전의 연구자들은 요한복음 서문에 나타난 '로고스의 새 창조 사역'에 무관심하거나 초점을 맞추지 않았다. 주로 삼위일체의 한 위격으로서 로고스의 신성과 인성에 주의를 기울였다. 최근에 여러 신학자들이 로고스와 새 창조의 관계를 다루었지만, 그들의 연구는 제한적이다. 그들은 1:4-5을 중심으로 새 창조 주제를 언급할 뿐이다. 요한복음 서문 전체를 로고스의 새 창조 사역과 관련하여 다루지 않았다. 따라서 본서에서는 요한복음 1:1-18에 나타난 로고스의 새 창조 사역을 종합적인 주해의 연구 방식으로 살펴 볼 것이다.

III

제 3 장

성경과 중간기문헌에 나타난 새 창조

이 장에서는 요한복음 서문에 이르기까지 성경과 유대문헌에 나타난 새 창조의 모티프를 추적하고자 한다. 왜냐하면 스미스(Steven W. Smith)가 "첫 번째 기독교 설교는 구약의 강해였다"고 주장한 것처럼,[1] 신약의 내용이 이미 구약에 예고되었기 때문이다. 베드로는 기독교 최초의 설교를 할 때(행 2:14-41), 구약의 예언을 인용하여 오순절 성령강림을 설명했다. 베드로는 요엘 선지서(2:28-32)와 시편(16:8-11, 110:1)을 선택하여 오순절 성령강림이 구약 예언의 성취임을 설교한 바 있다.[2] 이와 마찬가지로 요한복음 서문에 나타난 로고스의 새 창조 사역은 구약과 유대문헌, 그리고 다른 신약성경의 연구를 통해 더 온전하게 이해될 수 있을 것이다.

1. 구약

(1) 모세오경

창세기 1:1의 창조는 새 창조를 암시한다고 할 수 있다.[3] 왜냐하면 창세

---

1) 스티븐 스미스, 「본문이 이끄는 장르별 설교」, 김대혁, 임대균 공역 (서울: 아가페 북스, 2016), 94.
2) 스미스, 「본문이 이끄는 장르별 설교」, 95-97. cf. 김희보, 「구약 요엘 주해」 (서울: 총신대학교출판부, 2001), 173-94.

기부터 요한계시록까지의 내용이 창조에서 새 창조의 과정이라 할 수 있기 때문이다. 그런데 폰 라트(Gerhard von Rad)는 창세기부터 여호수아까지를 6경으로 간주하고 하나의 '거대한 민담'으로 봄으로써 그 역사성을 부정한다.[4] 창세기 1:1은 제사장(P) 문서의 창조설화로서 고대의 신앙고백일 뿐이며, 구약신앙에서 신학적으로 보조적인 역할을 할 뿐이라는 주장이다.[5] 그러나 기동연은 예수가 창세기를 포함한 5경을 모세의 글이라 함으로(눅 24:27) 비평학자들의 모세5경 저작설 부정을 비판하였다.[6] 따라서 기동연에 의하면, 폰 라트의 주장은 성립될 수 없다.

§ 창세기 1:1은 제목인가 첫째 날인가?

기동연이 창세기 1:1을 첫째 날의 시발점으로 보는 것은 평가받을 만하다. 김희보도 창세기 1:1의 천지창조는 첫째 날에 포함되어야 한다고 주장하였다.[7] 창세기 1:1을 첫째 날의 창조로 보지 않고 창조의 제목으로만 보면 하늘과 땅의 창조는 6일 창조에 나타나지 않는 것이 되어서 무에서 유의 창조

---

3) E. A. Speiser, *Genesis*, The Anchor Bible (Garden City, New York: Doubleday & Company, Inc., 1964), 13. Speiser가 창세기 기록을 바벨론 신화형성의 반복으로 본 것은 성경신학적으로 합당하지 않은 것으로 보인다. 모세의 창세기 기록이 바벨론 신화보다 앞선 것으로 보이기 때문이다.

4) 폰 라트, 「창세기」, 15. 폰 라트는 모세의 5경 저작설을 부인한다.

5) 폰 라트, 「창세기」, 47.

6) 기동연, 「창조부터 바벨까지: 창세기 1-11장 주석」 (서울: 도서출판 생명의양식, 2009) 22, 45. 폰 라트는 창 1:1을 신학적 주제로 보고 창조 첫째 날에 포함시키지 않는다. 폰 라트, 「창세기」, 47-51.

7) 김희보, 「구약신학논고」 (서울: 예수교문서선교회, 1975), 23-24. 창 1:1의 '태초에'를 첫날에 포함시키지 않을 때는 이 말이 첫 날의 시작이 아니라는 말이 된다. 그러면 출 20:11과 서로 배치된다. 더구나 창 1:1의 천지창조 기록 다음에 2절과 3절에 연속되는 접속사 '와우'(ו)는 그 사건들이 연속적인 것을 보여준다. 즉 천지 창조와 땅이 공허한 것과 빛이 있으라는 하나님의 창조명령이 일련의 사건들로 차례차례 연속된 창조과정의 하나임을 그 접속사가 암시한다.

론과 모순되기 때문이다.[8] 흥미로운 것은 폰 라트가 창조서술이 창조론적인 외곽지대에서 구속론적인 중심부에로 향하고 있다고 주장한 점이다.[9] 창세기의 역사성을 부정하면서 구속론적 해석을 시도한 것은 아이러니라 할 수 있고, 의미 없는 말장난에 불과하다고 볼 수 있다. 폰 라트가 구속론을 말하면서 새 창조를 함의한다고 해석했다면 그나마 의의가 있었을지 모른다.

§ 지구 역사는 6000년인가?

인간의 창조연대가 기원전 4004년이라는 견해는 히브리 맛소라 사본에 따른 것이고, 70인경이나 사마리아 사본에서 연대를 계산하면 기원전 5411년이 된다. 또 맛소라 사본에도 얼마나 많은 계보와 연대가 생략되어 있는지 지금의 자료로써는 알 길이 없다.[10]

하나님이[11] 하나님의 형상대로[12] 창조하신(창 1:27) 아담에게 복을 주

---

8) 브루스 월트키(Bruce K. Waltke)도 창 1;1-2을 창조의 첫째 날에 포함시키지 않는다. 월트키는 창 1:1을 '요약진술' 로 보고, 창 1;2을 '창조 이전의 부정적 상태' 로 묘사하였다. 브루스 월트키, 「구약신학」, 김귀탁 역 (서울: 부흥과개혁사, 2012), 208-209.

9) 폰 라트, 「창세기」, 47-48.

10) 김희보, 「구약신학논고」, 16-18.

11) 창세기에서 말하는 하나님은 유일신 (Monotheism)이고 단일신 (Monolarity)이 아니다. cf. 김희보, 「구약신학논고」, 13.

12) 하나님의 형상에 대해 어거스틴(354-430)은 삼위일체의 형상으로 보았다. 아우구스티누스, 「삼위일체론」, 김종흡 역 (서울: 크리스챤 다이제스트, 1997), 273-93. 기동연은 고대 근동 사회에서 하나님의 형상이란 왕권을 나타내거나 왕이 신의 대리인임을 강조하기 위해 종종 사용된 것처럼 인간이 하나님을 대신하여 피조물을 다스리는 자로 만들어졌음을 의미한다고 주장하였다. 기동연, 「창조부터 바벨까지」, 73. 서철원은 하나님의 형상을 하나님의 인격으로 보았다. 서철원, 「인간, 하나님의 형상」 (서울 총신대학출판부, 2007), 63, 66. 빌은 하나님의 형상이 하나님의 임재를 표상하고 하나님의 복을 전달하는 지점으로 보았다. 하나님은 아담에게 "온 땅을 다스리라" 고 명령하셨는데(창 1:28), 다스린다는 것은 아담의 왕권을 표현하는 것이고, 하나님의 형상에 대한 기능적 국면의 한 부분이라는 것이다. 이런 면에서 아담의 다스림은 하나님의 창조사역을 반영하고 요한복음 서문의 새 창조를 예시한고 할 수 있다. 그레고리 빌, 「신약성경신학」, 김귀탁 역 (서울: 부흥과개혁사, 2013), 47.

시면서 최초의 지상명령(창 1:28)을 내리셨다.[13] '복을 주셨다' (ברך)는 동사는 '하나님의 좋은 말씀' 을 의미한다.[14] 바라크(ברך)는 헬라어 칠십인역(LXX)에서 '좋은 말을 하다' (εὐλογέω)로 번역되었다. '복을 주다' 는 동사(εὐλογέω)는 '말하다' (λέγω)의 명사형인 '로고스' (λόγος)와 연관된다.[15] 라틴어 벌게이트 역도 '복 주다'(ברך)를 '좋은 말하다' (benedixit)로 번역했다. 하나님은 세상을 창조하실 때 말씀으로 창조하셨다(창 1:3, 6). 하나님이 말씀으로 세상을 창조하셨다는 것은 요한복음 서문(1:1)의 말씀인 로고스를 떠오르게 한다.

히브리인의 사고방식에 따르면, '말' 은 '마음 뒤에 있던 것이 앞으로 뛰어나간 것' 과 '마음 안에 있던 것이 행동으로 옮겨진 것' 을 의미한다. 말은 입을 떠나면 하나의 음파로 사라지는 것이 아니라, 입에서 나가면 하나의 '물건' 으로 구체화된다고 생각한 것이다.[16] 그래서 '다바르' 는 '말' 과 '물건' 이라는 뜻으로 사용되었고, 말과 물건을 같은 것으로 여기게 되었다.[17] 이와 같이 히브리인들은 하나님의 말씀이 구체적인 물건으로 나타난다고 생각했다. 창세기의 창조가 오로지 하나님의 말씀으로 창조되었기 때문이다.

---

13) 창 1:27은 「바른성경」에서 히브리어 원문대로 "하나님께서 자신의 형상대로 사람을 창조하시되 하나님의 형상대로 사람을 창조하셨으니, 그들을 남자와 여자로 창조하셨다"고 번역되었다. 이 구절에서 창조하다는 동사가 3번이나 반복되었다. 이것은 사람 창조의 중요성을 나타낸다고 할 수 있다. 한편, 히브리어로 창조의 '바라' 와 축복의 '바락' 은 비슷한 발음 현상을 나타낸다고 할 수 있다. 의미상으로도 하나님의 축복은 하나님의 창조의 새로운 측면이 있다고 할 수 있을 것이다. 왜냐하면 동사 '창조하다' (ברא)는 구약에서 하나님의 사역과 연관해서만 사용된 단어로 새로운 행위를 의미하기 때문이다. 이 동사는 창조된 것이 어떤 모형을 따라 만들어진 것이 아니라 항상 새로우며, 창조물이 세상에 존재하게 된 이유는 오직 하나님의 의지에 의한 것임을 역설한다. 송병현, 「창세기」 (서울: 도서출판 국제제자훈련원, 2012), 70.

14) BDB, 138-39.

15) 의미상으로 '좋은 말하다' 는 '축복' (εὐλόγειν)은 '좋은 소식을 전한다' 는 뜻을 가진 '복음' (εὐαγγέλιον)과도 연관성이 있다고 할 수 있을 것이다.

16) BDB, 180-184.

17) 배제민, 「새로운 형태의 구약연구」 (서울: 총신대학출판부, 1982), 171.

요한은 말씀에 의하여 만물이 창조되었다고 보도한다(요 1:3). 창세기 1:28의 생육과 번성의 축복은 하나님이 재생산(recreation)의 능력을 주신 것이라 할 수 있다.[18] 따라서 창세기 1:28의 명령에 담긴 하나님의 말씀의 창조적인 특성은 하나님의 창조 이후에도 계속 나타났다.

창세기 2:8-17에 등장하는 '에덴동산'에 대하여 폰 라트는 민담과 신화로 본다.[19] 더욱이 폰 라트는 9절의 '생명나무'와 '선악을 알게 하는 나무'에 대하여 두 전승이 추후에 결합된 결과이고, '선악을 알게 하는' 이란 문구가 나중에 첨가된 것이라고 한다.[20] 그러나 이러한 폰 라트의 주장은 지지될 수 없을 것이다. 왜냐하면 브루스 월트키(Bruce K. Waltke)는 창세기의 에덴동산 기사가 역사적 사실을 묘사한다고 주장하기 때문이다.[21] 월트키에 따르면, 창세기에 등장하는 열 개의 톨레도트 중 첫 번째 톨레도트로서 아담과 하와가 아브라함, 이삭, 야곱과 같은 실존 인물이라는 것이다.[22] 하나님은 에덴동산과 아울러 아담과 하와를 실제로 창조하셨다는 점에서 월트키의 주장은 정당하다고 할 수 있다. 월트키의 주장이 정당한 또 다른 이유는 내용면에서 창세기 2:8-10이 요한계시록 22:1-2과 서로 연관성을 나타내기 때문이다. 창세기의 에덴과 요한계시록의 어린 양의 보좌, 강의 발원, 생명나무 등은 창조와 새 창조의 유사성을 나타낸 것으로 보이기 때문이다.[23]

한편으로 창세기 2장의 에덴동산은 지상낙원이었지만, 창세기 3장의 에덴은 인간에게 큰 불행이 임한 장소였다.[24] 그렇지만 동시에 창세기 3장은 에

18) Victor P. Hamilton, *The Book of Genesis: Chapter 1-17*, NICOT (Grand Rapids, Wm Eerdmans Pub. Co., 1990), 139.
19) 폰 라트, 「창세기」, 82.
20) 폰 라트, 「창세기」, 83.
21) 브루스 월트키, 「구약신학」, 293.
22) Ibid. 월트키가 그의 「구약신학」에서 구약성경 전체를 다양한 선물로 본 것은 신선한 해석이라 할 수 있다.
23) 오광만, "창조와 구속: 구속과 새 창조의 패러다임으로서 '에덴'," 「진리와 학문의 세계」 제17권 (2006.12), 215.

덴동산 회복의 암시가 있다. 하나님은 아담이 자신의 사명을 수행하지 못하자 다른 사람들을 일으켜서 아담의 사명을 이관시켰기 때문이다.[25] 노아(창 9:1, 7), 아브라함(창 12:1-3), 이스라엘 족속(창 47:27), 야곱(창 48:3-4),[26] 그리고 발람에 이르기까지 아담에게 말씀하신 번성과 생육의 새 창조적 축복은 계속되었다(민 23:10-11).

(2) 선지서

선지서에서는 특히 이사야서에서 새 창조 모티프가 보다 분명하게 드러난 것으로 보인다. 왜냐하면 이사야는 그의 선지서 65:17에 "보라 내가 새 하늘과 새 땅을 창조하나니 이전 것은 기억되거나 마음에 생각나지 아니할 것이라"고 기록하여 새 창조를 명시했기 때문이다. 이 구절에서 '새 하늘과 새 땅'은 은유적이라기보다는 문자적이다. 여호와 하나님의 궁극적 목적이 종들의 역사적 옹호에 국한 될 수 없다고 할 수 있기 때문이다.[27] 그런데 이사야서 본문 자체를 비평적으로 평가한 학자들이 있다.

§ 제2 이사야와 제3 이사야설

클라우스 베스터만(Clause Westermann)이 그의 스승 폰 라트(Gerhard

---

24) 기동연, 「창조부터 바벨까지」, 115.

25) 고든 웬함, 「창세기 상」, 박영호 역, WBC (서울; 도서출판 솔로몬, 2001), 130.

26) 이에 덧붙여 십계명의 새로운 두 돌 판 사건은(출 34:1, 28) "성경은 폐하지 못한다"는 요한의 말과(요 10:35) 아울러 '로고스'(요 1:1, 14)의 새 창조를 예시한 것이라 할 수 있을 것이다. 또한 이스라엘이 기적적으로 홍해를 건넌 사건(출 14장)도 창세기 1:6의 '물과 물로 나누임'이 새롭게 전개된 것이라 할 수 있고, 아론의 마른 막대기에서 싹이 난 것도(민 17장)도 하나님의 새로운 창조 모티프를 드러낸 사건이라 할 수 있다. Timothy R. Ashley, *The Book of Numbers*, NICOT (Grand Rapids, Michigan: Wm. B. Eerdmans, Pub. Co., 1993), 472.

27) 오성호, 「이사야서의 종말론 신학: 56-66장을 중심으로 본」 (서울: 도서출판 솔로몬, 2012), 318.

von Rad)에게 헌정한 「이사야 주석」(*Das Buch Jesaja*)에 따르면 이사야서는 단일 저작자의 저술이 아니라 제2 이사야와 제3이사야의 저작임을 주장한다.[28] 한스-크리스토프 슈미트(Hans-Christoph Schmitt)도 제3 이사야 설을 주장한다.[29] 브루스 월트키(Bruce K. Waltke)는 제2 이사야 설을 지지한다.[30] 그러나 1947년 사해사본의 발견으로 이사야서가 제 1 이사야와 제2 이사야 혹은 제3 이사야 등으로 나눠진 것이 아니라 1장에서 66장까지 하나의 두루마리 사본으로 발견됨으로써 베스터만과 슈미트 그리고 월트키의 주장은 타당성을 잃게 되었다.[31] 따라서 이러한 비평학자들과는 달리 에드워드 영(Edward J. Young)은 최소한 제1 쿰란사본의 증거, 이사야서 내용의 통일성, 신약과 예수의 증거 등을 근거로 이사야의 단일저작을 강력히 주장하였다.[32] 이에 따라 오성호는 제1 이사야서, 제2 이사야서, 제3 이사야서 가설이 근거 없는 가정들이라고 반박하고, 이사야 1-66장이 주전 8세기 이사야의 단일 저작임을 주장한다.[33] 임창일도 이사야서의 단일 저작을 주장하였다.[34]

김정우가 추천서를 쓴 세 권의 이사야서 연구서, 즉 에드가 콘래드(Edgar W. Conrad)의 「이사야서 읽기」(*Reading Isaiah*), 최만수의 「이사야의 하나님: 우리의 하나님」과 장세훈의 「한 권으로 읽는 이사야서」는 이사야서의 저자 문제에 관한 언급이 없고, 주로 학자들의 이사야서 연구방법, 독서방법과

---

28) C. Westermann, 「이사야(3)」, 국제성서주석 (서울: 한국신학연구소, 1992).
29) 한스-크리스토프 슈미트, 「구약, 어떻게 공부할 것인가?: 구약학 연구 안내서」, 차준희, 김정훈 공역 (서울: 대한기독교서회, 2015), 464-65.
30) 브루스 월트키, 「구약신학」, 74, 991.
31) 오병세, 「사해문서 연구」 (서울: 개혁주의신행협회, 1989), 34, 54-55. 이 사해사본의 이사야서는 기존의 이사야 사본보다 1000년 이상 오래되었다.
32) 에드워드 J. 영, 「이사야서 주석 III」, 장도선, 정일오 공역 (서울: 기독교문서선교회, 2008), 587-600.
33) 오성호, 「이사야서의 종말론 신학」, 11-13.
34) 임창일, 「이사야의 창조신학」 (서울: 개혁주의신행협회, 2001), 97.

주제 등을 서술하고 있는 것으로 보인다.[35] 콘래드는 「이사야서 읽기」에서 청중과 독자 중심의 읽기 이론을 주장하여 본문의 내용보다는 독자의 이해를 중시하는 견해를 피력하고 있는 것으로 보인다. 최만수는 「이사야의 하나님: 우리의 하나님」라는 책 제목대로 책의 주제가 하나님임을 드러내었다. 장세훈도 이사야서의 주제는 '신론' 인 것으로 말하고 '이스라엘의 거룩한 자 여호와' 를 강조하는 것으로 보인다.[36] 장세훈이 번역한 윌리엄 덤브렐(William J. Dumbrell)의 「새 언약과 새 창조」에서는 이사야서의 주제를 예루살렘으로 간주한다.[37] 덤브렐은 이사야서가 예루살렘 도시의 총체적 타락을 묘사한 1장에서부터의 예언은 하나님의 성산 곧 새 예루살렘의 출현으로 결론짓는다고 주장한다(66:20-24). 아울러 덤브렐은 이 새 예루살렘이 새 창조와 연관된다고 주장하였다.[38]

오성호도 비슷한 주장을 하였다. 오성호는 이사야서의 주제가 '새 하늘과 새 땅' 인 것으로 주장하였는데, 이사야가 예언하는 새 시대에 새 하늘과 새 땅은 새 예루살렘이 자리 잡은 곳이라고 말한다.[39] 이사야서는 서론으로서 1장에서 '하늘' 과 '땅' 으로 시작하여 결론으로서 65-66장에서 '새 하늘' 과 '새 땅' 으로 끝나기 때문이라는 것이다.[40] 또한 오성호는 이사야서를 내용상 크게 세 부분으로 나눈다. 예컨대 1-39장, 40-55장, 56-66장으로 구분할 수 있는데, 그 각 부분의 중심 주제로 다윗적인 메시아, 여호와의 종, 기름부음 받은 자를 제시했는데, 사실상 동일한 메시아의 초상이라는 주장이

35) 에드가 콘래드, 「이사야서 읽기」, 장세훈 역 (서울: 기독교문서선교회, 2002); 최만수, 「이사야의 하나님: 우리의 하나님」 (서울: 도서출판 그리심, 2005); 장세훈, 「한 권으로 읽는 이사야서」 (서울: 도서출판 이레서원, 2005).
36) 장세훈, 「한 권으로 읽는 이사야서」, 180-96.
37) 덤브렐, 「새 언약과 새 창조」, 22.
38) Ibid,
39) 오성호, 「이사야서의 종말론 신학」, 291-92.
40) Ibid.

다.[41] 이러한 분석은 내용상 타당하다고 본다. 오성호의 주장을 종합하면 이사야가 예언한 메시지의 중심은 메시아가 새 하늘과 새 땅을 이루는 것이라고 할 수 있다. 그러나 새 하늘과 새 땅은 이사야서 마지막 부분(56-66장)의 새로운 주제들이 아니라, 첫 번째 부분(1-39장)과 두 번째 부분(40-55장) 안에서 씨앗의 형태와 갓 자란 어린 나무의 형태로 존재하였다가 마지막 세 번째 부분(56-66장)에서 만개한 것이라고 할 수 있다. 이러한 오성호의 해석에 따르면, '새 하늘과 새 땅'은 '새 예루살렘'과 동일시된다.[42]

트렘퍼 롱맨 3세(Tremper Longman III)는 이사야서 세 번째 부분(56-66장)을 '복락원'이라고 명명했다.[43] 복락원은 새 창조의 다른 표현이라고 할 수 있을 것이다. 그런데 트렘퍼 롱맨 3세는 이사야서 세 번째 부분(56-66장)의 이전 본문인 이사야 49-55장의 주제가 '여호와의 종을 통한 구속'이라고 명시하였다.[44] 이 같은 주장은 브루스 월트키(Bruce K. Waltke)의 견해와도 같다.[45] 롱맨 3세가 말하는 '여호와의 종을 통한 구속'은 이사야서의 본문에 근거한 것이라고 할 수 있다. 왜냐하면 여호와의 구속은 이사야 53장에서 가장 명시적으로 풍성하게 드러나 있기 때문이다(4, 5, 6, 8절 등). 여기서 의도하는 바는 새 창조가 그냥 이루어지는 것이 아니라 고난 받는 여호와

---

41) 오성호, 「이사야서의 종말론 신학」, 12. 오성호는 비평학자들이 이것을 제1, 제2, 제3 이사야서라 부르지만, 이러한 호칭보다는 이사야서의 단일 저자와 내용의 통일성을 수용한다면, 이사야서의 첫 번째, 두 번째, 세 번째 부분으로 호칭하는 것이 더 나을 것이라고 주장한다.

42) 오성호, 「이사야서의 종말론 신학」, 352.

43) 토렘퍼 롱맨 · 레이몬드 딜러드, 「최신 구약 개론」, 박철현 역 (고양: 크리스챤다이제스트, 2009), 423.

44) Ibid. 트렘퍼 롱맨은 사 34장을 실락원이라 명명하고 35장을 복락원이라 명명했다. 이사야 35장은 구속 모티프가 강하게 드러나 있다. 구속함을 입은 자들만이 복락원에 참여할 수 있다. 구속함을 입은 자는 새 창조된 자라 할 수 있고, 그렇게 새 창조된 자들만이 새 하늘과 새 땅에 들어갈 수 있다.

45) 브루스 월트키, 「구약신학」, 1049.

의 종을 통한 구속사역이 수행되어야 실현될 수 있음을 의미한다는 점에서 새 창조의 중요한 신학적 의미를 드러냈다고 할 수 있다.

이사야서의 새 창조 모티프는 마지막 세 번째 부분(56-66장)에만 나타나는 것이 아니다. 이사야서의 두 번째 부분(40-55장)에 하나님의 창조사역에 대한 언급이 55회 등장하는데 그 중 11회만 첫 창조 사역을 가리키고 있다.[46] 임창일은 이사야 전체의 주제적 통일성을 증거하는 16개의 출애굽 모티프 중에서 창조 모티프를 동시에 포함하는 구절은 5개이고(41:17-21; 43:1-7, 14-21; 44:24-28; 51:8-16), 출애굽 모티프와 무관하게 창조 모티프만을 나타내는 나머지 구절도 회복 사상을 나타내는 것으로 주장한다.[47] 임창일은 이사야의 창조 사상과 구원 사상이 서로 동등한 개념이지 어느 하나가 다른 하나를 종속시킬 수 없다고 강조하고, 창조 신앙과 구원 신앙을 결합하는 새 창조 사상을 주장한다.[48] 임창일의 주장은 롱맨 3세의 주장과도 일치한다고 할 수 있다. 임창일의 주장은 이사야서에서 새 창조 사상에 구속 사상을 포함시켰다는데 그 특징이 있다. 이것을 다른 말로 표현하자면, 여호와 하나님은 창조주로서 자신의 창조물을 새 창조적으로 구속하신다고 할 수 있다. 이것은 하나님이 새 창조를 하시는 가장 중요한 이유라고 할 수 있다.

이와 같은 사상은 이사야 43:18-19에도 나타난 것으로 보인다: "너희는 이전 일을 기억하지 말며 옛날 일을 생각하지 말라. 보라 내가 새 일을 행하리니 이제 나타낼 것이라." 이 본문에서 '이전 일' 과 '옛날 일' 은 이스라엘이 열방 가운데서 한 국가가 되기 위해 고전 분투하던 시기(삼상 8:5, 20), 즉 사사시대 일 것이라고 존 왓츠(John D. W. Watts)는 주장한다.[49] 그러

46) 덤브렐, 「새 언약과 새 창조」, 230.
47) 임창일, 「이사야의 창조신학」, 6.
48) 임창일, 「이사야의 창조신학」, 303.
49) 존 와츠, 「이사야 34-66」, 강철성역 (서울: 도서출판 솔로몬, 2002), 243.

나 클라우스 베스터만은(Claus Westermann)은 '이전 일'과 '옛날 일'에 대하여 처음 출애굽이라고 설명한다.[50] 왓츠와 베스터만의 주장을 종합하면 '이전 일'과 '옛날 일'이란 출애굽과 사사시대를 의미한다고 할 수 있다.[51] 중요한 것은 이사야가 '옛날 일'과 비교 되는 '새 일'을 말한다는 점이다. 여기서 '새 일'은 제2 출애굽의 관점에서 표현된 이스라엘의 포로귀환을 시사한다. 이러한 해석에 대하여 왓츠와 베스터만의 해석이 일치한다.[52] 임창일은 본문의 문맥을 고려하여 출애굽 모티프를 구원신탁과 연결시킨다.[53] 이사야가 바벨론의 멸망을 언급하는 첫 번째 구원 신탁(43:14-15)과 바다에서의 구원을 언급하는 두 번째 구원 신탁(43:16-17)은 광야의 여정을 통하여 바벨론 포로에서 귀환을 언급하는 19절 이하의 직접적 관련을 맺는다는 것이다.[54] 임창일은 이사야가 예언하는 이스라엘의 바벨론 포로에서의 해방을 새 출애굽으로 표현하고, 새 출애굽은 바로 여호와의 새 창조라고 주장한다.

> 이사야 43:14-21은 출애굽 사건과 마찬가지로 바벨론 포로에서의 해방, 즉 이스라엘의 구원을 성취할 분은 창조주 YHWH뿐이라는 사실을 연결시켜 주는 또 다른 본보기이다. 이런 관점에서 이사야는 바벨론 포로에서의 해방, 즉 새 출애굽을 YHWH의 새 창조라고 간주한다.[55]

---

50) C. Westermann, 「이사야(3)」, 149.

51) 그런데 베스터만(C. Westermann)은 이사야가 말하는 '이전 일'과 '옛날 일'이 43:16의 출애굽 모티프를 의미한다고 설명하면서, 정작 출애굽기의 본문 6:6의 진정성에 대하여는 마르틴 노트(Martin Noth)의 견해를 따라서 이스라엘의 신앙의 밑바닥에 깔려 있는 전승으로서의 '원신앙고백'(Urbekenntnis)으로 간주한다. C. Westermann, 「이사야(3)」, 148. 노트는 출애굽기를 포함한 모세 5경이 한 사람의 저술이 아니라 하여 모세의 저작설을 부정하고, J편자, E편자와 P편자들의 문서자료들로 이루어진 것이라고 주장한다. 마르틴 노트, 「출애굽기」, 국제성서주석 (서울: 한국신학연구소, 1993), 15.

52) 존 와츠, 「이사야 34-66」, 243; C. Westermann, 「이사야(3)」, 149.

53) 임창일, 「이사야의 창조신학」, 259.

54) Ibid.

55) 임창일, 「이사야의 창조신학」, 259-61. 임창일은 이사야가 43:14, 21에서 사용한 창

이사야 43:1-2의 구원 신탁은 이스라엘을 창조하고 구속하신 여호와께서 물과 불 속에서도 이스라엘 백성을 인도하신다고 노래한다. 창조주 하나님이 홍해를 건너게 하셨던 것처럼 창조주 여호와께서 새 창조, 즉 이스라엘을 바벨론 포로에서 귀환시킬 것을 예언한다.[56] 임창일의 해석에 따르면 이스라엘이 바벨론 포로에서 해방되는 것은 여호와의 새 창조이다.

이미 이사야 선지자는 에돔 위에 임할 증오가 시온을 향할 것인데(34장), 이 증오는 구속 받은 주의 백성들이 변형된 광야를 거쳐 시온으로 귀환할 때 사라질 것이라고 예언한 바 있다(35장). 따라서 이사야 43:18-20은 34-35장과 연결된다고 할 수 있다.[57] 하나님의 백성의 미래에 대한 관점을 말한다는 점에서 공통적이라 할 수 있다. "내가 택한 자에게 마시게 할 것"은 회복과 새 창조를 결합시키는 주제가 된다.[58] 이것은 이스라엘의 포로귀환을 넘어서는 구속과 새 예루살렘에 대한 하나님의 새 창조의 결과를 의미한다고 할 수 있다.

이사야 51:3은 "나 여호와가 시온의 모든 황폐한 곳들을 위로하여 그 사막을 에덴 같게, 그 광야를 여호와의 동산 같게 하였나니 그 가운데에 기뻐함과 즐거워함과 감사함과 창화하는 소리가 있으리라" 예언하고, 51:10은 "바다를, 넓고 깊은 물을 말리시고 바다 깊은 곳에 길을 내어 구속 받은 자들을 건너게 하신 이가 어찌 주가 아니시니이까" 고 말한다. 이사야는 이 두 구절에서 출애굽 모티프를 반영하고, 시온의 회복으로 묘사하면서 구속받은

조동사가 제2 출애굽, 즉 바벨론 포로에서의 해방을 언급하는 구원신탁을 선포한다고 설명하고, 특히 신학적인 단어인 창조동사(ברא)가 이스라엘을 바벨론 포로에서 해방시킬 기적적인 새 창조를 강조한다고 주장한다.

56) 임창일, 「이사야의 창조신학」, 20.

57) 덤브렐, 「새 언약과 새 창조」, 33.

58) 존 오스월트, 「NIV 적용주석: 이사야」, 장세훈, 김홍련 공역 (서울: 한국성서유니온선교회, 2007), 654-55.

자들이 참여할 것을 예언한다.[59] 이러한 묘사는 하나님의 창조행위와 출애굽을 기억하게 하면서 포로 공동체의 현재로부터 하나님의 개입을 고대하게 한다.[60] 이 구절들은 출애굽기 15:1-8의 찬양시를 상기시킨다. 하나님은 홍해의 '깊은 물' (5절)과 '큰 물' (8절)을 건너가게 하셨다. 당시 이스라엘로서는 불가능한 일을 하나님이 개입하셔서 포로의 상황으로부터 해방시켰다. 이와 마찬가지로 이사야는 그의 선지서 40-55장에서 창조와 출애굽에 관한 진술과 현재의 문제와의 연관을 부각시켰다. 특히 '창조' 라는 단어를 빈번하게 사용하여(사 40:12-31, 18, 28; 42:5; 43:15; 44:2, 21, 24; 45:7, 11, 18, 28; 51:13 등) 하나님의 새 창조를 기대하게 하였다(65:17).

이사야 51:6과 51:16에 따르면 하나님에 의하여 하늘과 땅은 없어지고 새 하늘과 새 땅이 창조된다. 새 창조(51:16)의 문자적 이해는 옛 창조(51:6)의 파괴에 근거한다고 할 수 있다.[61]

이사야서 마지막 세 번째 부분(56-66장)에서 이 주제는 계속된다. 이사야 57:19에 기록된 "입술의 열매를 창조하는 자 여호와" 는 새 창조를 누가 하는지를 나타내고, "내가 그를 고치리라" 와 "겸손한 자의 영을 소생시키며 통회하는 자의 마음을 소생시키려 함이라" 는 구절은 회복을 의미하기 때문이다.[62] 여기서 '입술의 열매' 는 '말' 을 나타내는 정교한 어구를 가리킨다. 이것은 오직 창조주만이 창조를 이루는 '말씀' 을 하실 수 있다고 할 때,[63] 요한복음 서문의 '말씀' 모티프가 된다고 할 수 있다. 60:16에서는 '나 여호와는 네 구원자, 네 구속자' 고 하여 구속으로 회복될 것을 암시한다. 이사야는 제2출애굽의 구속자를 말한다. 이 구속자 모티프는 이사야 43:14; 47:

---

59) 롤프 렌토르프, 「구약정경신학」, 하경택 역 (서울: 도서출판 새물결플러스, 2009), 40.
60) Ibid.
61) 오성호, 「이사야서의 종말론 신학」, 326.
62) 오스월트, 「NIV 적용주석: 이사야」, 829-31.
63) 와츠, 「이사야 34-66」, 427.

4-5; 48:20-21; 51:9-11에서 반복되어 나타난 바 있다.[64] 제2 출애굽의 구속자가 이스라엘을 바벨론 포로에서 해방하는 사역은 새 출애굽으로서 새 창조와 연관된다고 할 수 있을 것이다. 60:17의 "금을 가지고 놋을 대신하며 은을 가지고 철을 대신하며 놋으로 나무를 대신하며 철로 돌을 대신하며 화평을 세워 관원으로 삼으며 공의를 세워 감독으로 삼을 것이라"는 예언은 회복을 비유적으로 예언한다.[65] 특히 60:19-20의 "다시는 낮에 해가 네 빛이 되지 아니하며 달도 네게 빛을 비추지 않을 것이요 오직 여호와가 네게 영원한 빛이 되며 네 하나님이 네 영광이 되리니 다시는 네 해가 지지 아니하며 네 달이 물러가지 아니할 것은 여호와가 네 영원한 빛이 되고 네 슬픔의 날이 끝날 것임이라"는 구절은 요한복음 서문의 '빛' (요 1:4, 9)의 모티프로 보인다.[66] 60:22의 "그 작은 자가 천 명을 이루겠고"는 유다의 '생육과 번성' 으로 인한 증대를 의미한다.[67] "나 여호와가 속히 이루리라"는 예언은 예루살렘의 축복을 이루는 하나님의 새 창조 의지를 강하게 표명한 것으로 보인다.[68]

새 하늘과 새 땅이 무엇을 의미하는지는 이사야 65:17을 통해 밝혀질 수 있다. 클라우스 베스터만은 새 하늘과 새 땅의 새 창조 의미가 하늘과 땅이 일단 없어지고 그것들 대신 새 하늘과 새 땅을 만들리라는 뜻이 아니라고 주장한다.[69] 새 하늘과 새 땅의 의미는 고지된 구원으로서 본질적으로 역사 안에서의 구원으로 전환되는 것이라는 주장이다. 즉 억압과 빈곤에 처한 그

---

64) 장세훈,「한 권으로 읽는 이사야서」(서울: 도서출판 이레서원, 2005), 189-93.
65) John N. Oswalt, *The Book of Isaiah Chapter 40-66*, NICOT (Grand Rapids, Michigan: Wm. B. Eerdmans, Pub. Co., 1998), 551-61.
66) Oswalt, The Book of Isaiah Chapter 40-66, 557.
67) 와츠,「이사야 34-66」, 475.
68) Ibid.
69) C. Westermann,「이사야(3)」, 463.

민족의 현재 상황이 하나님에 의해 그 반대 방향으로 바뀐다는 의미의 전환이라는 것이다.[70] 그러나 오스월트는 베스터만과는 다르게 해석한다. 베스터만은 새 창조가 결과적으로 바벨론 포로 귀환을 의미하는 것으로 해석하지만, 오스월트는 이사야 65:17에 바벨론 포로 귀환을 넘어서 '이전' 세상이 잊힐 정도로 '새' (new)와 '창조' 라는 단어가 두 차례씩이나 기록되어 하나님의 새로운 창조를 가장 분명하게 언급한다고 해석하기 때문이다.[71] 에드워드 영도 베스터만의 주석과는 다르게 해석한다. 이사야 65:17-18에는 '창조하다' (ברא)는 동사가 분사형을 포함하여 3회 등장하는데, 이사야 선지자가 창세기 1:1에 나타났던 이 동사를 다시 사용한 것은 이유가 있다는 것이다.[72] 단순형(칼형) 어간에서 이 동사의 주어는 하나님에게만 사용한다. 또한 사용된 물이 어떤 것인지 전혀 언급하지 않는다. 이것은 애쓰지 않음을 의미하며 근본적으로 새로운 어떤 것의 산출을 가리킨다.[73] 이사야는 이 동사의 사용으로 하나님의 새 창조의 의지가 매우 확고함을 표시했다. 여기서 '새로운' (חדשׁ)은 이전에 전혀 존재하지 않았던 어떤 것을 가리킨다. 혹은 이미 존재하던 어떤 것과 구별되는 다른 어떤 것을 가리킬 수 있다.[74] 혹은 신선하고 순수하고 어리고 예민하고 세련되고 영리한 것을 의미한다.[75] '이

70) C. Westermann, 「이사야(3)」, 402.
71) Oswalt, *The Book of Isaiah Chapter 40-66*, 656.
72) 에드워드 J. 영, 「이사야서 주석 III」, 561.
73) Ibid.
74) 와츠는 '다시는 없을 이전 일' 인 '우는 소리, 부르짖는 소리, 난 지 며칠 안 되어 죽은 아기, 수한이 차지 못해 죽은 노인, 집을 지으면 다른 사람이 살고, 재배한 것을 타인이 먹고, 일한 보람이 없고, 두려워하며 자식을 낳고, 타인이 차지할 집을 짓고, 끊임없는 폭력' 과 비교하여, '그 대신 있을 새 일' 인 '즐거움, 백세까지 살게 될 아이, 백세는 일찍 죽는 것으로 여겨짐, 스스로 집을 짓고 살고, 포도원을 심고 그 열매를 자신이 먹고, 그들이 부르기 전에 하나님께서 응답하신다는 것과, 하나님이 모든 산에는 해함도 없고 상함도 없다는 것' 을 말한다. 와츠, 「이사야 34-66」, 555.
75) 와츠, 「이사야 34-66」, 551.

전 일' 은 하늘과 땅을 가리키고, 새 하늘과 새 땅에 대한 새 창조는 새 예루살렘을 가리킨다. 왜냐하면 새 예루살렘이 시온과 동일시되고(60:19-20) 여호와가 천상에 거주하기 때문이다.[76] 이것은 결과적으로 새 하늘과 새 땅이 새 우주를 가리키는 것이라 할 수 있다. 이사야 65:17과 이어지는 18절에서 '내가 창조하는 것' 은 17절의 새 창조와 동일시 될 수 있기 때문이다. 따라서 새 하늘과 새 땅에 관하여 베스터만의 해석보다는 영과 오스월트의 해석이 이사야의 의도를 드러낸 것이라고 할 수 있다.

새 하늘과 새 땅은 이사야 66:22에서 다시 언급되고 있다. 장세훈은 이 구절들을 '회복' 의 관점에서 이해하였다.[77] 그가 이 구절들에서 하나님의 말씀의 중요성을 강조한 것은 요한복음 서문의 로고스와 연결될 수 있을 것으로 보인다. 이 구절은 '새 하늘과 새 땅' 이라는 용어 자체가 하나님의 새 창조와 하나님 임재의 영속성을 강조한다.[78] 결국 이사야서의 새 창조 모티프는 말씀과 구속을 통하여 실현될 것을 예시한다고 할 수 있다.

선지서 가운데 이사야서 외에도 새 창조 모티프가 있는 선지서들이 있다. 예컨대, 예레미야서에서 예레미야 선지자는 예루살렘과 유다에 대한 하나님의 심판으로 말미암은 바벨론 포로에서 귀환될 것을 다음과 같이 예언하였다. "여호와의 말씀이니라 칠십 년이 끝나면 내가 바벨론의 왕과 그의 나라와 갈대아인의 땅을 그 죄악으로 말미암아 벌하여 영원히 폐허가 되게 하되 내가 그 땅을 향하여 선언한 바 곧 예레미야가 모든 민족을 향하여 예언하고 이 책에 기록한 나의 모든 말을 그 땅에 임하게 하리라"(렘 25:12-13).[79]

---

76) 오성호, 「이사야서의 종말론 신학」, 328.
77) 장세훈, 「한 권으로 읽는 이사야서」, 168.
78) 와츠, 「이사야 34-66」, 570. 빌은 이 부분에서 회복으로서의 하나님의 새 창조의 행위를 이스라엘의 구속으로, 또한 새 출애굽으로 묘사하였다. cf. 빌, 「신약성경신학」, 98.
79) J. A. Thompson, *The Book of Jeremiah*, NICOT (Grand Rapids, Michigan: Wm. B. Eerdmans, Pub. Co., 1980), 509-14.

이 구절은 여호와의 말씀의 위력을 나타낼 뿐만 아니라[80] 제 2 출애굽과 새 창조를 함의한다고 할 수 있다. 왜냐하면 이 구절들의 예언대로 성취되어 바벨론의 멸망과 함께 이스라엘은 바벨론 포로에서 해방되고 예루살렘으로 귀환하였기 때문이다.

여호야김이 여호와 하나님의 말씀을 없애려고 두루마리 성경을 불 태웠지만, 하나님의 말씀을 좌절시키지 못했다(렘 36:28).[81] 두루마리의 소각은 말씀의 종말이 아니었다.[82] 이 사건은 '말씀' 인 로고스(요 1:1, 14)와 성경의 영구성(요 10:35)에 대한 예시라고 할 수 있을 것이다. 결국 하나님께서 예레미야에게 다시 말씀을 주셔서 첫 두루마리의 내용을 복원한 사건은 하나님 말씀의 역동성과 영구성을 보여줌과 아울러 하나님의 새 창조 모티프를 함의한다고 할 수 있다.[83]

에스겔 선지자는 37장에서 마른 뼈들을 되살리는 환상을 통하여 주 여호와의 말씀의 권능에 따른 부활과 새 창조를 인상적으로 예언했다(겔 37:7-10). 주 여호와의 말씀은 요한복음 1:1의 로고스의 배경이라고 할 수 있을 것이다. 호세아 선지자는 구속함을 받은 자들이 감격스럽게 하나님을 향하여 자기들의 신앙을 고백하는 아름다운 장면을 예언함으로(호 2:23) 종말론적 새 창조 모티프를 드러냈다고 할 수 있다.[84]

(3) 성문서

성문서에도 새 창조 모티프가 없는 것은 아니다. 우선 욥기에 새 창조 모

80) Thomson, *The Book of Jeremiah*, 514.
81) 제랄드 L. 코운, 파멜라 J. 스칼라이스, 코마스 G. 스모덜스 공저, 「예레미야 26-52」, 정일호역, WBC (서울: 도서출판 솔로몬, 2006), 360.
82) Thompson, *The Book of Jeremiah*, 629.
83) 제랄드 L. 코운, 파멜라 J. 스칼라이스, 코마스 G. 스모덜스 공저, 「예레미야 26-52」, 361.
84) 김희보, 「구약 호세아 주해」 (서울: 총신대학출판부, 1983), 74-75.

티프가 포함되어 있는 것으로 보인다. 욥기 19:25의 '구속자' (גאל)는 종을 사서 그를 자유하게 하는 자를 의미하는데 하나님 자신을 가리킨다. 그는 자기 백성을 위하여 자기 피로 그들의 죄를 감당하고 그들을 죄에서 해방시켜 의를 주신다.[85] 또한 욥기 16:19의 '중보자' (שהד)도 하나님 자신을 가리키고, 신약의 중보자 그리스도를 예시한다.[86] 이러한 점에서 하나님의 구속중보 사역은 새 창조에 전제된다는 점을 욥기가 예시한 것으로 볼 수 있다.

시편 1:1은 '복' 을 말하고, 시편 2:12도 '복' 말함으로써 1편과 2편이 문학적으로 절묘한 수미쌍관을 이룬다.[87] '그 아들에 입 맞추는 자' 가 '복이 있는 자' 이고, 그 아들에 입 맞추지 않는 자는 길에서 망할 것이다. 이러한 표현은 신약의 종말론적 구속사의 실재들과 연관된다. 율법을 묵상하는 자는 그 잎사귀가 마르지 않는 나무로 비유하는데 이런 비유는 에스겔 47:12에서 새 성전의 환상에도 나타났다.[88]

시편 72:8, 17, 19은 이상적인 왕의 통치로 말미암는 복과 영광을 묘사하여[89] 새 창조의 심상을 제시한 것으로 보인다. 시편 89편은 시편 72편과의 평행요소를 이루고 시편 2편과도 평행요소를 이루면서 왕권 모티프를 더 강화시킨다.[90] 현재 원수들에게 패배 당하는 것을 염려하면서도(38-48), 왕권에 대한 소망이 새 창조의 배경 속에 있음을 암시한다(49-52). 시편 107:37

---

85) Marvin H. Pope, *Job*, The Anchor Bible (New York: Doubleday & Company, 1965), 135; 박윤선, 「성경주석: 욥기」 (서울: 영음사, 1985), 201.

86) Marvin H. Pope, *Job*, 117-18.

87) 특히 시편 2편의 '아들' 은 나중에 요한복음 1:14에서 '아버지의 독생자' 로 등장하기 때문에 하나님의 구속사적 계획을 말한다고 할 수 있을 것이다. 칼빈, 「성경주석: 여호수아 II, 시편 I」 (서울: 성서원, 2001), 185.

88) 빌, 「신약성경신학」, 92-93.

89) Mitchell Dahood, S. J. *Psalms II 51-100*, The Anchor Bible (New York: Doubleday & Company, 1965), 178-85; 마틴 E. 테이트, 「시편 51-100」, 손석태 역, WBC (서울: 도서출판솔로몬, 2002), 381-82.

90) 이환진, 「성서주석: 시편 II」 (서울: 기독교서회, 2010), 355-59.

에서 "풍성한 소출을 거두고," 하나님께서 "이스라엘 백성에게 복을 주시고," '크게 번성하게' 하신다는 것은(38절) 창세기 1:28의 축복이 반영된 새 창조 모티프를 암시한다.[91)]

유대인 히브리 성경에서 성문서에 속하는 다니엘서에서 다니엘의 세 친구가 7배나 뜨거운 풀무불에서 살아남은 것은 이전에 없었던 하나님의 새 창조적 역사의 결과라고 할 수 있다.[92)] 아울러 다니엘 7:13-14은 '인자' 로서의 메시야가 새롭게 이루는 나라를 예고했다.[93)]

이상에서 제시한 구절들은 새 창조의 모티프가 반영되어 있음을 나타낸다고 할 수 있다.

2. 중간기 문헌

(1) 초기 유대문헌

중간기 문헌 중 초기 유대문헌에 창조 모티프가 나타난 것으로 보인다. 에스드라4서 6:26의 '다른 마음씨' 는 하나님께서 이스라엘에게 순수한 마음과 거룩한 영을 창조하실 것으로서 이스라엘이 하나님께 돌아가는 계기가 될 것을 말한다.94) 따라서 이 '다른 마음 씨' 가 새 창조 모티프라고 할 수 있을 것이다. 이 '다른 마음 씨' 는 배재욱의 번역이다.[95)] '다른 마음 씨' 는

91) 칼빈, 「성경주석: 시편 III」 (서울: 성서원, 2001), 362.
92) 박윤선, 「구약주석: 다니엘서」 (서울: 영음사, 1985), 58-66.
93) 이상근, 「구약주해: 에스겔 다니엘」 (대구, 성등사, 1997), 442-44.
94) 라틴어 번역 성경인 '불가타' (Vulgata)에서 에스드라1서는 구약의 에스라서를 가리킨다. 이어지는 에스드라2서는 구약의 느헤미야서와 동일하다. 에스드라3서는 위경 에스라서에 해당한다. '불가타' 에서 에스드라4서는 3장에서 시작하여 14장으로 끝난다. '불가타' 에서 1-2장은 에스드라5서, 15-16장은 에스드라6서에 해당된다. 에스드라5서와 에스드라6서가 에스드라4서를 감싸고 있는 모습이다. 김창선, 「쿰란문서와 유대교」 (서울: 도서출판 한국성서학, 2002), 239.

'마음을 돌이켜' 라고도 번역할 수 있을 것이다.[96] 에스드라4서 6:26를 "세상에 사는 사람들은 마음을 돌이켜 참회할 것이다" 고 번역할 수 있기 때문이다.[97] '종말론적 새 창조에 대한 희망' 은 하나님이 이스라엘에게서 돌과 같은 마음을 제거하고 그들에게 부드러운 살과 같은 마음을 주고 하나님의 영을 줄 것이라는 에스겔의 약속(겔 36;26이하)과 연관된다. 에스드라4서 7:75은 '새로운 창조' 라고 명백히 말한다. "우리 각자가 영혼을 반납할 때 우리는 당신이 새로운 창조를 시작하실 때까지" 라고 말하기 때문이다.[98] 이 구절은 하나님께서 자기의 창조물을 새롭게 하실 것이라고 표현한다. 이 새로운 창조는 우주적인 새 창조라고 할 수 있을 것이다.

시리아어 바룩 묵시록(syrBar) 32:1은 "그러나 너희들은 만일 자기 마음을 정돈하고 거기에 율법의 씨를 뿌리도록 한다면 전능하신 분이 온 피조물을 뒤흔드시는 그 때에 너희들을 지켜주실 것이다" 고 말한다.[99] 여기서 '전능하신 분이 온 피조물을 뒤 흔든다' 는 표현에 새 창조 모티프가 나타난다고 할 수 있을 것이다. 왜냐하면 이 구절은 하나님에 의하여 모든 피조물이 흔들리고 변하게 된다는 것을 의미하기 때문이다. 시리아어 바룩 묵시록 32:6은 "전능하신 분이 피조물을 일신 시키실 때" 라고 하여 새 창조 모티프를 좀더 분명하게 드러냈다. "새로운 세상이 나오게 될 것이라는 것은 시리아어 바룩 묵시록 49:3의 "당신은 세계 그 자체와 똑같이 이 세계에 나타난 것도 바꾸어 버리시는 것입니까" 라는 구절에도 나타난다고 할 수 있을 것이

95) 배재욱, 「초기 유대교와 신약성경의 중생」 (서울: 대한기독교서회, 2008), 102.
96) 「외경위경전서 하」 (서울: 기독교문화사, 1993), 1735. 이하 「외경위경전서 상」 (서울: 기독교문화사, 1993)과 더불어 외경위경으로 약칭한다. 상권의 페이지가 하권으로 이어지기 때문이다.
97) Ibid.
98) 외경위경, 1743.
99) 외경위경, 1832.

다.[100] '온 피조물을 뒤 흔든다' 거나 '세계 그 자체를 바꾼다' 는 것은 사람으로서는 할 수 없는 일이고 하나님만이 하실 수 있는 영역에 속한 새 창조 모티프를 반영한 것이라고 할 수 있기 때문이다.

시리아어 바룩 묵시록 51:3의 '죽음이 없는 세계' 와 57:2의 "세계를 갱신하는 희망이 완성되어 가는 중에 있었다" 는 구절들도[101] 새 창조 모티프를 반영한 표현이라고 할 수 있다. 이러한 구절이 의미하는 것은 하나님에 의하여 사람이 변하고 온 세상이 바뀐다는 것을 나타내는 것이기 때문에 인간론적인 갱신과 우주론적인 갱신을 의미한다고 할 수 있을 것이다. 이것은 '사람의 새 창조' 와 '세상의 새 창조' 가 동시에 진행되는 것임을 나타낸다고 할 수 있다.[102] 이디오피아어 에녹서 91:16의 "지난날의 하늘의 모습은 사라져 버리고 새로운 하늘이 나타난다" 는 표현도 새 창조 모티프를 나타내는 것이 분명해 보인다.[103] 옛 하늘의 사라짐과 새 하늘의 생성을 묘사하기 때문이다.[104]

요벨서에도 새 창조 모티프가 나타나는 것으로 보인다. 요벨서 1:21의 "깨끗한 마음과 거룩한 영혼을 만들어 주소서. 그러면 앞으로는 결코 죄의 올무에 바지는 일은 없을 것입니다" 라는 구절은 하나님이 그들에게 순수한 마음과 거룩한 영을 창조하고 그때 그들에 하나님께 순종하고 그에게로 돌아가게 될 것이라는 사실을 나타내는 것이라고 할 수 있을 것이다.[105] 요벨서 1:29에는 "새로운 창조의 날로부터 예루살렘의 시온 산에 주님의 성소가 만들어져 치유와 평안과 축복" 을 통하여 새 창조를 직접 언급하고 있다.[106]

100) 외경위경, 1846.
101) 외경위경, 1847. 1853.
102) 배재욱, 「초기 유대교와 신약성경의 중생」, 101.
103) 외경위경, 1194.
104) 배재욱, 「초기 유대교와 신약성경의 중생」, 103.
105) 외경위경, 921.

(2) 쿰란문헌

또 다른 중간기 문헌 중 쿰란문헌의 「성전 두루마리」 본문은 새 창조 모티프를 드러내고 있는 것으로 보인다.[107] 쿰란문헌에서 새 창조는 이사야 65:17과 66:22로부터 추론할 수 있을 것이다.[108] 쿰란문헌 가운데 새 창조에 대한 직접적인 표현은 "그 날에 나 자신이 나의 성소를 창조할 것이다"는 구절(11Q19, XXIX 9)에서 발견된다. "나는 나의 영광으로 성소를 축성할 것이다"거나 "그 성소를 세울 것이다"는 8절과 10절의 묘사(11Q19, XXIX 8, 10)는 9절의 "나의 성소를 창조할 것이다"는 표현과 병행을 이룬다고 할 수 있을 것이다. 여기서 '나의 성소'는 '사람의 성소'가 아니라 주님이 손수 지으신 성소를 가리킨다. 이 성소는 이스라엘이 짓는 성소가 아니라 하나님 자신이 새롭게 지으실 종말론적인 새 예루살렘을 의미하기 때문이다.[109] 다른 구절들(4QMidEsch, iii 2-5)에서도 새 창조 모티프를 발견할 수 있다. "마지막 날에...주님, 당신이 손수 세우신 성소입니다. 주님께서는 영원무궁토록 다스리신다. 이것은 성전인데"라는 표현으로 종말론적인 새 예루살렘의 새 창조 모티프를 나타내었다.[110] 또 다른 구절들(4Q521, 2 ii 6, 12)에서도 "그분은 진실한 사람을 새롭게 하실 것"이라고 말하고, "죽은 사람을 다시 살리실 것"이라는 구절도 새 창조적 부활 모티프를 나타냈다고 할 수 있다.[111] 쿰란문헌 중에 아람어로 씌어진 「새 예루살렘」이란 작품은 에스겔 40-48장을 기초로 종말시대의 예루살렘을 묘사했다. 이 내용은 요한

---

106) 외경위경, 922.

107) 안치범은 「성전 두루마리」의 몇몇 본문번역을 소개했다. 안치범, "쿰란공동체의 사상과 의식에 대한 연구," 「신학지평」 제29집 (2016.12), 113.

108) 배재욱, 「초기 유대교와 신약성경의 중생」, 96.

109) 안치범, "쿰란공동체의 사상과 의식에 대한 연구," 113.

110) 안치범, "쿰란공동체의 사상과 의식에 대한 연구," 113-14.

111) 안치범, "쿰란공동체의 사상과 의식에 대한 연구," 115-16.

계시록 21장과 연관될 수 있다는 점에서 새 창조 모티프를 반영했다고 할 수 있을 것이다.[112)]

이상에서 본대로 유대문헌에 새 창조 모티프가 나타났다. 에스라4서, 시리아어 바룩 묵시록, 이디오피아어 에녹서, 요벨서 그리고 쿰란문헌들에서 '사람의 새 창조'와 더불어 '세상의 새 창조'를 나타내는 우주적 새 창조 모티프가 나타났다고 할 수 있다. 따라서 유대문헌에 나타난 새 창조의 성격은 인간론적이면서도 종말론적인 특성을 나타냈다고 할 수 있다.

3. 신약

(1) 공관복음

일반적으로 공관복음은 요한복음보다 먼저 기록된 것으로 알려져 있다.[113)] 따라서 요한복음 이전에 기록된 성경의 새 창조 이미지를 추적하는 과정에 공관복음이 포함될 수 있을 것이다. 권종선은 공관복음이 각각 독립적인 책을 구성하고 각자의 특성을 지닌다고 주장한다.[114)] 그러나 리더보스는 공관복음에 공통적인 내용들이 많다고 주정한다.[115)] 권종선과 리더보스

---

112) 1Q32, 2Q24, 제4 동굴의 사본, 5Q15와 11QJN ar; 마틴 맥나마라, 「신구약 중간시대의 문헌이해」, 채은하 역 (서울: 이화여자대학교출판부, 1995), 160-61.

113) 도날드 거쓰리, 「신약개론」, 나용화, 박영호 공역 (서울: 기독교문서선교회, 1988), 27-33; 해리슨, 「신약개론」, 정성구역 (서울: 세종문화사, 1975), 168-231; 레이몬드 E. 브라운, 「신약개론」, 김근수 외역 (서울: 기독교문서선교회, 2009), 54-55; 신성종, 「신약총론」 (서울 기독교문서선교회, 1983); 이종윤, 「신약개론」 (서울: 개혁주의신행협회, 1988); 양용의, 「마태복음 어떻게 읽을 것인가」 (서울: 성서유니온선교회, 2006), 36.

114) cf. 권종선 편, 「해설 복음서 대조서」 (서울: 도서출판 누가, 2013).

115) 헤르만 리더보스는 공관복음서에 나타난 예수님 메시지의 중심 주제가 하나님 나라의 도래라고 주장한다. Herman Ridderbos, *The Coming of the Kingdom*, trans. H. de Jonste (Philadelphia: The Prebyterian and Reformed Pub. Co., 1962), xi.

의 견해를 종합하면 공관복음서는 각각의 특성과 공통성을 동시에 지니고 있다고 할 수 있다. 공관복음의 공통적인 개념 중 하나가 하나님의 새 창조 모티프일 것이다.

마태복음은 예수님의 족보로부터 시작한다. 마태복음 1:1의 '족보'(Βίβλος γενέσεως)는 '시작의 책' 이나 '기원의 책' 혹은 '발생의 책' 으로 번역할 수 있다.[116] 이 '비블로스 게네세오스' 는 창세기 2:4의 '내력'(תּוֹלְדוֹת)을 70인역(LXX)이 번역한 것과 동일하고, 창세기 5:1의 '계보' 의 70인역과도 동일하다.[117] 따라서 이러한 마태복음의 첫 구절은 창세기 초반부의 두 구절에 대한 의도적인 암시로 보인다.[118] 마태복음 1:1의 예수 그리스도의 '계보' 와 창세기 5:1의 아담의 '계보' 가 동일한 단어(βίβλος γενέσεως)인 것은 예수님이 새로운 아담으로서 새 시대의 새 창조가 시작됨을 묘사한다고 할 수 있을 것이다.

'게네세오스' (γενέσεως)와 같은 단어인 마태복음 1:18의 '나심'(γένεσις)은[119] 마태복음 1:1의 '족보' 가 완결되었음을 시사한다.[120] 마태는 예수 그리스도의 나심이 '성령으로 잉태된' 결과로 나타난 것임을 언급했다. 헤그너(Donald A. Hagner)는 이 기록을 이사야 7;14의 내용과 일치하도록 정돈된 것으로 본다.[121] 그러나 헤그너의 해석과 더불어 예수 그

116) Walter Bauer, *A Greek-English Lexicon of the New Testament and Other Early Christian Literature*, Third Edition. revised and edited by Frederick William Danker (Chicago and London: The University of Chicago Press, 2003), 192; 게르하르트 킷텔, 게르하르트 프리드리히 편, 「신약성서신학사전」. 브리밀리, 제프리 W. 편역 (서울: 요단출판사, 1986), 131.

117) 구약에서 이 두 구절에서만 '비블로스 게네세오스' 라는 단어가 등장한다.

118) 빌, 「신약성경신학」, 401.

119) Bauer, *A Greek-English Lexicon of the New Testament and Other Early Christian Literature*, 192.

120) 도날드 헤그너, 「마태복음 1-13」, 채천석 역, WBC (서울: 도서출판 솔로몬, 1999), 106.

121) 헤그너, 「마태복음 1-13」, 102.

리스도의 나심은 이사야의 예언을 성취함과 동시에 하나님의 새 창조 사건으로 종말의 새로운 시대가 시작되었음을 드러냈다고 할 수 있을 것이다.

세례요한은 예수 그리스도에게 물로 세례를 베풀었다(마 3:13-17). 이 기사는 4복음서에 모두 기록되어 있다. 헤그너는 이 기사에 대해서, 쿨만이 그리스도의 죽음을 암시한다고 주장한 것이나, 비슬리-머리가 그리스도와 백성이 한 몸이라는 사실을 보여주기 위함이라고 설명한 것에 관하여 만족하지 않는다.[122] 헤그너는 그리스도의 세례에 대해서 하나님께서 약속하신 구원의 역사가 완성될 것임을 의미한다고 보았다.[123]

그러나 이 기사에는 구약적인 배경이 있다. 유대인들에게 '물'은 홍해를 건넌 출애굽 사건(출 14장)을 떠오르게 하기 때문이다.[124] 여호수아는 가나안에 들어가면서 요단강을 기적적으로 건넜다(수 3장). 이 두 사건은 이스라엘의 회복이 물과 관련되었음을 나타낸다. 노아의 홍수가 끝나갈 때도 창세기 8:3은 "물이 땅에서 물러가고 점점 물러가서"라고 표현했다. 그래서 노아의 가족은 마른 땅에서 살 수 있게 되었다(창 8:14). 하나님께서 첫 창조 시에 물을 갈라놓고 뭍을 만들어 첫 가족이 거주할 수 있도록 하셨던 것처럼, 하나님께서 홍수 심판 후에 물이 물러가고 뭍이 마른 가운데 새롭게 된 땅에서 노아의 가족이 거주할 수 있도록 하셨다. 노아의 홍수 사건 때 물위로 비둘기가 날았던 것처럼 예수의 세례에 비둘기가 물위로 내려 온 것은 성령강림을 묘사한다. 성령강림과 비둘기는 창세기 1:2의 "하나님의 신이 수면에 운행하심"과 창세기 8:8의 '비둘기'와 연관된다. 따라서 비둘기는 새로운 창조를 상징한다.[125] 성령강림은 인류 역사에 없었던 새로운 시작을 나타내

---

122) 헤그너, 「마태복음 1-13」, 161, 165.
123) 헤그너, 「마태복음 1-13」, 165.
124) 양용의, 「마태복음 어떻게 읽을 것인가」 (서울: 성서유니온선교회, 2006), 70.
125) 헤그너, 「마태복음 1-13」, 167.

기 때문이다.

물과 강은 엘리야의 두 번째 요단강 도하 사건에서도 중요한 의미가 있었다. 엘리야가 요단강 물을 가르고 그 사이의 마른 땅을 건넜다(왕하 2:8-15). 엘리사도 엘리야에게 있었던 신적 영감을 받고 엘리야와 똑같이 행한 바 있다. 이것은 첫 출애굽 사건과 첫 요단강 도하 사건의 축소판이라 할 수 있다. 이러한 사건의 명백한 목적은 바알 숭배에 빠져 있는 이스라엘의 회복을 이끌어 여호와 하나님을 경배하도록 하는데 있었다. 마태는 이와 같이 '물' 의 강력한 모티프를 사용하여 세례 사건을 기록했다고 할 수 있다. 출애굽 자체가 새 창조의 행위라 할 수 있기 때문에, 마태는 세례 요한의 물세례 사건을 기록하여 마지막 아담인 예수 그리스도의 새 창조 사역의 시작을 공개적으로 선포하려 했을 것이다.

마태복음에서 '인자' (ὁ υἱὸς τοῦ ἀνθρώπου)는 29회 정도 언급되었다.[126] 인자는 예수 그리스도의 자기 호칭이다. 마태는 인자에 의하여 '세상이 새롭게 되어' (παλιγγενεσίᾳ)를 기록하여 하나님의 새 창조가 완성될 것을 드러냈다(마 19:28).[127]

예수 그리스도의 부활 기사(마 27:57-28:15) 중 '주의 천사' 는 다니엘 7:9과 10:6의 언어를 반영한 것으로 보인다.[128] "그 형상이 번개 같고 그 옷은 눈 같이 희거늘" (3절)이라는 구절은 요한계시록 7:13과 16:18에서 '번개' 와 '흰 옷' 으로 다시 나타나고 있다. 따라서 예수 그리스도의 부활 기사는 구약을 배경으로 할 뿐만 아니라 그리스도의 부활로 시작된 새 창조의 개념이 더 깊이 전개되었다고 할 수 있다.[129] 이런 의미에서 부활은 충분히

---

126) http://www.holybible.or.kr/2017.2.8.검색.

127) παλιγγενεσία는 '개인의 중생' 으로도 번역될 수 있다. 이상근, 「신약주해: 마태복음」 (서울: 대한예수교장로회총회 교육부, 1986). 19.

128) 양용의, 「마태복음 어떻게 읽을 것인가」 (서울: 성서유니온선교회, 2006), 488.

129) 양용의, 490: 이상근,「신약주해: 마태복음」, 398-403; 박윤선,「성경주석: 공관복음」

무르익은 새 창조 개념이라 할 수 있을 것이다.[130)]

"모든 민족을 제자 삼으라"는 명령(마 28:18-20)은 마태복음 1:1의 아브라함의 후손들과 연계될 수 있기 때문에 마태의 관심이 모든 민족에 있음을 알 수 있다. "하늘과 땅의 모든 권세를 내게 주셨다"는 구절(마 28:18)은 '땅의 모든 민족이 그를 섬기도록' 묘사된 '인자'(단 7:13-14)를 암시한다.[131)] 결국 그리스도를 따르는 자들은 땅을 다스리고 하나님의 임재로 땅을 채우라는 창세기 1:28의 '대 명령'을 수행하는 것이 된다. 이는 아담과 노아와 이스라엘이 수행하지 못한 것을 성취하는 것이 될 것이다.[132)] 따라서 마태복음 28:19의 '모든 민족'은 창세기 1:28이 되풀이 되는 창세기 18:18과 22:18을 반영하고 있다. 이러한 연관성은 창세기 12:3의 '땅의 모든 족속'에게 주어질 축복이 마태복음 1:1의 '아브라함의 자손 예수 그리스도'와 마태복음 28:18-20의 '선교명령'에서 새 창조적으로 성취될 것을 밝혀준다. 왜냐하면 마태복음 1:1의 '계보'는 인류의 자연적 출생에 따른 것보다는 예수 그리스도의 인격과 사역을 통하여 새 창조적으로 형성된 종말론적 하나님의 나라를 지향하는 것으로 보이기 때문이다.

마가는 베드로의 가르침에 의존했다고 평가되는 그의 복음서를 "하나님의 아들 예수 그리스도의 복음의 시작이라"(막 1:1)로 시작한다.[133)] 마가복음의 첫 마디 '시작'(ἀρχή)은 '태초'(ἀρχή: 70인경 창 1:1)와 동일하기 때문에 창세기의 옛 창조를 대신하는 새로운 창조를 암시한다고 할 수 있을 것이다.[134)] 왜냐하면 마가는 그의 복음서에서 이사야의 새로운 출애굽 예언

(서울: 영음사, 1979), 832-833.

130) 빌, 「신약성경신학」 436.

131) 이상근, 「구약주해: 에스겔, 다니엘」, 442-43.

132) 빌, 「신약성경신학」 403.

133) Robert H. Gundry, Mark: A Commentary on His Apology for the Cross (Grand Rapids, Michigan: Wm. B. Eerdmans, Pub. Co., 1998), 29.

을 인용했기 때문이다. 마가는 "선지자 이사야의 글에 보라 내가 내 사자를 네 앞에 보내노니 그가 네 길을 준비하리라. 광야에 외치는 자의 소리가 있어 이르되 너희는 주의 길을 준비하라 그의 오실 길을 곧게 하라"(막 1:2-3)고 기록하여 예수 그리스도의 선구자 세례요한을 소개할 때, 새 출애굽의 그림으로 새 창조의 개념에 보조를 맞추고 있다.[135] 이사야 40-66장의 새 출애굽에 대한 기대는 새 창조의 소망에 융합되어 있다고 할 수 있기 때문이다. 레인은 사 40:3의 '주의 길'이 하나님의 길인데 예수 그리스도에게 적용되었다고 해석한다.[136] 건드리는 마가복음 1:2의 '같이'(καθώς)가 4절보다는 1절에 연결된 것으로 주장한다.[137] 우리 한글 번역 개정개역은 4절로 연결시켜 번역했다. 이러한 해석의 차이가 있더라도, 마가가 이사야의 본문을 인용한 것은 분명하다. 여기서 건드리가 4절의 '이르러'(ἐγένετο)를 '새로운 출발을 만든다'로 해석한 것은 요한복음 1:3의 '지은 바 되었다'(ἐγένετο)와 관련시킬 수 있게 한다.[138]

마가는 아담과 하와가 에덴동산에서 실패한 마귀의 시험을 예수님이 광야에서 패배시킬 때 들짐승과 함께 계셨다고 기록했다(막 1:13). 이로써 마가는 첫 아담의 낙원과 대조시켰다. 첫 아담은 낙원에서 짐승들과 함께 살고 그들과 교제했기 때문이다(창 2:19-20). 이것은 예수님이 첫 아담에 상응하는 제2 아담임을 지시한다.[139] 여기에 대해서 레인은 예수님이 새 아담으로

134) ἀρχή는 호 1:2(LXX)의 초두에서도 사용되었다. ἀρχη는 표제로 사용되기도 한다. Gundry, Mark, 31.

135) 빌, 「신약성경신학」, 404.

136) William L. Lane, *The Gospel according to Mark*, NICNT (Grand Rapids, Michigan: Wm. B. Eerdmans, Pub. Co., 1974), 46; 윌리암 레인, 「성경주석 뉴인터내셔널: 마가복음 (상)」, 이상훈 역 (서울: 생명의말씀사, 1983), 69.

137) Gundry, Mark, 30.

138) Gundry, Mark, 31.

139) 서철원, 「기독론」, 104.

서 마귀의 시험을 이김으로 하나님의 새 이스라엘이 구성될 수 있게 되었다고 해석한다.[140] 이것은 이사야 선지자가 예언한(사 11:6-9) 새 창조 시대의 짐승과 인간의 조화 상태를 반영한 것이라고 할 수 있다.

마가의 '더러운 귀신의 축출' 기사(막 1:26)는 그리스도의 꾸짖음으로 악한 영이 떠나간 내용이다.[141] 마가는 이 기사에서 예수님의 주권적 명령 앞에 마귀의 방어적 연설이 무력하게 되었음을 나타내었다.[142] 예수님의 직접적인 몇 마디는 절대적인 권위가 있어서 악마의 세력을 다스리는 힘으로 과시되었기 때문이다.[143] 그래서 놀란 사람들은 '새 교훈' 이라고 말했다(막 1:27). 이 기사에서 더러운 마귀가 '큰 소리를 지르며' 떠나간 것이 인상적이다.[144] 마가는 이 사건 기록을 통하여 "여자의 후손이 네 머리를 상하게 할 것"이라는 창세기 3:15의 예언이 예수 그리스도로 말미암아 새롭게 성취되기 시작했음을 알렸다고 할 수 있다.

"예수께서는 각종 병이 든 많은 사람을 고치셨다"(막 1:34). 예수님은 회개와 하나님의 나라가 가까이 왔음을 전파하기 위하여 오셨는데, 군중들은 고통과 질병에서 놓여나기를 원할 뿐이었다. 그래도 예수님은 사랑과 은혜로 그들에게 진정한 치유를 베푸셨다.[145] 마가는 이 짤막한 구절을 통하여 주 예수의 치유 기적으로 하나님 나라와 새 창조가 시작되었음을 강조했다고 할 수 있을 것이다.

특히 마가는 그의 복음서 14:58에서 "손으로 지은 이 성전을 헐고 손으로 짓지 아니한 다른 성전을 사흘 동안에 짓는 자"로 고소된 예수를 언급함으

140) Lane, *The Gospel according to Mark*, 61-62; 레인. 「마가복음 (상)」, 87-88.
141) Gundry, *Mark*, 77.
142) 레인. 「마가복음 (상)」, 103.
143) Lane, *The Gospel according to Mark*, 75.
144) Gundry, *Mark*, 77.
145) 레인. 「마가복음 (상)」, 110.

로 예수가 새 성전을 짓는 자임을 명시하였다. 이리하여 마가는 사람의 '손으로 지은' 성전과 대조하여 '손으로 짓지 아니한' 새 성전이 하나님의 의하여 지어질 것을 언급함으로 하나님에 의한 새 창조를 암시하였다.

누가는 그의 복음서 두 번째 구절에서 '처음' (ἀρχή)라는 단어를 사용하였다(눅 1:2). 이 '처음' 이라는 단어는 마가복음 1:1과 함께 요한복음 서문의 '태초' (ἀρχή)를 떠오르게 한다.[146] 누가는 또한 "모든 육체가 하나님의 구원하심을 보리라"는 세례 요한의 증언을 소개하였다(눅 3:6). 이것은 그리스도의 선구자인 세례요한이 새로운 인류를 창조하기 위해 하나님의 마지막 아들, 곧 둘째 아담 예수 그리스도께서 오셨음을 제시한다.[147]

누가의 족보(눅 3:23-38)는 아브라함과 다윗으로부터 시작하여 예수 그리스도에게로 내려오는 마태의 족보와는 반대로, 예수님에서 시작하고 하나님에서 끝나는 족보이다.[148] 누가가 이렇게 기록한 것은 예수님이 하나님의 아들이라는 점을 확언한 것이다.[149] 또한 그리스도를 마지막 아담으로 간주하기 위함일 것이다. 누가는 이 족보를 통해 예수 그리스도께서 마지막 아담으로서 첫 아담이 하지 못했던 사명을 새롭게 창조적으로 수행하기 시작했음을 드러내고자 했을 것이다.

누가는 마태, 마가와 마찬가지로 "새 포도주는 새 부대에 넣어야 할 것이니라"는 주의 말씀을 기록했다(마 9;17; 막 2:22; 눅 5:38). 이 구절에서 공관복음의 기록자들은 시간적으로 질적으로 새로운 것을 의미했을 것이다.[150] 구원이 아직 주어지지 않은 것처럼 금식할 것이 아니라 예수님께서

---

146) 4복음서 모두가 첫 구절에서 (누가만 두 번째 구절) '시작' 혹은 시작을 뜻하는 단어를 사용했다. 이것은 예수 그리스도께서 이루는 복음사역의 시작이 하나님의 새로운 창조에 포함된다고 할 수 있을 것이다.

147) 유상섭, 「설교를 돕는 분석 누가복음」 (서울: 규장문화사, 1998), 48.

148) Ibid., 57.

149) Joel B. Green, *The Gospel of Luke*, NICNT (Grand Rapids, Michigan: Wm. B. Eerdmans, Pub. Co., 1997), 188.

메시아로서 새로운 죄 용서와 구원의 풍성함을 가져오셨기 때문에 먹고 마시는 식탁 교제와 같은 축제의 스타일로 구원의 기쁨을 표현해야 함을 의미한다.[151)]

누가는 하나님의 자녀가 되기 위해서는 아브라함의 혈통에 속할 필요가 없고, 이스라엘 백성이 되기 위하여 지리적으로 이스라엘 국가에 이주할 필요도 없음을 기록했다(눅 11:27-28). 여기서 누가는 예수가 유대인과 이방인으로 구성된 참된 신앙 공동체의 중심이라는 것을 밝혔다. 하나님의 새 가족 창조는 첫 사람 아담의 임무였는데 이제 마지막 아담의 임무가 되었다. 마지막 아담은 혈통으로 하나님 나라의 새 가족을 구성하는 것이 아니라, 더러운 영 추방과 12 제자 임명으로 하나님의 새 가족을 형성하기 시작했다.[152)] 그리스도는 하나님의 손(성령)을 힘입어 귀신을 쫓아내어 하나님의 나라가 이미 임하였음을 선포했다(눅 11:20). 누가는 이 구절들을 통해 그리스도의 사역으로 하나님의 나라에서 살 수 있는 사람들의 회복과 구원의 새 창조가 시작되었음을 알렸다.

예수님이 유월절 만찬 중에 언급하신 '내 피로 세우는 새 언약' (눅 22:20)은 4 복음서에서 유일한 표현이다. 이 '피로 세운 새 언약' 과 함께 그리스도의 새 창조가 시작되었다.[153)] 공관복음에는 위에서 거론한 본문들 외에도 새 창조의 모티프가 많다.[154)]

(2) 바울서신

트렘퍼 롱맨 3세는 구약의 대표적인 새 창조 본문이라 할 수 있는 이사야

150) 이상근, 「신약주해: 누가복음」 (대구: 성등사, 1990), 115.
151) 유상섭, 「설교를 돕는 분석 누가복음」, 102-3.
152) Green, The Gospel of Luke, 460-61.
153) cf. Green, The Gospel of Luke, 761-64.
154) cf. 빌, 「신약성경신학」, 442-49.

65:17-66:24이 로마서 8:18-25에서 활용된 것으로 주장한다.155) 롱맨 3세의 주장은 다음과 같은 주석적 의미에서 타당하다고 할 수 있다. 왜냐하면 이사야 65-66장의 본문이나 로마서 8장의 본문은 내용면에서 궁극적으로 새 창조를 말하기 때문이다. 차이가 있다면 이사야서의 내용은 예언적이고, 로마서의 내용은 성취적이라는 점이다. 롱맨 3세의 주장대로 이사야 65:17의 활용이라 할 수 있는 로마서 8:23은 모든 피조물들과 그리스도인들이 '몸의 속량'을 기다린다고 말한다. 피조물이 하나님의 자녀의 속량을 기다린다는 표현은 신약에서 이 구절이 유일한 것으로 보인다.156) 이 구절에서 말하는 '우리 몸의 속량'은 하나님의 자녀가 받을 부활의 영광과 내세의 영광을 가리킨다.157) 이것은 전도자가 말한 것처럼 세상의 무상성과는 정반대된다. 이것은 우주 안에서 생기는 재량이 아니라, 우주 밖에서 오는 완전한 갱신이다.158) 바울은 로마서 8:19-22에서 현재의 고난과 장차 나타날 영광을 비교하고, 이어지는 23절에서 온 피조세계가 그리스도인과 함께 탄식하면서 마지막 구속의 때를 기다린다고 말한다. 즉 하나님의 새 창조를 기다린다고 말한다. 따라서 로마서가 말하는 새 창조의 성격은 종말론적일 뿐만 아니라, 우주론적이고 또한 인간론적이면서 기독론적이라 할 수 있을 것이다.159)

부활을 말하고 있는 고린도전서 15:39-47에도 새 창조 모티프가 나타난다고 할 수 있다. 왜냐하면 창세기 1장의 6일간의 창조에 나타난 빛의 이미지, 하늘, 땅, 채소, 나무, 물고기, 해 달, 별, 새, 짐승, 육축, 사람, 육체 그리고

155) 트렘퍼 롱맨 · 레이몬드 딜러드, 「최신 구약 개론」, 426.

156) 황현숙, "구원의 희망 속에서 탄식하는 피조물 (롬 8:19-22)," 「한국기독교신학논총」 Vol.9 No.1 (1992), 137.

157) 박윤선, 「신약주석: 로마서」 (서울: 영음사, 1985), 242.

158) Ibid.

159) 제임스 던, 「로마서 1-8」, 김철, 채천석 공역, WBC (서울: 도서출판 솔로몬, 2003), 790; C. E. B. 크랜필드, 「로마서 2」, 문전섭, 이영재 공역, 국제비평주석 (서울: 로고스, 1994), 202.

흙과 같은 단어들이 고린도전서 15장에 그대로 나타나기 때문이다. 40-41절의 '영광'은 단순히 '빛'을 가리킨다.[160] 이것은 부활이 새로운 창조라는 것을 부각시키기 위해 바울이 의도적으로 창세기 1장의 옛 창조의 용어들을 사용하여 부활을 설명하기 때문이라고 할 수 있을 것이다.[161] 박윤선은 40절을 주석하면서, 벤란트(H. D. Wenland)를 인용하여 "창조질서 상에 나타내신 하나님의 능력을 그의 구속 능력에 대한 비유와 전주곡으로 생각하였다. 구속의 능력은 결코 창조의 능력보다 작은 것이 아니다"고 설명하였다.[162] 이것은 부활에 따른 구속 사역이 사실상 첫 창조를 뛰어넘는 새 창조임을 의미하는 것으로 보인다. 왜냐하면 박윤선이 41-44절을 주석하면서, 하나님의 능력은 "창조질서에 있어서도, 그 다양성을 성립시키는 그의 능력이 부활시키는 사역에 있어서 역시 오묘하게 나타난다"고 설명했기 때문이다.[163] 박윤선이 말하는 현세의 인체와 내세의 부활의 대조는 첫 창조와 새 창조의 대조라고 할 수 있을 것이다. 이것은 '썩을 것과 썩지 아니할 것', '욕된 것과 영광스러운 것', '약한 것과 강한 것' 그리고 '육의 몸과 신령한 몸' 또는 '땅에 속한 것'과 '하늘에 속한 것'의 대조가 첫 창조와 새 창조를 의미하는 것과 병행을 이룬다고 할 수 있다.[164] 45절의 '기록'은 창세기 2:7의 '생령'을 설명하기 위함일 것이다.[165] 여기서 '첫 사람'이란 말이 사용된 것은 종말에 완성시켜주고 살려주는 마지막 아담을 암시했을 가능성이

---

160) 이상근, 「신약주해: 고린도서」 (대구: 성등사, 1991), 221.

161) 이상근과 리처드 헤이스(Richard B. Hays)는 그들의 주석에서 부활을 새 창조와 연결시키지는 못하고 있다. 이상근, 「신약주해: 고린도서」, 224-25; 리처드 헤이스, 「고린도전서」, 유승원 역 (서울: 한국장로교출판사, 2006), 436-39.

162) 박윤선, 「성경주석: 고린도전후서」 (서울: 영음사, 1980), 242.

163) 박윤선, 「성경주석: 고린도전후서」, 242-43.

164) F. W. 그로샤이데, 「고린도전서」, 서문강 역, 성경주석 뉴 인터내셔널 (서울: 생명의 말씀사, 1984), 448.

165) 박윤선, 「성경주석: 고린도전후서」. 243.

있었는지도 모른다. "마지막 아담은 살려주는 영이 되었나니"에서 '마지막 아담'은 예수 그리스도를 가리킨다. 그 이유는 그가 말세에 나타나서 인생들을 구원하기 때문이다.[166] 그리스도가 '살려주는 영'이 된 것은 그의 부활과 승천으로 성취된 구속사역 때문이다. 그 결과 "우리는 그의 약속대로 의가 있는 곳인 새 하늘과 새 땅을 바라본다"(벧후 3:13). 우리는 모든 피조물과 더불어 "하나님이 만유의 주로서 만유 안에 계실 것"(고전 15:28)을 기다린다. 하나님이 모든 것 안에서 모든 것이 되실 것을 우리가 기다린다고 바울이 말했기 때문에, 로고스의 새 창조에 그의 구속사역은 필수적이고 그 범위는 우주적이라 할 수 있다. 따라서 바울이 묘사한 부활 이후에 대한 묘사는 새 창조의 묘사라고도 할 수 있을 것이다. 이 새 창조의 결과로 종말론적 하나님의 나라가 이루어질 것이다.[167]

고린도후서 5:17에서 바울이 "그런즉 누구든지 그리스도 안에 있으면 새로운 피조물이라 이전 것은 지나갔으니 보라 새것이 되었도다"고 말한 구절도 새 창조에 대해서 직접 말하고 있는 것으로 보인다. 박윤선은 이 구절의 '새로운 피조물'(καινὴ κτίσις)은 그리스도의 속죄사역과 성령의 은혜로 말미암은 중생으로 이루어진다고 설명한다(요 3:3).[168] 중생에는 두 가지 사실이 있는데, 첫째, 그것은 순연히 하나님의 권능으로 말미암아 존재하게 된다. 둘째, 중생된 심령에는 새로운 변화가 있다. 중생은 파손된 것을 겨우 수선하는 정도가 아니라, 전적으로 개조한다는 의미가 있다.[169] 이렇게 박윤선이 설명하는 것은 실제적으로 로고스의 새 창조적인 일이라고 할 수 있을 것이다. 왜냐하면 '누구든지 그리스도 안에 있으면'이라고 바울이 말하

166) Ibid.
167) 최영철, "창조와 구원," 「가톨릭사상」 Vol.8 (1993), 51-52.
168) 박윤선, 「성경주석: 고린도전후서」, 350.
169) 박윤선, 「성경주석: 고린도전후서」, 350-51.

고 있기 때문이다. 다시 말하면, 그리스도 안에서 새 창조의 역사가 일어난다는 것을 의미한다. 그래서 '새로운 피조물' 은 중생한 사람이고(요 3:3), '새 사람' 이다(엡 4:23; 골 3:10). 그러나 이러한 새로운 피조물은 '그리스도 안에 있으면' 이라는 조건이 있다. '그리스도 안에' 라는 표현은 신비적인 교회 제도를 의미하는 것이 아니다.[170] '그리스도 안에' 라는 표현은 예수 그리스도로 말미암은 인간의 구속사역의 엄청난 의의를 가능한 한 간결하고 심원하게 요약한 말이다.[171] 그래서 '누구든지 그리스도 안에 있으면' 그리스도의 구속사역으로 말미암아 새로운 피조물 곧 새로운 창조물(a new creation)이 된다.[172]

§ 바울에 관한 새 관점

이와 연관하여 고린도후서 5:17은 종교개혁자들의 이신칭의 교리를 함의한다고 할 수 있다. '그리스도 안에 있으면'은 믿음을 전제하고 있고 '새로운 피조물'은 '칭의'를 바탕으로 이루어지기 때문이다. 그러나 소위 '바울의 율법에 관한 새 관점'(New Perspective on Paul)은 언약적 율법주의(Covenantal Nomism)를 주장하고 이 구절에 포함된 바울의 이신칭의를 부정하는 것으로 보인다. 왜냐하면 언약적 율법주의는 결국 율법의 행위로 의롭게 된다는 율법주의와 크게 다를 바 없는 것으로 보이기 때문이다.[173] 톰 라이트(Nicholas Thomas Wright)는 "'행위가 아닌 믿음으로 얻는 칭의'에 관

170) C. K. 바레트, 「고린도후서」 (서울; 한국신학연구소, 1992), 225,
171) 필립 E. 휴즈, 「고린도후서」, 이기문 역, 성경주석 뉴 인터내셔널 (서울: 생명의 말씀사, 1993), 278.
172) Paul Barnett, *The Second Epistle to the Corinthians*, NICNT (Grand Rapids, Michgan: Wm B. Eerdmans, Pub. Co., 1997), 296-97. NIV와 ESV의 고후 5:17을 참고하시오.
173) 최갑종, 「바울연구I: 생애와 사상」 (서울: 기독교문서선교회, 1992), 50-51.

한 교리를 주장하는 것 자체가 일종의 '행위'를 더하는 것이 되어 버렸고, 그로 인해 오직 믿음에 의한 칭의의 복음이 위협을 받고 오염되어 버린 것이다"고 주장하여 바울이 말하는 이신칭의를 시비하였다.[174] 더 나아가 그는 "칭의가 바울 복음의 핵심이 아니다"고 주장한다.[175] 이러한 주장은 기독교의 복음을 무시하고 유대교의 율법주의를 옹호하는 해석일 가능성이 있다. 왜냐하면 라이트는 그의 「톰 라이트, 칭의를 말하다」에서, (ㄱ) 새 창조를 말하지만 예수 그리스도의 신성과 삼위일체를 제대로 진술하지 않고, (ㄴ) '의'의 어원적 의미를 설명하지만 '의'의 성경신학적 의미에 대해서는 전혀 언급하지 않으며, (ㄷ) 아브라함의 가족으로서 이스라엘을 위한 언약은 말하지만 새 언약(렘 31:31-34; 눅 22:20)에 대해서는 강조하지 않는 것으로 보이기 때문이다.[176]

"이전 것은 지나갔으니 보라 새 것이 되었도다"고 하는 바울의 말은 이사야가 예언한 새 하늘과 새 땅과 연관된다(사 65:17). 이상근은 미래의 신천신지에 들어가는 자는 현재에서 영적이고 개인적인 '새 것' 을 체험하여야 한다고 설명한다.[177] 새 것을 맞이하려면 '이전 것' 이 지나가야 하기 때문이다. '이전 것' 은 당시 유대인에게 율법주의였고, 헬라인에게는 세상의 지혜와 우상경배였다.[178] 그리스도 안에서 새 창조에 따른 '새 피조물' 에 '이전 것' 은 전부 다 지나간 것에 불과하다는 바울의 설명이다.

갈라디아서 6:15의 "할례나 무할례가 아무 것도 아니로되 오직 새로 지으심을 받는 것만이 중요하니라" 라는 구절에서 '새로 지으심을 받는 것' 갈

---

174) cf. 톰 라이트, 「톰 라이트, 칭의를 말하다: 하나님의 계획과 바울의 비전」, 최현만역 (서울: 에클라시아북스, 2016). 13-15. 125-68; 고경태 외, 「현대 칭의론 논쟁: 김세윤의 유보적 칭의론 고찰」 (개정판, 서울: CLC, 2017).
175) 톰 라이트, 「톰 라이트, 칭의를 말하다」, 132.
176) 톰 라이트, 「톰 라이트, 칭의를 말하다」를 참고하시오.
177) 이상근, 「신약주해: 고린도서」, 310.
178) Ibid.

καινή κτίσις)은 새 피조물을 의미하기 때문에 새 창조를 나타낸다고 할 수 있다.[179] "할례나 무할례가 아무 것도 아니로되"라고 바울이 말한 것은 할례의 시행 여부가 구원에 이르는 데 아무런 소용이 없다는 것을 선언하는 것이라고 할 수 있다. 구원은 할례와 율법준수로 얻는 것이 아니기 때문에 할례 받지 못했다고 부끄러워 할 필요가 없다. 그리스도 안에서 새로운 피조물이 되면 할례에 관심을 가질 것도 없어지고 무할례를 의식해서 할례 받으려고 할 필요가 없게 됨을 의미한다. 그리스도 안에서 새로운 피조물이 되면 세상의 것들은 자랑 거리가 아니라 부끄러운 일이 되어 무가치한 것이 된다.[180] 이한수는 '새 창조'가 '현 악한 세대'(갈 1:4)와 정반대되는 개념 범주에 속한다고 말한다. 전자는 오는 세대에 속한 개념 범주이고 후자는 현 세대에 속한 범주이기 때문이다.[181] 바울이 여기서 말하고자 하는 것은 세상이 이미 십자가에 못 박혔기 때문에(갈 6:14), 새 창조가 시작되었고, 그리스도인들이 '악한 세대'에서 구출 받고 있다고 말한다는 것이다(갈 1:4). 그래서 그리스도의 강림과 새 창조의 도래는 같은 의미라고 할 수 있다.[182] 아울러 여기서 말하는 '새 창조'의 개념은 그것이 기독교인의 실존과 관련되는 한 바울의 구원론을 요약해주고 그의 인간론을 해석해준다는 것이다.[183]

'새 피조물'(καινὴ κτίσις)은 할례자나 무할례자의 사회적 구분을 일삼는 옛 세상이 폐지되고 새로운 사회적 실재가 창조되는 '사회적 관계들의 재정립'을 뜻할 수 있다.[184] 그리스도 안에서 옛 세상을 지배하던 낡은 삶

179) 이한수, 「갈라디아서」(서울: 선교횃불, 2006), 589. NIV와 ESV의 갈 6:15 참조.
180) 서철원, 「갈라디어서 주석」(서울: 대한예수교장로회총회, 2005), 282.
181) 이한수, 「갈라디아서」, 590.
182) Ibid.
183) Ibid.
184) 이한수, 「갈라디아서」, 590-91.

의 방식들이 폐지되고, 그리스도를 믿음으로 십자가 사건을 경험한 기독교인들은 이제 유대인이든지 이방인이든지 관계없이 '새 피조물' 로서 새로운 하나님의 백성이 되었다는 것을 의미한다.[185] 이 구절에서 분명한 것은 바울이 '새 피조물' 라는 용어를 사용하여 새 창조 모티프를 나타냈다는 점이다.

이와 관련하여 토마스 슈라이너(Thomas R. Schreiner)는 갈라디아서 6:15이 단순히 새 창조만을 말하는 것이 아니라, 갈라디아서의 도입부분인 1:4과 함께 갈라디아서 전체를 감싸는 편지봉투의 중심적 역할을 한다고 주장한다.[186] 도입부분에서 그리스도의 죽으심이 지금의 악한 시대에서 우리를 구원함으로 그리스도의 십자가를 통해 새로운 창조가 시작되었다는 것이다. 따라서 슈라이너는 바울의 새 창조 개념에 그리스도의 죽음과 부활을 통한 구속사역이 자리 잡고 있기 때문에 '이미' 와 '아직' 의 종말론적 개념이 존재한다고 해석한다.[187] 슈라이너의 이러한 주장은 갈라디아서 도입 부분(1:4)과 결론 부분(6:15)의 본문에 의하여 지지를 받는 것으로 보인다.

에베소서 4:24도 새 창조를 말하는 것으로 보인다. "하나님을 따라 의와 진리의 거룩함으로 지으심을 받은 새 사람을 입으라"는 구절은 간단하게 "하나님에 의해 지으심을 받은 새 사람을 입으라"로 이해할 수 있다. 그러나 이 구절이 창세기 1:27의 첫 창조와는 대조된다. 왜냐하면 창세기에 없던 '의와 진리의 거룩함으로' 가 추가되어 있기 때문이다. '의와 진리의 거룩함으로' 는 '그 진리의 의와 거룩함으로' 가 바른 번역일 수 있다. '진리' 앞에는 정관사(τῆς)가 있고, '의' 와 '거룩함' 앞에는 정관사가 없기 때문이다. '그 진리의 의와 거룩함' 은 하나님의 형상이라고 이상근은 해석한다.[188] 이

185) 이한수, 「갈라디아서」, 591.
186) 토마스 R. 슈라이너, 「강해로 푸는 갈라디아서」, 김석근 역, 존더반 신약주석 (서울: 도서출판 디모데, 2017), 397.
187) 토마스 R. 슈라이너, 「강해로 푸는 갈라디아서」, 397-98.
188) 이상근, 「신약주해: 옥중서신」, 110.

러한 이상근의 해석에 덧붙인다면, '그 진리' 는 요한복음 14:6에서 예수 그리스도를 의미하기 때문에 '그 진리의 의와 거룩함으로 지으심을 받은 새 사람' 은 '예수 그리스도에 의해 지으심을 받은 새 사람' 을 의미한다고 할 수 있다. '의와 거룩' 은 죄인 스스로 이룩할 수 없고 예수 그리스도의 속죄 사역으로만 죄인들에게 옷 입혀질 수 있기 때문이다(엡 2:12-13). 따라서 에베소서 4:24은 '그리스도 안에서 지어진 새 사람' (엡 2:15, 골 3:10 참고)은 하나님을 따라 그리스도에 의한 새 창조를 드러내었다고 할 수 있다. 길성남이 이 해석을 다음과 같이 지지한다. "이것은 첫 사람 아담이 상실한 것을 마지막 아담인 그리스도 안에서 회복하신 새 창조의 사건이다."[189]

이처럼 바울은 고린도후서 5;17과 갈라디아서 6:15에서 '새로운 피조물' 이란 용어를 직접 사용하여 새 창조에 관하여 말하였다. 에베소서 4:24에서는 그리스도에 의한 새 창조를 말한다. 또한 고린도전서 15:39-47에서는 창세기 1장의 6일간의 창조물들을 언급하면서 그리스도의 부활에 따른 우주적 새 창조 모티프를 분명하고 확실하게 묘사한다고 할 수 있다. 구약의 이사야가 '새 하늘과 새 땅' 의 창조로서 새 창조를 언급했다면, 신약의 바울은 그리스도의 구속사역에 따른 '새 사람' 의 창조로서 새 창조를 분명히 드러냈다고 할 수 있다.

4. 요약

구약 성경은 철저하고 풍성하게 새 창조를 예언했다. 특히 이사야서 43:18-19과 이사야 60:15-22에 새 창조 모티프가 나타났다. 이사야 60:16에서 새 창조는 구속의 방식으로 될 것을 암시하였다. 에스겔 선지자는 37장에

189) 길성남, 「에베소서 어떻게 읽을 것인가」 (서울: 성서유니온선교회, 2006), 327.

서 마른 뼈들을 되살리는 환상을 통하여 하나님의 말씀에 따른 새 창조를 인상적으로 예언했다.

유대문헌에서도 새 창조 모티프가 나타났다. 에스라4서, 시리아어 바룩 묵시록, 이디오피아어 에녹서, 요벨서 그리고 쿰란문헌 등에서 인간론적이고 종말론적이며 우주론적인 새 창조 모티프를 나타냈다.

구약 예언의 성취로서 신약에서도 로고스의 새 창조 모티프를 풍성하게 드러냈다. 마가복음의 첫 마디 '시작' (ἀρχή)은 창세기 1:1의 '태초' (ἀρχή :칠십인역)와 요한복음 1:1의 태초(ἀρχή)와 연관되어 새 창조 모티프를 나타냈다. 마가의 "더러운 귀신의 축출" (막 1:26) 기사는 창세기 3:15의 예언 성취의 한 실례이다. 누가의 족보(눅 3:23-38)가 예수에서 시작하고 하나님에서 끝난 것은 종말적 새 시대에 예수가 하나님의 아들이자 마지막 아담으로서 첫 아담이 하지 못한 임무를 수행하는 자의 인격을 드러냈다. 누가복음 22:20의 '새 언약' 은 그리스도가 새 창조의 주체임을 밝혔다. 바울서신에서도 '새로운 피조물' 이란 용어로 새 창조 모티프를 드러냈다. 고린도후서 5:17과 갈라디아서 6:15에서 '새로운 피조물' 이란 용어를 직접 사용하여 새 창조를 말하였다. 또한 에베소서 4:24에서는 그리스도에 의한 새 창조를 말한다. 바울은 그리스도의 속죄사역에 근거한 새 창조 모티프를 드러내었다. 이처럼 구약과 유대문헌 그리고 신약에 요한복음 서문의 새 창조 모티프가 풍성하게 스며들어있다고 할 수 있다.

IV

제4장

로고스의 새 창조와 요한복음

요한복음 서문의 새 창조 모티프는 요한복음 전체에 반영되어 있는 것으로 보인다. 특히 보와마르(M. E. Boismard)가 요한복음의 새 창조 모티프를 주장한다.[1] 최소한 요한은 그의 복음서에서 표적들과 그리스도의 수난과 부활을 기술하면서 새 창조 모티프를 반영하였다고 할 수 있을 것이다.[2] 요한복음 서문(1:1-18)과 요한복음 전체가 서로 연관성이 있느냐 없느냐의 논란도 없지 않으나,[3] '진리와 생명의 로고스', '하나님의 로고스' 그리고 '로고스의 성취자' (5:39; 6:35, 68; 8:47; 17:17; 19:30) 등의 용어를 보면, 요한복음 서문과 요한복음 전체의 연관성은 분명해 보인다.[4]

1. 로고스 메시아 사역의 첫 일주일

요한복음은 구조적으로 창조 모티프를 사용하여 새 창조신학을 말하고

1) M. E. Boismard, *St. John's Prologue, trans. Carisbrooke Dominicans* (Westminster, Maryland: Newman Press, 1957), 109.
2) 권해생, "요한복음의 새 창조 모티프: 표적, 십자가와 부활, 성전", 135-75.
3) 이복우, 「내 뒤에 오시는 이」 (수원: 합신대학원출판부, 2011), 85-87.
4) 요한복음 서문(1:1-18)을 로고스 본문으로 본다면, 로고스는 '진리와 생명의 로고스'로서 5:38-39의 '로고스'와 '성경', 6:35의 '생명의 떡' 그리고 6:68의 '영생의 말씀'

있는 것으로 보인다. 로고스의 새 창조와 요한복음의 구조에 대하여 쾨스텐베르거는 다음과 같이 간단한 도표를 제시하였다.[5)]

도입부(1:1-18)	표적의 책(1:19-12:50)	승귀의 책(13:1-21:25)
말씀을 통한 창조	예수의 사역의 첫 주간 (1:29-2:11)	동산(18:1, 26; 19:41; 20:15)
'태초에' (1:1-5)	새로운 출생(3:3, 5)	예수의 부활(20:1-31)
새로운 출생(1:12-15)	안식일의 주인 예수 (5:1-47; 9:1-41)	공동체 창조(20:22)

이 도표를 보면 요한복음은 구조적으로 도입부인 서론(1:1-18)과 표적의 책(1:19-12:50) 그리고 승귀의 책(13:1-21:25)으로 크게 3구분 하였고, 요한복음 전체에 창조 모티프가 반영되어 있음을 나타내고 있다. 먼저 로고스 예수님의 공적인 메시아 사역의 첫 주간에 창조 모티프가 반영되어 있고, 마지막 사역에도 창조 모티프를 반영하고 있는 것을 나타냈다.

요한은 의도적으로 창세기에 기록된 창조의 첫 주간과 비슷하게 평행을 시사하는 방식으로 로고스 예수님의 사역의 첫 주간을 소개하였다. 첫째 날: 예수님에 대한 요한의 증언(1:19-28), 둘째 날: 예수님과 요한의 만남(1:29-34, '이튿날'), 셋째 날: 요한이 예수님에게 두 제자를 보냄(1:35-39, '이튿날'), 넷째 날: 안드레가 자기 형제 베드로를 예수님에게 소개함(1:40-42),

---

과 연관성을 나타내고 있다. 또한 8:47과 17:17은 하나님의 로고스로서 "하나님의 말씀"을 말하고 있고, 19:30은 '로고스의 성취자'를 나타내기 때문에 요한복음 서문과 요한복음 전체가 로고스를 주제로 서로 연관성을 갖고 있다고 할 수 있다. cf. 박호용, 「천하제일서 요한복음」 (서울: 쿰란출판사, 2012), 487. 브루스는 요한복음 서문에서 첫 창조와 새 창조가 평행선을 이루며 비교되고 있는 것으로 말한다. F. F. Bruce, The Gospel of John (Grand Rapids: Wm. B. Eerdmans Publishing, 1983), 28.

5) 안드레아스 J. 쾨스텐베르거, 「요한신학」, 전광규 역 (서울: 부흥과개혁사, 2015), 383.

다섯째 날: 빌립과 나다나엘이 예수님을 따름(1:43-51, '이튿날'), 그리고 일곱째 날: 가나 혼인 잔치(2:1-11, '사흘째 되던 날')가 있는 것으로 분류하는 것은 쾨스텐베르거의 견해이다.[6] 쾨스텐베르거는 그의 분류에서 넷째 날에 '이튿날'을 제시하지 못했지만 39절과 40절 사이에 하루가 지난 것으로 보는 듯하다.

그러나 보와마르(M. E. Boismard)는 메시아의 첫 주간 사역에 관하여 다음과 같이 정리한다. 예수님에 대한 세례 요한의 증거(1:19-34), 첫 번째 제자들을 부르심(1:35-51) 그리고 갈릴리 가나의 첫 기적(2:1-11)은 요한에 의하여 의도적으로 7일의 기간과 병행을 이룬다고 말한다. 이 본문들 사이에서, '이튿날', '이튿날', '이튿날', '사흘째 되던 날' 등이 메시아 사역의 첫 주간을 이룬다는 것이다.[7] 쾨스텐베르거와 보와마르의 메시아 사역 첫 주간에 대한 세부적인 분류는 전체적으로 차이가 없다. 다만 쾨스텐베르거는 좀 더 자세히 설명한 편이고, 보와마르는 종합적으로 설명했다는 점에서 약간의 차이가 있을 뿐이다. 그러나 실제적으로 메시아 사역의 첫 주간을 전체적으로 같은 본문에 근거하여 분석했다는 점에서는 차이가 없다. 이 두 학자의 공통점은 로고스 메시아 사역의 첫 주간의 사역이 창세기의 첫 창조의 모티프를 반영하여 새 창조를 지향했다는 점이다.

창조 모티프는 요한복음 5장과 9장의 안식일 논쟁에서도 찾을 수 있다. 병 고침 받은 자에게 자리를 들고 가라고 명령함으로 안식일을 범하게 했다는 비난을 받은 예수는 "내 아버지께서 이제 까지 일하시니 나도 일한다"고 대답하셨다. 이 말은 창조주 하나님이 일곱째 날에 안식하셨다면(창 2:2-3), 안식일에 특정한 활동을 하는 것이 타당한지를 결정할 권한은 창조주에게 있다는 의미일 것이다. 이런 점에서 우주 창조는 물론이고 시간의 창조도 창

6) 쾨스텐베르거, 「요한신학」, 383-84.
7) Boismard, *St. John's Prologue*, 106-107.

조주에게 속한 것이기 때문에 날들을 어떻게 사용할 것인지는 전적으로 창조주의 권한에 속한 것이라는 쾨스텐베르거의 설명은 타당성이 있는 것으로 보인다.[8] 여기서 로고스 예수는 사실상 창조주로서(요 1:3, 10) '안식일의 주인' (눅 6:5)이기 때문에 안식일에 대한 신적 권위를 갖고 불구자를 걷게 하고 맹인을 보게 하는 새 창조 사역을 하신 것이라고 할 수 있다.[9]

2. 7개의 표적

요한은 표적(σημεῖον)에 관하여 '구별된 표시나 사건' 을[10] '표징' 이나 '지시해주는 것', '징조' 혹은 '증거' 라는 외형적 의미로 사용하였다.[11] 브라운은 독자들의 믿음을 성장시키기 위해 요한복음에 7가지 이적들을 선택하여 기술했다고 말한다.[12] 가나 혼인 잔치에서 물로 포도주를 만든 기적(2:1-11), 왕의 신하의 아들을 고친 이적(4:46-54), 38년 된 병자의 치유(5:1-15), 5병2어의 이적(6:1-15), 물위를 걸으신 이적(6:16-21), 나면서부터 맹인 된 자의 치유(9장), 그리고 죽은 나사로를 살리신 이적(11장) 등이다. 브라운이 요한복음 1-12장을 표적의 책이라고 한 것은 이 7가지 이적이 수록되어 있기 때문인 것으로 보인다.[13] 그런데 쾨스텐베르거는 요한복음에서

---

8) 쾨스텐베르거, 「요한신학」, 385.
9) 보와마르는 유대인의 중요한 절기에 따라 서로 연관된 것을 일곱 시기(seven different epochs)로 대략 다음과 같이 구분하였다. 첫째 시기는 로고스 메시아의 공생애 첫 주간(1:19-2:11), 둘째 시기는 공생애 중 첫 번 째 유월절을 둘러싼 사건들(2:13; 4:54), 셋째 시기는 두 번째 유월절을 둘러싼 사건들(5-6장), 넷째 시기는 초막절(7-9장), 다섯째 시기는 나사로를 살리심과 수전절(10-11장), 여섯째 시기는 메시아가 죽는 고난주간의 세 번째 유월절(12-19장), 그리고 일곱째 시기는 부활주간(20장)이다. 여기서 중요한 것은 보와마르가 요한복음 전체에 창조 모티프를 뛰어 넘는 새 창조 모티프가 작용하고 있음을 나타내려 했다는 점일 것이다. Boismard, *St. John's Prologue*, 107.
10) Bauer, *A Greek-English Lexicon*, 920.
11) 킷텔, 「신약성서신학사전」, 707.
12) 브라운, 「요한복음 1: 표적의 책」, 1070.

일반적으로 인정하는 표적이 여섯 개라고 주장한다.[14] 그것은 물로 포도주를 만든 기적(2:1-11), 왕의 신하의 아들을 고친 이적(4:46-54), 38년 된 병자의 치유(5:1-15), 5병2어의 이적(6:1-15), 나면서부터 맹인된 자의 치유(9:1-41), 죽은 나사로를 살리신 이적(11:1-57)이다.[15] 여기에는 브라운이 말하는 물위를 걸으신 이적(6:16-21)이 빠져 있다. 대신에 쾨스텐베르거는 가능성 있는 표적으로 9개를 추가로 언급한다. 그것은 예수의 성전 시건(2:14-17), 광야의 뱀에 대한 예수의 말씀(3:14-15), 물위를 걸으심(6:16-21), 예수의 기름 부음(12:1-6), 승리의 입성(12:12-16), 발 씻음(13:1-11), 십자가와 부활(18:1-19:42), 예수의 부활 출현(20:1-21:25), 기적적인 어획(21:1-14) 등이다.[16] 그러나 쾨스텐베르거가 말하는 '성전사건' 은 기적이 아니고, 브라운이 말하는 '물 위를 걷는 사건' 은 기적이기 때문에, '물 위를 걷는 사건' 을 표적에 포함시킨 브라운의 분류가 더 타당하게 보인다. 그렇다면 21장에 고기 잡는 기적도 표적으로 볼 수 있을 것이다. 이런 의미에서 위 7가지 표적 외에도 더 많은 표적이 거론될 수 있을 것이다(요 20:30). 단지 이 책에서는 위 7가지 표적만 언급할 뿐이다.

예수 그리스도는 위의 7가지 표적을 단순히 보여주려는 목적으로만 행한 것이 아니었다. "예수께서 하나님의 아들 그리스도이심을 믿게 하려 함이요 또 너희로 믿고 그 이름을 힘입어 생명을 얻게 하려 함"(요 20:31)이었다.

(1) 물로 포도주를 만든 기적(2:1-11)

갈릴리 가나의 혼인집에서 물로 포도주를 만든 사건은 공관복음서에는 나

13) 권해생, 「요한복음」, 100.
14) 쾨스텐베르거, 「요한신학」, 354.
15) 쾨스텐베르거, 「요한신학」, 355.
16) 쾨스텐베르거, 「요한신학」, 360-61.

오지 않고 요한복음에만 나오는 표적이다. 이 표적 사건은 로고스의 성육신이 기록된 1장에 이어 나타난다. 이 표적은 다른 여섯 개의 기적적인 표적들과 더불어 공관복음 전승의 변형된 형태를 취하거나 같은 유형으로 등장한다.[17] 1장에서 요한은 로고스의 선재와 하나님 되심과 그 로고스의 성육신을 증거했다. 그리고 첫 표적으로 제시한 것이 물로 포도주를 만든 기적 사건이다. 이 표적은 요한의 특별한 신학적 의도 속에서 기록되었다고 볼 수 있다. 즉 물로 포도주를 만든 첫 번째 표적(ἡ ἀρχὴ τῶν σημείων)은 요한의 새 창조 신학을 증거한다고 할 수 있다. 그 이유는 다음과 같다.

첫째, 그동안 없었던 일이고, 사람으로서는 불가능한 일이며, 하나님만이 할 수 있는 일이기 때문이다. 본문의 구조는 다음과 같다. ① 1-3 상반절, 상황 설명, ② 3 하반절-5절, 어머니의 중재 ③ 6-8절, 예수의 말씀, ④ 9-10절, 표적 발생, ⑤ 11절, 부가적설명 등으로 구분할 수 있다. ①의 상황 설명에서 요한은 이 첫 표적이 유대가 아닌 갈릴리 가나에서 일어났음을 두 번(1절과 11절) 반복해서 강조한다. 이것은 뒤이어 나오는 예루살렘에 성전 사건 기사(13-22절)와 좋은 대조를 이룬다. 갈릴리 가나의 첫 표적은 긍정적 새 창조적 시각으로 서술되었지만, 예루살렘의 성전 사건은 부정적 심판을 암시한다고 할 수 있을 것이다.

둘째, 헬라어로 여자(γύναι)는 왕후를 부를 때 사용한다. 호머의 서사시에서 오디세이가 자기 사랑하는 아내 페네로프를 부를 때 이 말을 썼고, 로마 황제 아우구스투스가 이집트의 여왕 클레오파트라를 부를 때도 이 명칭을 썼다.[18] 따라서 이 용어는 무례한 어법이 아니다. 여기에 중요한 신학적 의미가 있다. 이 칭호는 로고스 예수 그리스도의 공생애의 특징을 보여준다.

---

17) Raymond E. Brown, *The Gospel according John* (i-xii), The Anchor Bible (New York: Doubleday & Company, 1977), 10.
18) 김응수, "요한복음의 로고스 모티프에 관한 연구" (박사학위논문, 호서대학교, 2008), 73-74.

어머니를 '여자여' 라고 부른 것은 인간적 어머니와 아들의 관계를 넘어서 메시야로서 새 창조적 공식 사역을 시작한다는 의미를 함축한다고 할 수 있다(창 3:15).

셋째, 여섯 개의 돌 항아리의 상징적 의미이다. 바레트는 돌 항아리의 여섯이라는 숫자는 상징적일 가능성이 있다고 보았다.[19] 여섯이라는 숫자는 완전성과 완성의 숫자인 일곱보다 하나가 모자라는 숫자로서 유대교의 율법이 부분적이며 불완전하다는 것을 암시한다는 것이다. 여섯 개의 항아리와 물은 불완전한 유대교의 결례를 나타내고 있는 것으로 보고 이것을 새 창조적으로 완성하는 것이 예수의 사역임을 나타내려 했다. 다드(C. H. Dodd)는 예수의 오심으로 종교의 옛 질서가 새 질서에 의해서 대치 혹은 지양된다는 것을 말한다.[20] 스몰리(Stephen S. Smalley)는 새 원소인 기독교가 옛 원소인 유대교를 궁극적으로 대치한다는 것을 말하는 것으로 보았다.[21] 카이서(R. Kysar)는 물이 포도주로 변하게 된 것은 예수의 생애와 사역이 유대 신앙을 재창조한 것을 상징한다고 보았다.[22] 이들의 견해는 그 표현 방식이 다르지만 대체로 옛 것에 대한 새 창조적인 대치를 말한다고 볼 수 있다.

넷째, '첫 번째 표적' 의 의미이다. '첫 번째' 라는 말은 여러 사건들 중 최초의 것이라는 의미 이상을 지닌다. 단순한 첫 번째 표적이 아니라 '일차적인 표적' 으로서 창조적이고 변형시키는 예수의 활동 전체에서 대표적인 것이기 때문이다.[23] 비슬리-머리(George R. Beasley-Murray)는 종말론적인 새 시대 즉 예수님을 통한 종말론적 구원의 시대가 도래했다는 것을 보여주는 것으로 보았다.[24] 하나님 나라의 새 창조적 구원의 축제가 가나의 혼인

---

19) 바레트, 「요한복음 (1)」, 300.
20) C. H. Dodd, *The Interpretation of the Fourth Gospel*, 299.
21) 스티븐 S. 스몰리, 「요한신학」, 김경신 역 (서울: 도서출판 풍만, 1987), 274.
22) R. Kysar, *John's Story of Jesus* (Philadelphia: Fortress Press, 1984), 24.
23) 바레트, 「요한복음 (1)」, 303.

잔치의 표적으로 시작되었다는 의미이다. 로고스 예수는 요한복음 서문에서 창조주로서 묘사되었는데(1:3), 물로 포도주를 만드신 것은 새 창조주로서의 모습을 보인 것이라 할 수 있다.

(2) 왕의 신하의 아들을 고친 이적(4:46-54)

예수 그리스도의 첫 표적이 갈릴리 가나에서 있었는데, 왕의 신하의 아들을 치유한 두 번째 표적(δεύτερον σημεῖον)도 가나에서 행해졌다(54절). 그래서 가나는 갈릴리에 있는 곳으로 식별되었다(2:1, 11; 4:45; 21:2). 첫 표적과 두 번째 표적 사이에 성전 사건(2:12-22)과 니고데모와의 대화(3:1-10), 그리고 사마리아 여인과의 대화(4:1-26) 등의 사건이 있었다. 이 모든 사건들에는 예수 그리스도의 새 창조적 사역의 특성을 띠고 있다. 새 성전에 대한 암시와 새로운 출생에 대한 말씀, 그리고 사마리아 여인의 새로운 변화는 예수의 새 창조적 사역이 아니고는 설명할 수 없어 보인다. "너희가 이 성전을 헐라 내가 사흘 동안에 일으키리라"(2:19)에서 예수 그리스도는 새로운 성전을 새 창조적으로 일으키실 것을 암시하셨다. 예수 그리스도는 니고데모와의 대화에서 "사람이 거듭나지 아니하면 하나님의 나라를 볼 수 없느니라"고 말씀하심으로써 새 창조적으로 새로운 출생이 있을 것을 말씀하셨다. 예수 그리스도와의 대화로 은둔적인 사마리아 여인이 적극적인 메시아의 전파자로 변화된 것은 로고스 예수 그리스도에 의한 새 창조적 변화라고 할 수 있을 것이다. "선지자가 자기 고향에서는 높임을 받지 못한다"(44절; 마 13:57)는 말씀과는 달리 예수 그리스도는 갈릴리인들로부터 영접을 받았다(45절). 그것은 그들이 예수 그리스도의 표적과 기사를 행한 것을 보았기

---

24) G. R. 비슬리-머리, 「요한복음」, 이덕신 역, WBC (서울: 도서출판 솔로몬, 2001), 164.

때문이다(48절). 왕의 신하의 아들의 병은 해결할 수 없는 죽을 병이었다(ἀποθνῄσκειν, 47, 49절).[25] 예수 그리스도는 왕의 신하의 방문 치유를 요청받고, "가라 네 아들이 살아있다"(πορεύου, ὁ υἱός σου ζῇ.)고 말씀만 하셨다(50절). 왕의 신하는 예수의 말씀을 믿고 집으로 가는 길에서 그의 종들로부터 아이가 살았다는 말을 들었다(51절). 이 두 번째 표적은 갈릴리로부터 예수 그리스도의 자기 증거의 새로운 시작을 나타낸다고 할 수 있다.[26] 예수 그리스도는 환자에게 가지 않고 멀리서도 말씀으로 죽을 병을 치유하는 기적을 베풀었다. 이런 측면에서 말씀은 새 창조를 일으키는 기적적 능력을 지니고 있음을 나타낸다. 요한복음 서문에서 로고스 안에 생명이 있는 것이 표현되었는데(1:4), 죽을 병으로부터 치유한 표적은 로고스가 생명을 가져오는 새 창조주임을 나타낸다고 할 수 있다.

(3) 38년 된 병자의 치유(5:1-15)

이 기적은 공관복음에는 나오지 않는다. 예수 그리스도는 안식일에 베데스다 못가에서 38년 된 병자에게 "일어나 네 자리를 들고 걸어가라"고 말씀하심으로 그 사람이 곧 나아서 자리를 들고 걸어가는 기적이 일어났다.

브라운은 이 본문을 다루면서 "주석학적으로 기적의 가능성에 대한 문제는 우리의 관심사가 아니다"고 하면서, "우리의 질문은 요한복음의 기사가 공관복음 기사의 변형된 형태인가 아닌가라는 것이다"고 하였다. "만일 그렇지 않다면 우리의 초점은 요한복음이 과연 원시적 전승을 가지고 있느냐에 맞추어 진다"고 주장하였다.[27]

---

25) Herman Ridderbos, *The Gospel of John: A Theological Commantary*, trans. John Vriend (Grand Rapids, Michigan/Cambridge: Wm. B. Eermans Pub. Co., 1997), 173.
26) Ridderbos, *The Gospel of John*, 180.
27) 브라운, 「요한복음 1」, 543.

브라운의 이러한 주장은 주석학적 입장이라기보다는 전승사적 편집 비평의 연구 방법으로 보인다. 그러나 본문 주석은 본문 자체의 의미를 드러내야 할 것이다. 요한복음 5장은 베데스다 병자 치유(1-8)와 유대인들과 예수의 안식일 논쟁(9-18), 하나님의 아들의 자기증거(19-30) 그리고 유대인들의 불신에 대한 예수의 증언(31-47) 등으로 구성되었다.[28]

4장 마지막 부분에서 갈릴리에 계셨던 예수 그리스도는 유대인의 절기를 지키기 위해 예루살렘으로 올라오시고(1절), 예루살렘 양문 곁에 있는 베데스다 연못을 발견했다(2절). 그리고 그곳에 있는 38년 된 병자를 치유하셨다. 38년 된 병자는 혼자 힘으로 어찌 할 수 없는 사람이었다(7절). 예수 그리스도는 그렇게 스스로 일어나 제대로 걸을 수조차 없는 사람에게 "일어나 네 자리를 들고 가라"고 말씀하셨다. 여기서 '말씀하신다' (λέγω, 8절)는 동사가 특징적이다. 로고스가 말씀하셔서 자력 구원이 불가능한 사람을 치유하시는 표적을 행하셨다. 이 기적과 관련하여 예수 그리스도는 "하나님을 친아버지라 하여 자기를 하나님과 동등으로 삼으심"으로 자신의 신성을 주장하셨다(5:18). 또한 그 병자에게 "보라 네가 나았으니 더 심한 것이 생기지 않게 다시는 죄를 범하지 말라"고 하여 병과 죄의 관계를 말씀하셨고(14절), "아버지께서 죽은 자를 일으켜 살리심 같이 아들도 자기가 원하는 자들을 살리느니라"(21절)고 하여 죄에 대한 경계와 아울러 부활의 주관자임을 나타내셨다. 고침 받은 38년 된 병자에게 예수 그리스도는 생명의 빛(1:4)이었다.

그런데 이처럼 예수 그리스도가 병자를 치료하신 날은 안식일이었다(9-10). 이 표적의 기사는 '창조' 모티프가 나타나는 안식일 논쟁의 문맥 가운데 위치하고 있다. 고침 받은 병자에게 자리를 들고 가라고 명령함으로 안식

---

28) Ridderbos, *The Gospel of John*, vi.

일에 일을 하게 했다는 유대인들의 비난을 받으신 예수 그리스도는 "내 아버지께서 이제까지 일하시니 나도 일한다"는 말씀으로 반박하였다(5:17). 유대인들이 이 대답으로 인하여 더욱 예수를 죽이고자 했다. 그 이유는 "안식일을 범할 뿐만 아니라 하나님을 자기의 친 아버지라 하여 자기를 하나님과 동등으로 삼으심"이었다(5:18). 즉 유대인들이 강력 반발한 것은 예수 자신의 신성 주장 때문이었다. 이 말의 일차적인 구약 배경은 "하나님이 그가 하시던 일을 일곱째 날에 마치시니 그가 하시던 모든 일을 그치고 일곱째 날에 안식하시니라. 하나님이 그 일곱째 날을 복되게 하사 거룩하게 하셨으니 이는 하나님이 그 창조하시며 만드시던 모든 일을 마치시고 그 날에 안식하셨음이니라"고 기록된 창세기 2:2-3이다. 여기서 하나님의 안식은 창조의 사역으로부터 쉬는 것이지 하나님께서 피조물을 보존하시는 사역으로부터 안식하신다는 의미는 아닐 것이다. 안식일에도 사람의 출생과 사망이 나타나는데, 이것은 하나님께서 여전히 사람의 생사화복을 주관하시며 일하신다는 증거라고 할 수 있다.[29] 이런 의미에서 예수 그리스도는 "내 아버지께서 이제까지 일하시니"(5:17)라고 하셨을 것이다.

창조주 하나님이 일곱째 날에 안식하셨다면, 안식일에 특별한 활동을 하는 것이 타당한지를 결정할 권한을 가진 분은 창조주로서 절대적 권한을 가지신 하나님뿐일 것이다. 그런데 예수 자신이 그런 권한이 있다고 주장함으로 자신을 창조주와 동일시하셨다. 유대인들이 보기에 예수는 하나님과 동일시하고 안식일 계명까지 어겼으니까 사형 받을 만한 신성모독의 죄를 범한 것이 되었다.[30] 그러나 유대인들조차도 안식일의 노동을 금하는 규정에 예외 조항을 두었는데, 할례의 경우가 그러했다(요 7:23). 그러므로 하나님께서 안식일 규정 위에 계신다면, 예수 그리스도도 마찬가지의 권한을 가지

29) 권해생, 「요한복음」, 175.
30) 쾨스텐베르거, 「요한신학」, 384-85.

신 것이다. 안식일의 의미가 창조의 완성(창 2:2-3)이고, 안식일에도 사람의 출생은 나타날 수 있기 때문에 창조주 그리스도께서 피조물 인간이 지켜야 하는 안식일의 규정을 초월하여 38년 된 병자를 새롭게 하는 치유를 하실 수 있었다. 이것은 생명의 수여자와 치유자 혹은 구원자로서 그리스도의 새 창조적 사역을 수행하신 것이라고 할 수 있다(마 12:1-13).31)

(4) 5병2어의 이적(6:1-15)

5병2어 기사는 4복음서에 모두 수록되어 있다. 이 표적 기사가 공관복음서에는 예수님이 신적 능력을 행한 놀라운 기적이라고 기록되어 있고, 요한복음에서는 이 표적 기사에 근거하여 예수와 유대인들의 대화를 통해 예수의 하나님의 아들 됨과 영생의 복음에 대하여 논쟁하는 장면이 나온다. 그리고 이 논쟁 가운데 예수의 십자가 죽음을 암시하는 만나와 오병이어의 떡, 그리고 예수님 자신인 생명의 떡과 상호 관련성에 대한 내용도 포함되어 있다.[32] 오병이어의 표적 기사에서 예수는 대화의 주도자가 되어 제자들을 통한 식사 준비를 하고 있는 과정이 기록되어 있다. 이 과정에서 예수는 인간으로서는 불가능한 조건에서 창조주로서 사역하는 상황을 보여준다.[33]

당시의 형편에서 남자만 5천명을 먹이는 것이 불가능한 일이었다. 사람으로서는 할 수 없는 일이었고, 주 예수의 새 창조적 기적이 필요한 상황이었다. 그렇기 때문에 예수 그리스도는 보리 떡 5개와 물고기 2마리로도 충분하다고 말씀하셨고, 실제로 5천명이 먹고도 12 바구니가 남았다(6:13). 이 표적을 보고 사람들은 '세상에 오실 그 선지자' 라고도 하고(14절), 억지로 붙들어 임금으로 삼으려고도 했다(15절).

---

31) Carson, *The Gospel according to John*, 247-49.

32) 박희석, "요한복음의 '요병이어의 표적' 에 대한 상호텍스트성 분석" (박사학위논문, 한영신학대학교, 2011), 161.

33) 박희석, "요한복음의 '요병이어의 표적' 에 대한 상호텍스트성 분석", 100.

이 기적의 의미에 대하여 권종선은 상징적으로 미래의 풍성한 메시아의 식탁을 의미한다고 주장한다.[34] 그리고 요한복음에서 다른 복음서에는 없는 '생명의 떡' 에 대한 긴 말씀이 있음을 지적한다(21-69절). 브라운은 오병이어 표적에 관한 4복음서의 기록 중 요한복음에만 기록한 자료로, 유월절 언급, 빌립과 안드레 이름 명시, 어린 아이 언급, 성만찬과 관련된 요소들, 그리고 14-15절의 결론 내용 들을 말한다.[35] 이러한 해석들은 단지 문자의 표면적 해석으로 보인다. 불트만은 주의 만찬에 관한 51-58절을 삽입으로 본다.[36] 그러나 이러한 불트만의 주장은 단지 그의 주관적 판단일 뿐 구체적인 근거를 제시하지 못하고 있다.

이 표적을 지상의 왕국 건설과 관련하여 생각한 것은 저차원의 것이고(15절), 이 표적이 의도하는 바가 아니었다. 이 표적은 '그 선지자' 가 아닌 메시아를 가리키고, 땅의 나라가 아닌 하늘 나라를 의도하였다. 이 표적이 의도하는 바는 로고스 예수 그리스도가 항상 그의 백성을 위한 완전한 공급자라는 점이다. 지금도 '산 떡' (51절), '하늘에서 내린 참 떡' (32절), '하나님의 떡' (33절), 그리고 '생명의 떡' (48절)은 그리스도이다.[37] 그리스도는 그의 구속 사역을 통한 자기 백성의 구원을 "내 살은 참된 양식이요 내 피는 참된 음료" 라고 표현한 것으로 보인다(55절). 결국 5병2어의 표적은 요한복음의 서문에 나타난 로고스 안에 생명이 있음(1:4)을 창조적으로 드러낸 것이라고 할 수 있다.

(5) 물위를 걸으신 이적(6:16-21)

이 이적은 위의 4개의 표적들에 비하여 '표적' 이란 단어가 쓰이지 않았

34) 권종선 편, 「해설 복음서 대조서」, 496.
35) 브라운, 「요한복음 1」, 600-08.
36) 불트만, 「요한복음서 연구」, 252.
37) 모리스, 「요한복음(상)」418-19.

다. 그러나 제자들은 물위를 기적적으로 걸어오시는 예수 자신의 발언을 통하여(ἐγώ εἰμι, 20절) 그의 정체성을 알고 '영접'(21절) 했다. 이것은 예수가 표적을 행하는 목적(요 20:31)과 부합한다. 따라서 물위를 걸으신 이적은 표적에 포함될 수 있을 것이다.

예수 그리스도가 물위로 걸으신 이적은 마태복음과 마가복음에도 나온다. 그 중 요한의 기록이 가장 짧다. 이 이적에 대하여 김선욱은 출애굽과 새 출애굽의 이미지가 있음을 말한다.[38)] 물에 관한 이적이기 때문에 출애굽과 새 출애굽의 이미지가 떠오를 수 있을 것이다. 그러나 마태와 마가의 두 기록과 요한의 기록에는 차이점이 있다. 유상섭은 다음과 같이 지적한다.[39)]

첫째, 마태와 마가는 제자들이 예수의 명령을 받아 배를 탔는데, 요한은 예수의 명령을 언급하지 않았다(마 14:22; 막 6:45; 요 6:16). 둘째, 마태와 마가는 제자들이 풍랑으로 밤 4경까지 고생했다고 기록했는데, 요한은 풍랑만 언급하고 고생은 언급하지 않았다. 셋째, 마태와 마가는 물 위로 걸어오시는 예수를 유령이라 외쳤다고 기록했는데, 요한은 두려워했다고 기록했다. 넷째, 마태와 마가는 예수가 배에 오르자 풍랑이 잠잠해졌다고 기록했으나, 요한은 곧 바로 목적지에 도착했다고만 기록했다. 다섯째, 요한복음에서만 제자들이 예수를 기쁘게 환영했다고 기록한다(6:21). 그리고 "주님이 풍랑으로 인해 고통 중에 있는 백성을 그들이 원하는 항구로 인도하셨다"는 시편 107:30에 언급된 여호와 하나님이 예수와 같은 분임을 암시한다. 물을 다스리며 물 위를 걸을 수 있는 분은 여호와 하나님 밖에 없기 때문이다(욥 9:8). 그래서 예수는 신적 존재라는 것이 유상섭의 평가이다. 이러한 평가는 예수

38) 김선욱, "바다 위를 걸으신 예수의 기적 이야기(막 6:45-52)에 나타난 출애굽 이미지 연구와 새 출애굽으로서의 신학적 의의," 「신약연구」 제15권 제2호, 통권 42호 (2016. 6).

39) 유상섭, 「설교를 돕는 분석 요한복음」, 147-48.

의 신분에 관한 것이다. 예수가 물위를 걸으신 사역에 관한 평가는 아니다. 김선욱이 평가한대로 물 위를 걸으신 이적이 출애굽과 새 출애굽 모티프를 반영한 것이라면, 새 출애굽에 대한 구체적인 설명이 추가되어야 할 것이다. 이스라엘이 하나님의 능력으로 홍해를 갈라서 바다 가운데 육지로 지나가서 애굽 군대로부터 구원을 받은 것처럼, 물 위를 걸으신 예수의 기적 사역은 신적 존재로서의 이미지를 나타나낸다고 할 수 있다. 사람이 할 수 없고 하나님만이 하실 수 있는 신적 새 창조를 나타낸다고 할 수 있다.

§ 여호와와 예수

예수가 신적 존재라는 것은 "내니 두려워 말라"(20절)는 표현에서도 나타난다. 바레트는 '내니'의 진술이 예수의 단순한 자기 규명 외에는 아무 것도 의미하지 않는다고 본다.[40] 그러나 '나다'(ἐγώ εἰμι)는 의미상 여호와 하나님과 동일한 신적 존재임을 나타내는 표현이다. 또한 예수가 물위를 걸으시면서 이 표현으로 자신의 신적 존재임을 밝힌 것은 단순한 신분을 밝히는 것을 넘어서서 요한복음 서문(1:14)의 신적 로고스의 현현과 그의 은혜로운 구원사역을 이루시는 분이심을 나타낸다고 할 수 있다.

예수가 물위로 걸어오실 때, 제자들은 바람이 거스르므로 물결로 고난을 당하고 있었고(마 14:24), 밤 사경쯤 제자들이 힘겹게 노를 젓고 있었다(막 6:48). 이런 상황에서 요한은 마태처럼 믿음이 적은 자라고 책망하지 않으시고(마 14:31), 마가처럼 제자들이 깨닫지 못하고 마음이 둔해졌다는 해설도 없다(막 6:52). 요한은 예수의 정체에 관심을 집중한 것으로 보인다.[41] 이 물위를 걷는 표적을 통하여 요한은 로고스 예수가 구원하시는 여호와 하나

---

40) 바레트, 「요한복음(1)」, 457-58.
41) 권종선 편, 「해설 복음서 대조서」, 497.

님이심을 나타냈다고 할 수 있다.[42] 따라서 이 표적은 신적 현현과 구원 모티프가 반영된 것으로 보인다.[43] 그리하여 이 표적이 말하고자 하는 주된 목적은 사나운 바다 가운데서 죽음에 직면한 제자들을 구원하시는 구원자 예수를 드러내는 것으로 보인다.[44] 하나님께서 바다 위를 걷는다는 표현은 욥기 9:8에 나타나고, 하나님이 바다에 길을 내시는 모습은 시편 77:19과 이사야 43:16 등에도 나타난다. 이처럼 바다 위의 신적 현현과 함께 구원의 능력을 보이신 것은 출애굽의 홍해 사건에 나타난 하나님의 현현과 이스라엘 백성의 구원을 상기시켜준다. 이런 의미에서 예수가 물 위를 걸으신 표적은 새 출애굽이라 할 수 있고, 예수가 바다에서 힘들어 하는 제자들을 구원하시는 표적은 로고스 예수 그리스도의 새 창조 모티프를 반영한 것이라 할 수 있을 것이다.

(6) 나면서부터 맹인 된 자의 치유(9:1-41)

문우일은 맹인 치유 표적에 대하여 유대적 배경과 플라톤의 철학적 배경과 연관성을 주장하였다.[45] 우선 유대적 배경으로 요한복음 9장은 유대인의 명절 중 초막절에 발생한 사건에 해당된다(5:1-10:42). 유대적 배경인 구약성경에서 여호와께서 소경을 치유하신다는 언급은 시편 146:8; 이사야 29:8; 35:5; 42:7, 16, 18; 61:1 등에 기록되어 있다. 이사야 61:1의 내용 중에 "눈먼 자에게 다시 보게 함"(τυφλοῖς ἀνάβλεψιν)이 있는데, 누가복음 4:18

---

42) Ibid.

43) 김선욱, "바다 위를 걸으신 예수의 기적 이야기(막 6:45-52)에 나타난 출애굽 이미지 연구와 새 출애굽으로서의 신학적 의의," 310.

44) 김선욱, "바다 위를 걸으신 예수의 기적 이야기(막 6:45-52)에 나타난 출애굽 이미지 연구와 새 출애굽으로서의 신학적 의의," 312.

45) 문우일, "소경으로 태어나 다시 보는 사람(요한복음 9)" 「신약연구」 제13권 제2호, 통권 34호 (2014. 6).

의 "눈 먼 자에게 다시 보게 함"(τυφλοῖς ἀνάβλεψιν)과 일치한다. 이사야의 치유 사상이 요한복음뿐만 아니라 공관복음에도 나타났다. 마태복음 15:31에 '소경이 보는 것'과 누가복음 7:22에 '소경이 보며' 등이 등장한다.[46)]

플라톤에게는 세상이 둘이다. 보이는 세상과 보이지 않는 세상이 있다. 보이지 않는 세상은 영원하고, 보이는 세상은 변한다. 보이지 않는 이데아 세상은 빛과 같고, 보이는 이 세상은 어두운 동굴과 같다. 플라톤에게 '인간'(ἄνθρωπος)은 그가 본 것을 다시 바라보기(ἀνάθρει ἅ ὀπῶπε) 때문이다. 플라톤은 인간이 다시 위를 바라본다(ἀνῶ ἄθρειν 또는 ἀνῶ ἀναβλέπω)는 점에서 아래를 내려다보는 동물과 다르다고 생각했다. 소크라테스 전통에서 위를 보느냐 아래를 보느냐에 따라 사람이냐 짐승이냐 혹은 사느냐 죽느냐가 결정된다. 그런데 이렇게 인간의 속성을 정의한 '다시 바라봄 혹은 위를 바라봄'(ἀναβλέπειν)이란 단어가 요한복음 9장에만 3번 나온다(11, 15, 18).[47)] 이러한 논의를 통하여 문우일은 요한복음 9장의 맹인 치유 표적이 플라톤의 철학적 배경이 있음을 주장한다. 그러나 문우일의 플라톤 철학적 배경 주장은 근거가 없고, 오히려 신구약 문맥상 유대적 배경이 있다고 해야 할 것이다.

문우일은 '흙'(πηλός)이란 단어가 욥기 10:9; 33:6; 이사야 45:9; 64:8 등에 나타나는데, 신약에서는 요한복음 9장(6절 2번, 11, 14, 15)과 로마서 9:21에만 나타났다는 데서도 유대적 배경이 있음을 말하지만 신학적 의의는 드러내지 않았다. '보는 자'는 유대 전통에서 '선지자'란 뜻이고, 플라톤 전통에서는 이데아(소피아)를 다시 바라보는 '철학자'라는 정도만 언급했다.[48)] 그러나 문우일이 "마치 창조주 하나님께서 흙으로 사람의 눈을 다시

46) 문우일, "소경으로 태어나 다시 보는 사람(요한복음 9)," 254-56.
47) 문우일, "소경으로 태어나 다시 보는 사람(요한복음 9)," 257-61.

지어주는 장면처럼 읽힌다. 눈을 새로 지음 받은 사람"이라고 평가한 것은 주목할 만하다.[49] 이 표현을 예수 그리스도의 새 창조라고 했더라면, 더 좋은 신학적 진술이 되었을 것으로 보인다. 맹인 치유는 사람이 못할 일이고, 그동안 없던 일이며, 하나님만이 하실 수 있는 일이기 때문에 로고스 하나님의 새 창조라 할 수 있기 때문이다.

맹인 치유의 표적에서 안식일 논쟁이 다시 불거졌다. 이 논쟁에서 예수 그리스도는 자신이 새 창조주임을 나타내었다. 바리새인들은 예수가 맹인을 치유하면서 진흙을 이겨 바름으로 안식일 계명을 어겼다고 항의했다(9:15-16). 이 때 예수는 자기 방어를 되풀이 하지 않고 실생활의 비유로 강력한 아이러니를 사용하셨다. 예수는 "내가 심판하러 이 세상에 왔으니 보지 못하는 자들은 보게 하고 보는 자들은 맹인이 되게 하려 함이라"(9:39)고 선언하시고, 바리새인들에게 "너희가 맹인이 되었더라면 죄가 없으려니와 본다고 하니 너희 죄가 그대로 있느니라"고 말씀하셨다(9:41). 이처럼 창조주로서 성육신하신 로고스 예수는 안식일에 대한 자신의 권위를 주장하고, 유대인들의 믿음을 이끌어내기 위해 맹인 치유 표적을 행하셨다.[50] 이 맹인 치유 표적은 "이 세상에 왔다"는 말을 사용하여 빛이 세상에 왔다는 요한복음 서문(1:5)의 언급을 상기시키면서, 보는 것과 보지 못하는 것의 이미지를 나타냈다. 또한 요한복음 9장에는 '내가 세상의 빛이다'(9:5)는 표현이 등장한다. 창조주와 성육신하신 로고스가 맹인을 보게 하는 메시아 활동을 보여줌으로 창조와 새 창조 신학을 강력하게 확대하며 고조시킨다고 할 수 있다.[51]

48) 문우일, "소경으로 태어나 다시 보는 사람(요한복음 9)," 266.
49) Ibid.
50) 쾨스텐베르거, 「요한신학」, 385.
51) 쾨스텐베르거, 「요한신학」, 385-86.

(7) 죽은 나사로를 살리신 이적(11:1-44)

죽은 나사로를 살린 표적은 요한복음에 기록된 7가지 표적 중에서 가장 크고 결정적인 표적이라 할 수 있다. 이에 대하여 유상섭은 세 가지 이유를 지적했다.[52] 첫째, 예수께서 나사로를 살린 사건은 지금까지 기록된 신하의 아들을 치유하거나 38년 된 병자를 치유한 표적보다 훨씬 어려운 사건이다. 완전히 죽었기 때문이고, 그것도 죽은 지 4일이 경과하여 썩은 냄새가 난 시체를 살리는 기적이기 때문이다. 둘째, 지금까지의 표적들은 나사로를 살린 표적을 가리키고, 이 표적 안에서 예수의 십자가 부활 사건과 연결되기 때문이다. 물로 포도주를 만든 표적은 예수의 죽음과 부활로 말미암아 이루어질 구원의 풍성한 복을 묘사한다. 거의 죽게 될 신하의 아들을 살린 표적과 38년 된 병자를 치유한 표적은 이 보다 더 큰 죽은 나사로를 살리는 표적을 예고했다. 5병2어의 기적을 통해 생명의 떡임을 계시하면서 자신의 살과 피를 내어 줄 것이라고 예고한 예수 그리스도가 나사로를 살린 표적으로 통해 십자가 죽음과 부활을 예시했다. 물 위를 걸으신 표적을 통해 구약의 여호와 하나님이라고 제시한 예수가 죽은 나사로를 살림으로 자신이 하나님임을 보여주었다. 소경의 눈을 뜨게 하는 표적으로 세상의 빛임 계시하신 예수 그리스도가 나사로를 살린 표적으로 세상의 빛으로 계시했다. 셋째, 요한복음의 구조상 예수께서 결정적으로 십자가에 달려 죽게 된 계기가 된 표적이기 때문이다.

이러한 유상섭의 해설은 본문에 충실한 분석이라 할 수 있다. 유상섭은 이러한 표적들로 말미암은 예수의 구원사역을 '재창조' 의 용어로 설명했다. 그가 말하는 재창조는 의미상 한계가 있을 수 있다. 환자들은 또 병들 수 있고, 살아난 나사로는 또 죽을 수 있기 때문이다. 그렇지만 구속을 받은 자는

52) 유상섭, 「설교를 돕는 분석 요한복음」, 247-48.

영원히 죽지 아니한다(요 11:26). 그러므로 재창조보다는 '새 창조' 라는 용어로 설명하는 것이 보다 성경적인 의미를 담고 있는 것으로 보인다.

위에 언급한 7 가지 표적들을 통하여 창조주이신 로고스 예수 그리스도는 생명의 수여자이고 회복자이며, 안식일에 대한 규정을 결정할 권리와 자격을 지니고 있는 새 창조주로서의 변모를 나타내었다고 할 수 있다.

3. 새로운 출생(3:3-8)

새로운 출생을 기록한 이 본문은 새 창조는 나타내는 것이 분명해 보인다. '태어나다' (γεννάω)는 동사가 수동태로 되어 있는 것은 능동적으로 태어난 것이 아님을 의미한다. 브라운이 성령에 의해 태어났다는 것에 대해, 성령이 히브리어로 여성이고 헬라어로 중성임에도 요한복음에서 남성적 관점으로 태어났다고 해석한 것은 본문의 의미 파악과 상관없는 것으로 보인다.[53] 성령은 하나님이기 때문에 남성, 여성 그리고 중성을 초월하여 존재하신다. "태어나다"의 수동태 동사의 주어는 행위자로서 성령 하나님이시다. 성령 하나님에 의하여 위에서 다시 태어나는 것은 성령의 새 창조에 해당할 것이다.

그러나 브라운이 '태어났다' 와 관련하여 '거듭' (ἀνῶθεν)의 의미를 '다시' 와 '위에서' 의 두 가지 의미를 가진 것으로 해석하였다.[54] 그러면 성령으로 말미암아 "위로부터 다시 태어났다"의 의미가 될 것이다. 이것은 새 창조의 원천을 의미한다.

§ 하나님의 나라의 진정한 의미

'하나님의 나라' 는 예수의 메시지의 핵심 주제이다.[55] '하나님의 나라'

---

53) 브라운, 「요한복음 1」, 417.
54) 권해생, 「요한복음」, 119.

에 대하여 그냥 하나님의 통치로 정의하는 경향이 있다.[56] 그러나 하나님의 나라는 로고스의 성육신 인격과 구속사역을 통한 하나님의 통치라고 해야 보다 성경신학적인 정의가 될 것이다. 하나님의 나라는 요한복음에서 3:3에만 나오고 '영생' 으로 바꾸어 표현되었다. 본문은 사람이 하나님의 나라에 어떻게 들어가는지를 말하고 있다. 하나님의 나라를 보는 것과 거기에 들어가는 것, 영생을 보는 것(요 3:26)과 거기에 들어가는 것(마 19:17), 그리고 거듭나는 것과 물과 성령으로 나는 것 사이에는 아무런 차이가 없다.[57]

'물과 성령으로' 에서 두 명사는 모두 관사가 없고 한 전치사의 지배를 받는다는 브라운의 지적을 참조한다면,[58] '물과 성령으로' 는 문법적으로 '물 같은 성령으로' 를 의미할 것이다. 여기서 물의 모티프는 성경 전체를 관통하고 있다. 우선 창조 첫째 날의 묘사 가운데 창세기 1:2에서 "하나님의 영은 수면 위에 운행하시니라" 의 진술이 있다. 물은 창조 첫 째 날에 창조된 피조물로 창조 첫 날부터 존재했고(창 1:1-6), 요한복음 3:5에 나타난 '물과 성령' 의 첫 배경이 된다고 할 수 있다. 에스겔 47:1에는 성전에서 물이 나오는 것을 묘사한다. 따라서 에스겔에 따르면 물은 성전과 연관된다. 그러면 물은 성령과 성전에 연관됨을 알 수 있다. 스가랴 14:8에 따르면, 생수가 예루살렘에서 솟아나서 동해와 서해로 흐를 것이 예언되어 있다. 동해와 서해는 사해와 지중해를 표시한다고 할 수 있다.[59] 생수가 예루살렘에서 솟아남은 오

55) cf. Herman Ridderbos, *The Coming of the Kingdom*, trans. H. de Jongste (Philadeiphia: The Presbyterian and Reformed Pub. Co., 1962), xi.

56) 김민호, "하나님 나라 구현을 위한 교회 공동체 형성" (박사학위논문: 한신대학교, 2011), 7.

57) 송영의, "요한복음의 성령론 연구: 구약과의 관계에서 본 새로운 구속사적 해석의 탐구" (박사학위논문, 총신대학교 대학원, 2007), 348.

58) 브라운, 「요한복음 1」, 418.

59) 랄프 스미드, 「미가 -말라기」, 채천석, 채훈 공역, WBC 주석 시리즈 32 (서울: 도서출판 솔로몬, 2001), 412.

순절 성령강림을 예언하는 묘사라 할 수 있을 것이다. 또한 이 '생수' (ὕδωρ ζῶν)는 '살아 있는 물' 과 '살리는 물' 의 의미가 있다고 할 수 있다.[60] 물과 관련된 '생수' 는 요한복음 4:10-11과 7:38에 등장하여 성령과 연관됨을 보인다. 요한복음 19:28의 물은 십자가를 상징하며 '살리는 물' 을 의미한다고 볼 수 있다. 요한계시록 7:17; 21:6; 22:1, 17에는 '생명수' 가 나온다. 이처럼 성경을 관통하는 물의 이미지는 성령과 관련이 있으며 성전과도 연관되어 있음을 나타낸다. 물 같은 성령이 새 창조적으로 성전을 이룬다고 해석할 수 있을 것이다.

빌(G. K. Beale)은 '물과 성령' 에 대하여 에스겔 36:25-27의 물과 성령을 반영한 것으로 보고 회개와 성령으로 이스라엘을 새 창조하는 것으로 해석하였다. 빌은 요한복음 3장에 나오는 '거듭남' 개념이 구약 성경의 부활 개념 곧 새 창조 개념과 연계되어 있는 것으로 보았다. 이것은 예수 그리스도가 니고데모에게 "사람이 거듭나지 아니하면 하나님의 나라를 볼 수 없느니라"(3:3)고 말씀하신 거듭남의 주제가 에스겔 36장의 예언의 성취로 이해되어야 함을 함의한다.[61] 특히 에스겔 36:25-27의 예언은 요한복음 3:5에서 성취되었다고 할 수 있다. 이 에스겔 본문은 마지막 때에 하나님이 자기 백성들을 새롭게 창조하기 위하여 하나님의 백성에게 '물' 과 '성령' 을 부어주실 것이라고 예언한 구약의 유일한 본문이라는 것이다.[62] 그러면 에스겔 37:1-14은 에스겔 36:26-27의 영적 갱신을 더 깊이 전개하는 것이 된다. 이것은 또한 요한복음 3:8에서 '바람' 이 '영' 으로 해석되는 것처럼 에스겔 37:9, 14의 '생기' 에서도 똑같이 해석될 수 있다.[63] 예수 그리스도는 에스

---

60) cf. 박윤만, "요한복음을 중심으로 '살리는 물' 에 대한 연구: 요한복음 19장 28절을 중심으로" (석사학위논문, 대신대학교, 2013), 37.
61) 빌, 「신약성경신학」, 248.
62) Ibid.
63) Ibid.

겔 36장의 부활/새 창조 예언을 '거듭남' 으로 지칭하신 것이라 할 수 있다.[64] '거듭남' 을 통하여 하나님의 나라에 들어간다는 표현은(3:3, 5) '영원한 부활 생명' 을 경험함으로써(3:15) 종말에 하나님의 나라에 참여하는 것으로 해석될 수 있기 때문이다. 이것은 사실상 요한복음 3:1-15이 부활과 새 창조 개념을 나타낸다고 할 수 있다. 부활이 '새 창조' 개념이라는 것은 부활한 몸이 새롭게 창조된 몸이고 영원한 새 창조의 한 부분이 된다는 단순한 사실로 보아 분명해진다. 이런 점에서 예수 그리스도의 부활한 몸은 새 창조 속으로 들어가기 위하여 새롭게 창조된 최초의 몸이라 할 수 있다.[65] 이와 같이 물과 성령으로 거듭남은 부활과 영생과 새 창조를 연계된 것으로 볼 수 있다.

성령과 관련하여, 카슨(D. A. Carson)은 많은 신학적 주석가들이 요한복음의 다양한 신학적 강조점을 설명하지 않는다고 비판하였다.[66] 요한의 신학은 매우 놀랍게 통합되어 있기 때문에 그 부분들을 항목별로 그의 사상을 이해하려다 자칫 오해할 수 있다. 그래서 그는 수많은 주석들이 있지만, 요한의 신학에 걸 맞는 규모의 연구서는 없고, 단순한 단어의 역사적 연구 정도에 그쳤기 때문에, 요한복음서의 신학적 강조점이 좀 더 길게 연구되어야 함을 지적하였다.[67] 예를 들어, 성령에 대한 예수의 가르침에 관하여, 카슨은 본문이 삼위일체 교리로 알려진 요소를 이룬다고 말한다.[68] 카슨이 삼위일체 교리의 요소들로 참고할 것을 요청하는 요한복음의 구절은 1:31-34; 3:3, 5, 6, 33-34; 6:63; 7:37-39; 14:16-17, 23, 25-26; 15:26-27; 16: 7-15;

64) 빌, 「신약성경신학」, 249.
65) 빌, 「신약성경신학」, 250.
66) D. A. Carson, *The Gospel According to John* (Leicester: Inter-Varity Press, 1991), 95.
67) Carson, *The Gospel According to John*, 95.
68) Carson, *The Gospel According to John*, 98

20:21-23 등이기 때문이다. 새로운 출생으로서 중생은 성령의 단독 사역이라기보다는 성부와 성자와 성령의 유기적인 새 창조 사역이라 할 수 있을 것이다. 성부의 선택과 성자의 구속사역이 먼저 시행되고 나서 그 적용으로 성령의 중생 사역이 진행될 것이기 때문이다.

이처럼 '물과 성령으로 거듭남'(요 3:3, 5)은 요한복음에 나타난 새 창조의 가능성을 언급한다. 새로운 출생은 영생을 얻고 하나님의 나라에 들어가기 위해 꼭 필요하고, 선지자들이 예언한 종말의 결정적인 내면의 변화를 상기시킨다(렘 31:31-34; 겔 11:19-20, 36:25-27). 에스겔 36:25-27은 하나님께서 물로 인간의 마음을 정결하게 하시고 성령을 통해 인간 내면을 변화시킬 것을 예언했기 때문에 새로운 출생과 매우 밀접한 병행구가 될 것이다. 이사야 44:3-5도 마찬가지이다. 에스겔 37장에서 마른 뼈들의 막강한 군대로 변화되는 환상은 종말의 개인적 민족적 혹은 단체적 새로운 변화를 암시한다. 이러한 논의들은 요한복음 서문 1:13에서 언급한 '하나님께로부터 난 자'가 의미하는 새로운 탄생의 새 창조와 병행을 이룬다고 할 수 있다.

4. 로고스 메시아의 마지막 사역

요한복음 서문(1:1-18)에서 창조 모티프와 관련된 처음 언급들은 주로 로고스 예수 그리스도 안에서와 로고스로 말미암은 하나님의 첫 창조와 연관이 있는 반면에, 요한복음 마지막 부분의 수난 내러티브는 이런 언급들을 기반으로 로고스 예수의 십자가 수난과 부활을 배치하여 새 창조의 맥락을 결정적으로 강조하는 것으로 보인다.

(1) 수난

요한복음에서 수난 내러티브는 새 창조 신학의 모티프를 보여주는 여러 암시들이 있다고 할 수 있다. 우선 수난 내러티브의 배경에 '동산' (18:1, 26; 19:41)이 등장하는데, 동산으로 사용된 명사 '케포스' (κῆπος)는 '감람나무 숲' 을 의미하고, '동산' 으로 직역할 수 있다.[69] 하나님으로서의 예수 그리스도가 임재한 이 동산은 첫째 성전인 에덴동산과 연결될 수 있다.[70] 왜냐하면 "에덴동산이 최초의 거룩한 공간이라는 사실은 솔로몬 성전이 동산 형태를 주는 식물과 수목의 표상을 가진 곳으로 묘사" 되었기 때문이다.[71] 예컨대 성막과 성전에 있던 등잔대는 꽃이 핀 작은 나무형상이었다. 출애굽기 25:31-36에 묘사된 등잔대에는 '꽃받침과 꽃' 과 '가지와 살구꽃' 이 있게 하라고 여호와께서 모세에게 말씀하셨다. 성전의 두 기둥 꼭대기에는 '백합화 형상' 이 있었다(왕상 7:20). 따라서 에덴동산과 성전(사 60:13, 21)과 동일시될 수 있을 것이다.[72] 구약의 성막과 솔로몬 성전은 신약에서 예수 그리스도께서 이루시는 새 성전의 예표임이 분명하다. 요한복음 18:1에 등장하는 동산은 예수의 체포가 이루어진 곳으로 본격적인 수난이 시작된 곳이다. 예수의 수난은 죽음까지 포함된 대속적 수난으로 성전의 죄 사함의 기능을 수행한다. 이런 의미에서 예수의 수난은 새 성전의 기능을 완수한다. 따라서 새 성전을 이루기 위한 필수 조건으로 그리스도의 수난의 체포가 이루어진 이 동산은 다른 복음서에는 등장하지 않는 요한복음의 특징을 이루고, 요한계시록에서 종말론적으로 완성된 새 예루살렘의 새 성전과 새 창조까지 연결되게 한다.[73]

---

69) D. A. 카슨, 「요한복음」, 박문재 역 (서울: 도서출판 솔로몬, 2017), 1071.
70) 비일, 「성전신학: 하나님의 임재와 교회의 선교적 사명」, 88.
71) 비일, 「성전신학: 하나님의 임재와 교회의 선교적 사명」, 95.
72) 비일, 「성전신학: 하나님의 임재와 교회의 선교적 사명」, 96.
73) 권해생은 "예수께서 죽으시고 부활하신 장소인 '동산' 이 에덴동산과 연결될 수 있다는 점은 요한복음이 나타내는 또 하나의 새 창조 모티프" 라고 주장한다. 권해생, "요한복음의 새 창조 모티프: 표적, 십자가와 부활, 성전", 155.

빌라도는 예수 그리스도를 '보라 이 사람이다' (19:5)고 표현했다. 헬라어로는 '그 사람' (ὁ ἄνθρωπος)인데 이런 번역은 라틴어 번역(Ecce homo)을 따른 것이다.[74] 이 때 예수의 모습은 잔인하고 우스꽝스런 가시들에 찔려서 상하고 붓고 피가 줄줄 흐르는 처참한 모습이었다. 빌라도는 로마의 총독으로서 사면권을 갖고 있었기 때문에 예수가 채찍에 맞아 피를 흘리며 아무 힘도 쓰지 못하는 무해하고 불쌍한 사람이라는 것을 보여줌으로써 사면의 대상이라는 점을 강조하려 했을 것이다.[75] 카슨은 요한복음의 기록자가 한층 더 깊은 반어법을 사용하여 빌라도가 지칭한 '이 사람' 이 '육신이 되신 말씀' 으로서 치욕과 고통과 짐승 같은 대우 속에서 '독생자의 영광' 을 드러내고 있었다고 주장하였다.[76]

카슨의 이러한 해석은 요한복음의 전후문맥에 비추어 타당하다고 할 수 있다. 그러나 카슨의 해석에 덧붙인다면, 빌라도가 말한 '이 사람'은 '새로운 아담' 으로 볼 수 있을 것이다. 이러한 의미를 함축한 수난 내러티브의 첫 구절(18:1)에서 마지막 장까지의 내용은 새 창조의 신학을 반향하면서 요한복음 서문의 첫 창조의 언급을 상기시킨다.[77] 이것은 요한이 로고스 메시아 예수의 대속적 수난을 믿음으로 구원 받는다는 것을 새 창조의 시각으로 그의 복음서에 기록하였기 때문이라고 할 수 있을 것이다.

(2) 부활

예수의 수난에 이어지는 부활도 새 창조의 시작으로 볼 수 있다(20:1; 1:3). 마리아가 부활한 예수를 동산지기로 여긴 것(20:15)은 오해이자 아이

---

74) D. A. 카슨, 「요한복음」, 1112.
75) Ibid.
76) D. A. 카슨, 「요한복음」, 1113.
77) 쾨스텐베르거, 「요한신학」, 387.

러니일 수 있지만 새 창조의 모티프일 수 있다. "예수는 마리아에 의해 '동산지기' 로 불려진다(20:15). 겉으로 보기에 이는 마리아의 오해처럼 보인다. 그러나 이것은 요한복음의 아이러니 문학 기법일 가능성이 높다."[78] 예수가 부활한 장소를 동산이라고 표기한 것은 첫 창조의 에덴동산과 비교되는 새 창조의 동산을 떠올리기에 충분하기 때문이다. 마리아의 빈 무덤 방문 이후 예수가 죽음과 부활 이전에 그의 수난의 죽음과 부활을 거듭 예고한대로(2:20-21; 10:17-29; 20장) 제자들에게 나타난 것은 분명히 새 창조의 시작을 나타낸다고 할 수 있다.

브라운은 예수의 부활이 요한복음의 여덟 번째 표적이라고 주장한다.[79] 로고스 예수가 사역을 완수했음을 말하는 19:30의 '다 이루었다' 는 발언은 4:34; 17:4과 수미쌍관을 이룬다. 이것은 로고스의 구속사역이 새 창조적으로 이루어졌음을 의미한 것으로 보인다. 왜냐하면 20:1의 '안식 후 첫 날' 은 주간의 첫 날을 말하고,[80] 제7일 안식일은 창조를 떠오르게 하는데, 20:26에서 '여드레를 지나서' (일주일 후에) 라고 진술한 것은 새 창조 신학의 가능성을 나타낸다고 할 수 있기 때문이다. 하나님의 아들은 아버지의 일을 완수하기 위해 왔다(5:17). 아버지의 일은 자기 백성에 대한 구속사역이다. 로고스의 새 창조 사역에는 하나님의 백성에 대한 구속사역이 필수적인 것으로 보인다. 따라서 요한복음의 새 창조 신학은 구속사와 배치되지 않고 오히려 더 광범위한 틀을 구속사에 제공한다. 예수는 요한복음 15:1의 '참 포도

78) 권해생, "요한복음의 새 창조 모티프: 표적, 십자가와 부활, 성전", 156.

79) 쾨스텐베르거에 따르면 부활은 표적이 아니다. 부활은 표적이 가리키는 실체이기 때문에 부활 자체는 표적이 될 수 없다는 것이다. 쾨스텐베르거, 「요한신학」, 387. 그러나 예수의 부활은 앞선 표적이 가리키는 실제이기도 하지만, 전 우주적 새 창조를 예표하는 표적일 수도 있다.

80) 브라운에 따르면, '안식' (sabbaton)은 주간(week)과 안식일 모두를 뜻한다. cf. 레이몬드 E. 브라운, 「요한복음 II: 영광의 책」, 최흥진 역 (앵커바이블, 서울: CLC, 2013), 1807.

나무' 로서 참 이스라엘을 자기 백성으로 접붙이는 구속사역을 수행하였다. 창세기 2:2에 따르면, 일곱째 날에 모든 창조의 일을 쉬신 반면에, 하나님의 아들 예수 그리스도는 여덟째 날에 하나님의 일을 완수했다. 그렇다면 하나님의 영원한 안식일은 십자가 이후에 시작된다고 할 수 있다(19:31; 20:1).

§ 부활의 의미

그러므로 가장 중요한 새 창조 신학의 절정은 성육신한 로고스 예수의 부활에서 이루어진다는 점이다(20:22). 부활은 그냥 죽은 자 가운데서 살아난 것이 아니라 예수의 대속적 죽음을 통한 죄의 제거가 이루어졌기 때문이다. 죄의 값은 사망인데(창 2:17; 롬 6:23), 죄가 제거되었으니까 사망이 지배할 근거가 없어져서 사망은 물러나게 되고 다시 살아날 수 있게 되었다. 예수의 죽음은 자신의 죄로 인한 죽음이 아니라 자기 백성들의 죄를 대신하여 죽었기 때문에 죄의 제거 다음에 그의 육체가 부활할 수 있었다. 따라서 부활은 죄의 제거 다음에 이루어지는 필연적 귀결이다.

부활 후 예수가 제자들에게 나타나서 "숨을 내쉬며" "성령을 받으라" 고 말씀하신 것은 창세기 2:7에 기록된 "여호와 하나님이 땅의 흙으로 사람을 지으시고 생기를 그 코에 '불어넣으시니' 사람이 생령이 되니라" 는 말씀을 떠오르게 한다. 예수의 '숨을 내쉼' 과 여호와 하나님의 '불어넣으심' 은 같은 단어로(ἐνεφύσησεν, LXX) 쓰였기 때문이다. 권해생은 엠퓌사오(ἐμφυσάω)가 창세기 2:7과 에스겔 37:9에 등장하는데, 전자가 아담의 창조를, 후자가 이스라엘의 회복으로 재창조를 가리킨다고 주장한다.[81] 이것은 창세기의 첫 창조와 요한복음의 새 창조를 연결 짓게 한다. '에네퓌세센' (ἐνεφύσησεν)이라는 헬라어 동사는 '속으로 숨을 불어넣었다' 보다는 '에

81) 권해생, "요한복음의 새 창조 모티프: 표적, 십자가와 부활, 성전", 158-59.

게 숨을 불었다'를 의미한다. 성경신학적인 선례는 창세기 2:7임이 분명하고, 정확하게 똑같은 형태를 사용하기 때문이다.[82] 거기서는 하나님이 아담에게 자기의 영을 불어넣자 아담이 '생명체'가 된다. 제자들에게 사명을 위임하는 경우인 여기서는 예수가 자신의 승천 이후에 성령 부어주심을 내다보며 제자들을 새로운 메시아 공동체로 설립한다. 예수의 떠남과 성령을 보냄은 이미 요한복음 13:31-14:31에 예고되었다. 따라서 이러한 예수의 성령 수여는 예수의 원래 의도라고 할 수 있다.

예수의 떠남은 그의 죽음과 부활과 승천까지를 포함하고 성령을 보냄은 실제적으로 오순절 성령강림 때 이루어졌다(행 2:1-4). 성령은 로고스 예수와 동등한 하나님이기 때문에(요 1:1-3; 14:16, ἄλλος παράκλητος; 15:26) 죄인의 죄 문제가 해결되는 구속사역이 이루어져야 성령 하나님이 강림할 수 있다. 성령 보내심과 죄 사함이 어떤 식으로든 서로 연관되어 있음은 '성령 받으라'는 22절에 이어 23절의 '죄 사함'이 언급된 것으로 보아 알 수 있다. 따라서 예수의 '숨 내쉼'과 "성령을 받으라"는 명령의 실제적인 성취는 그 즉시 이루어진 것이 아니라 승천 이후 오순절 성령강림의 예고라고 할 수 있을 것이다.[83] 이런 측면에서 카슨이 예수의 성령 수여 명령을 '오순절의 성령강림 사건을 미리 예시해준 상징적 행위'라고 주장한 것은 적절성 있는 해석으로 보인다.[84] 예수의 대속적 수난과 부활을 통한 죄 사함과 성령 수여는 사람이 도무지 할 수 없는 일이고 또 그동안 세상에 없었던 일이며 예수 그리스도가 성취한 일이기 때문에 예수의 새 창조적 사역이라 할 수 있을 것이다. 이처럼 요한복음 1:1의 창조에서 시작해 20:22의

---

82) 또한 다음을 참고하시오. 왕상 17:21; 겔 37:9; Wis 15:11. 참고, Philo, Opif. 135. in 안드레아스 쾨스텐베르거, 스코트 스웨인 공저, 「아버지와 아들과 성령: 삼위일체와 요한복음」, 전광규 역 (서울: 부흥과개혁사, 2016), 138.

83) 쾨스텐베르거, 「요한신학」, 442-43.

84) 카슨, 「요한복음」, 1220.

새 창조로 완결된다.[85)]

이처럼 요한복음의 줄거리는 선재하는 영광스런 로고스에서 성육신하신 로고스 예수의 죽음과 장사와 부활에 이어서 선재하는 영광으로 돌아가기까지 창조에서 새 창조로 끊임없이 진행된 과정을 보여준다고 할 수 있다. 따라서 "내 입에서 나가는 말도 이와 같이 헛되이 내게로 되돌아오지 아니하고 나의 기뻐하는 뜻을 이루며 내가 보낸 일에 형통함이니라"는 이사야 선지자의 예언(55:11)이 요한복음의 서문과 전체 내용에서 하나님의 아들 로고스 예수 그리스도의 인격과 사역을 중심으로 충실하게 새 창조적으로 성취되었다고 할 수 있다.

5. 요약

지금까지의 논의는 요한복음 서문에 암시된 창조와 새 창조 모티프가 요한복음 전체에도 반영되어 있음을 드러낸 것이다. 요한은 의도적으로 창세기에 기록된 창조의 첫 주간과 비슷하게 평행을 시사하는 방식으로 로고스 예수의 사역의 첫 주간을 소개하였다. '이튿날', '이튿날', '사흘째 되던 날' 등이 메시아 사역의 첫 주간을 이룬다. 요한이 기록한 그의 복음서에서 처음과 마지막 부분을 첫 일주일과 마지막 일주일의 사건을 기록한 것은 기록자의 의도적인 창조의 7일 모티프를 반영한 결과로 로고스의 새 창조를 드러내기 위함이라고 할 수 있다. 로고스 예수 그리스도는 창조주로서 생명의 수여자이고 회복자로서 안식일에도 권위를 행사하였다는 것은 요한복음 전체에 창조 모티프를 뛰어 넘는 새 창조 모티프가 작용하고 있음을 나타낸다. 특히 요한복음에 나타난 7가지 표적은 새 창조의 표적이라 할 수 있다. 가나

85) 안드레아스 쾨스텐베르거, 스코트 스웨인 공저, 「아버지와 아들과 성령: 삼위일체와 요한복음」, 138.

혼인 잔치에서 물로 포도주를 만든 기적(2:1-11), 왕의 신하의 아들을 고친 이적(4:46-54), 38년 된 병자의 치유(5:1-15), 5병2어의 이적(6:1-15), 물위를 걸으신 이적(6:16-21), 나면서부터 맹인된 자의 치유(9장), 그리고 죽은 나사로를 살리신 이적(11장) 등을 통하여 로고스는 단순히 기적 행하는 자가 아니라, 요한복음 서문에 암시된 새 창조의 하나님 나라를 세울 메시아임을 보여준 것이다. 요한복음 서문(1:1-18)에서 창조 모티프와 관련된 처음 언급들은 주로 로고스 예수 그리스도 안에서와 로고스로 말미암은 하나님의 첫 창조와 연관이 있는 반면에, 요한복음 마지막 부분의 7일간의 수난 내러티브는 이런 언급들을 기반으로 로고스 예수의 십자가 수난과 부활을 마지막 부분에 배치하여 새 창조의 맥락을 결정적으로 강조하였다고 할 수 있다. 말하자면 성육신한 로고스 예수의 부활은 가장 중요한 새 창조 신학의 절정을 이룬다고 할 수 있다. 따라서 요한복음 전체가 서문(1:1-18)에서 제시된 새 창조 모티프를 드러내고 있다고 할 수 있다.

V

제 5 장

요한복음 서문과 로고스의 새 창조

로고스의 성육신은 하나님의 새 창조에 속한다고 할 수 있다. 그러나 그냥 새 창조가 아니라 새 창조를 해야 할 필요성이 있었기 때문이다. 그것은 사람의 타락 때문이다. 요한복음 서문(1:1-18)에 나타난 '어둠'과 '깨닫지 못함'과 '알지 못함'은 인간의 타락을 시사한다고 할 수 있다. 요한이 이런 용어들로 나타내는 인간의 타락은 로고스의 새 창조의 이유가 될 것이다.

1. 새 창조의 필요성

(1) 어둠

새 창조의 필요성은 인간의 타락 때문이다. 요한복음 서문에 나타나는 새 창조 개념은 인간의 타락을 암시하고 있다. 요한복음 1:5에서 두 번 언급된 '어둠'(σκοτίᾳ)은 창세기 1:2의 '흑암'(σκοτός, LXX)을 연상하게 한다.

한편 불트만에 의하면 어둠이 빛을 깨닫지 못한 것은 성육신한 계시자 로고스의 거부 외에는 다르게 이해될 수 없는 것으로 말한다.[1] 빛을 비추는 것은 성육신한 계시자의 계시를 말하려는 것이다.[2] "빛이 어둠에 비친다"는

---

1) 불트만, 「요한복음서 연구」, 39.
2) 불트만, 「요한복음서 연구」, 40.

문장이 수수께끼 같이 보이는 것은 14절에서 비로소 언급되기 때문이다.[3] 14절에서 로고스는 인간 예수와 동일시된다는 것이 분명해졌다. 예수에게서 빛나는 빛은 창조에서 영원히 빛나는 빛 외에 다른 것이 아니다.[4] 빛은 물질적인 것으로서 소유할 수 있는 신비적 물체가 아니라 자기 이해의 빛이다.[5] 빛은 현존의 밝힘이고, 어둠은 현존의 파악이다.[6] 어둠은 자신을 이해하지 못하고 방황하고 그의 길을 알지 못하는 소경이다. 어두움은 빛과 공존하는 독자적 세력이 아니다. 오로지 빛이 있다는 이유에서만 어둠도 있다. 자기 이해의 밝음은 생명에 속한 것이고, 그 반대는 자신이 이해하지 못하는 소경으로서 죽어야 하는 현존을 파악하는 일이다.[7]

그러나 불트만의 어둠 이해는 요한이 말하는 어둠의 의미가 아니다. 요한이 말하는 어둠은 자기 이해의 결핍이 아니라 로고스에 대한 이해의 결핍이기 때문이다(요 10:2-5, 14-15). 어둠은 로고스의 새 창조에 대한 이해가 없다(요 1:5).

브라운에 의하면 '어둠' (σκοτία)이란 단어는 요한복음에 8번, 요한서신에 6번, 공관복음에 3번 등장한다. 브라운은 요한이 빛과 어둠을 이원론적으로 대조한다. 이 설명은 수긍하기 어렵다. 그러나 브라운이 어둠을 타락과 동일시한 것은 어둠을 요한의 의도대로 파악한 것으로 보인다.[8] 어둠은 사람들로 하여금 빛을 깨닫지 못하게 하고 죄악 된 상태로 남겨두려 하기 때문이다(요 1:5). 어둠과 세상은 실제적으로 동의어가 된다.[9] 어둠은 사탄의

---

3) Ibid.
4) 불트만, 「요한복음서 연구」, 40.
5) 불트만, 「요한복음서 연구」, 41.
6) 불트만, 「요한복음서 연구」, 40.
7) 불트만, 「요한복음서 연구」, 40-41.
8) 브라운, 「요한복음 1」, 1049.
9) 브라운, 「요한복음 1」, 1050.

선동으로 유다가 예수님을 죽음에 넘겨주는 그 순간에 가장 강한 힘을 발휘하게 된다(요 13:27): "이 때가 밤이었다"(요 13:30). 마리아가 무덤에 갔을 때는 부활의 아침으로 아직 어두울 때였다(요 20:21). 그러나 예수의 부활로 이 모든 것이 변화되었다. 부활은 로고스의 새 창조이고, 새 창조의 부활로 타락으로 인한 어둠을 물리쳤기 때문이다.

이런 점에서 빛과 어둠의 대조적 표현이 요한복음의 중요한 사상이라는 모리스의 진술은 타당하다고 할 수 있다.[10] 빛과 어둠의 대치상태는 물리적 세계나 영적 세계에서 자연스럽게 수긍이 가는 현상이기 때문이다. 요한은 "로고스 안에 생명이 있었으니 이 생명은 사람들의 빛이라"고 설명한다(요 1:4). 이러한 요한의 설명에 따르면 빛은 로고스 안에 있는 생명이다. 로고스가 생명의 빛이다. 반면에 빛과 대치하는 어둠은 생명과 반대되는 사망을 함의한다고 할 수 있다. 사망은 하나님의 법을 어긴 반역의 결과이다. 창세기 2:17에 따르면 "선악을 알게 하는 나무의 열매는 먹지 말라 네가 먹는 날에는 반드시 죽으리라"고 하여 사망의 원인이 하나님의 뜻을 거역하는데 있었다. 이 사망이 어둠을 의미한다고 할 수 있다. 인간은 빛보다 어둠을 더 사랑하기 때문에 저주 아래 놓이게 되었다(요 3:19). 로고스 예수는 '세상에 빛으로' 오셨다. 그래서 누구든지 그를 믿으면 "어둠에 거하지 않는다"(요 12:46). 즉 로고스의 생명의 빛이 사망의 어둠을 물리친다.[11] 이와 같이 요한은 어둠이란 용어를 사용하여 어둠을 극복하는 것은 사람이 할 수 없고 하나님만이 할 수 있는 일이기 때문에 하나님으로서의 로고스가 빛을 발하는 것은 로고스의 새 창조적 사역이라 할 수 있을 것이다.

(2) 깨닫지 못함

---

10) 모리스, 「요한복음(상)」, 102-103.
11) 쾨스텐베르거, 「요한신학」, 375-376.

요한은 '어둠' 을 '깨닫지 못했다' (요 1:5)는 용어로 강화하는 것으로 보인다. 이 단어에서 사용된 부정어(οὐ)는 신약의 다른 어느 책보다도 요한복음에 더 많이 등장하고 있다. 요한은 286번, 마태는 204번, 마가는 117번, 누가는 174번 사용하였기 때문이다. 요한이 이 부정어(οὐ)를 많이 사용하는 이유는 짧고 단순한 문장 기교를 좋아하기 때문이라 할 수 있다. 또한 요한은 빛과 어둠, 선과 악, 그리고 예수와 원수의 갈등을 많이 말하면서 상대적으로 부정사가 많이 사용되었다고 할 수 있다.[12] 요한이 부정어를 의도적으로 사용하는 목적은 '어둠' 같은 부정적 내용들을 부정하고 빛과 같은 긍정적 내용을 강조하기 위함이라고 할 수 있을 것이다. 요한복음에 이처럼 어둠, 악, 원수 같은 부정어와 아울러 그와 대조적으로 빛, 선, 예수가 사용된 것은 역설적으로 로고스가 빛과 선 그리고 생명으로서 어둠과 악을 물리치는 새 창조를 나타내려는 것으로 보인다.

'깨닫지 못했다' (οὐ καταλαμβάνειν)는 말은 번역이 쉽지 않다. '깨닫다' (καταλαμβάνειν)는 헬라어 동사에 대해서 브라운은 네 가지 의미를 제시한다.[13] (1) '이해하다, 깨닫다' 는 의미는 알렉산드리아의 시릴 등이 지적 이해로 해석한 것이다. 빛이 성육신한 말씀에 대한 언급이라면 이러한 해석은 적절할 수 있다. 이러한 의미에 따르면 사람들이 예수님의 사역을 통해 비추는 빛을 깨닫지 못한다는 뜻이 된다. (2) '환영하다. 받아들이다, 영접하다. 높이 평가하다' 는 의미는 불트만 등이 선호한다. 요한복음 1:11에서 이러한 의미로 사용되었다. 그래서 원래 아람어에 "어둠이 그것을 받지 않았다"는 의미는 결정적인 것이 되지 못한다. (3) '압도하다, 이기다' 는 의미는 오리겐과 대다수 헬라교부들이 받아들인다. 요한복음의 다른 구절에 유일하게 사용된 본문이 이 의미를 가진다. "어둠에 붙잡히지 않게 하라"(12:35).

12) 모리스, 「요한복음(상)」, 108.
13) 브라운, 「요한복음 1」, 221.

요한복음의 빛과 어둠의 대립은 이 동사에 적대적 의미를 부여한다고 볼 수 있다. (4) '지배하다, 이기다'의 의미가 있다.[14] 브라운이 이처럼 '깨닫다'(καταλαμβάνειν)의 의미를 네 가지로 정리한 것은 합당하다고 할 수 있다. 브라운의 해석에 의하면, 어둠은 빛을 이해하지도 못했고, 환영하지도 않았고, 압도하지도 못했으며, 지배하지도 못했다. 어둠에 대한 이러한 부정적 의미들은 인간의 타락에 따른 절망적 상황을 적시한다고 할 수 있다. 또한 이러한 상황은 로고스의 새 창조가 필요함을 웅변한다고 할 수 있을 것이다.

모리스는 '깨닫다'(καταλαμβάνειν)의 의미가 "자기의 소유를 만들려고 손을 대고 있다"고 보았다. 이 동사가 고린도전서 9:24에서는 '상 받는다'는 의미로 쓰였다. 그래서 '마음속에 간직한다, 깨닫는다, 이해한다'는 번역이 가능하다고 해석했다. 즉 어둠은 빛을 이해하지 않으려 한다는 것이다. 이러한 어둠은 인간이 놓여있는 상황이라 할 수 있다는 것이다.[15] 이러한 모리스의 설명은 브라운의 주석과 크게 다르지 않은 것으로 보인다. 어둠은 빛을 간직하려 하지 않고 이해하려고도 않는다. 이러한 상황은 요한복음 3:19에 의하면 '정죄' 받은 상황이다. 이 정죄는 다른 것이 아니다. 로고스의 생명 빛이 세상에 왔지만 사람들이 자기 행위가 악하므로 빛보다 어둠을 더 사랑한 것이다. 이어지는 20절에 따르면, "악을 행하는 자마다 빛을 미워하여 빛으로 오지 아니하나니 이는 그 행위가 드러날까 함"이라고 했다. 어둠은 빛을 사랑하지 않고 미워하고 빛에 대해서 이해하거나 깨달으려 하지 않는다. 그 이유는 타락하여 악을 행하는 것이 빛에 의하여 드러나기 때문이

14) 이외에 '흡수하다'는 약간 모호한 의미도 있다는 견해도 있다. cf. 브라운, 「요한복음 1」, 221-23.

15) D. W. Baldensperger는 보와마르(Boismard)의 글을 인용하여, "어둠이라고 하는 단어가 불신앙의 사람을 가리키는 것으로 해석되어서는 안된다. 하나님과 대항하는 사탄의 세계이다. 유대 사상에서 용납되는 해석은 메시아 로고스와 사탄의 투쟁"이라고 하였다. cf. 모리스, 「요한복음(상)」, 108-109.

다. 이것은 인간이 처한 상황이다. 이처럼 빛에 대한 깨달음이 없는 인간의 타락한 어둠의 상황은 로고스의 새 창조에 따른 빛의 필요성을 요한이 강조한다고 할 수 있다.

(3) 알지 못함

불트만은 '알지 못했다' (οὐκ ἔγνω)는 용어가 깨닫지 못하고 영접하지 않았다는 의미와 더불어 성육신한 계시자의 거부 외에 다르게는 이해될 수 없다고 해석했다(요 1:10).[16] '알지 못했다' 는 용어가 포함된 10절은 9절을 배경으로 하고, 5절의 주제를 해명하는 계시로서 반의적 묘사를 제공한다. 5절부터는 구원계시를 다루었다고 할 수 있다.[17] 그러나 불트만은 여기서 구원의 의미를 밝히지 않았다. 어쨌든 로고스는 성육신한 자로서 세상에 있었다(11절). 그런데 그는 세상의 창조자였음에도 세상이 그를 알지 못했다. 로고스는 창조자로서 계시자의 능력을 갖는다. 그래서 인간의 참 자기이해는 자신의 근원에 의해서 이해한다는 데서 성립된다. 그러면 현존의 밝힘은 오로지 그의 근원인 창조자에 의해서만 이루어질 수 있다.[18] 따라서 안다는 것에 대한 불트만의 이 같은 설명은 인간의 참 자기 이해로 요약될 수 있다.

그런데 알지 못한 주체는 '세상' (κόσμος)이다. 세상은 9절의 '모든 사람' 을 의미한다. 9절의 '모든 사람' 이 10절에서 '세상' 으로 대치되었다. 그러니까 세상은 인간 세상이다. 불트만에 따르면 세상은 계시의 자리이자 계시의 대상이다. 뿐만 아니라, 이 세상은 신과 적대적으로 대립되는 독자적인 주체를 형성한다. 하지만 이 세상은 사실 계시 자체를 거부하는 것으로 구성된 어둠이다. 이 어둠은 신에 대해서 독립적인 세상이다. 어둠의 세상은 신

16) 불트만, 「요한복음서 연구, 39.
17) 불트만, 「요한복음서 연구, 49.
18) 불트만, 「요한복음서 연구, 50.

에 의한 창조물로 이해되지 않는다. 이러한 방식으로 불트만은 신과 세계, 빛과 어둠이 언급된 요한복음의 이원론적 구성을 주장한다. 세상은 신의 사랑의 대상이고, 계시를 받는 자이기도 하며, 동시에 신에게 저항하며 버림을 받는 거짓 세력이다. 이러한 세상이 계시자를 알지 못했다. 이 앎은 인식이 아니라, 승인이다.[19] 이 승인은 스스로 선택한 자기 이해의 포기이다. 세상이 창조자에 의해 제공된 참 자기 이해를 거부하는 것은 세상의 죄이고 불신앙이다.[20]

그러나 이러한 불트만의 해석은 문맥의 지지를 받지 못하는 것으로 보인다. 불트만의 말대로 10절이 5절의 주제를 해명하는 것이라면, '알지 못했다' 는 것은 자기 이해에만 국한된 것이 아니라, 세상을 비추는 로고스의 생명의 빛에 대한 이해가 없었다는 의미로 보아야 할 것이다. 로고스가 어둠의 사람들에게 생명의 빛을 비추는 것은 로고스의 새 창조를 의미한다. 왜냐하면 어둠에 빛을 비추는 것은 사람으로서는 할 수 없고 하나님만이 할 수 있는 일이기 때문이다. 로고스의 피조물들이 로고스의 인격과 그의 새 창조적 사역을 알지 못했다. 로고스의 피조물들이 자신들의 창조주이자 소유주인 로고스를 알지 못한 것은 인간의 타락의 결과일 것이다.

10절에서 말하는 알지 못한 대상은 로고스(λόγος)이다. 로고스는 성육신한 하나님이고, 생명의 빛을 비추는 참 빛이라고 요한은 설명한다(1, 4, 9, 14절). 그러나 불트만은 로고스가 하나님이 아니라, 인간이라고 본다.[21] 로고스가 계시자로서 인간 자체, 즉 인간의 본성을 지닌 자로서 나타나지 않고 특정한 한 역사적 인간인 나사렛 예수로서 나타났다는 것이다.[22] 요한은 동

19) 불트만, 「요한복음서 연구, 50-51.
20) 불트만, 「요한복음서 연구, 51.
21) 불트만, 「신약성서신학」, 허혁역 (서울: 성광문화사, 2008), 401.
22) 불트만, 「신약성서신학」, 402.

정녀 탄생에 관한 전설도 모르고, 예수의 베들레헴 탄생도 알지 못한다. 예수는 나사렛 출신일 뿐이다. 이것은 그의 인격에서 신적인 것이 볼 수 있게 되어 그에게 경탄 또는 감동하고 도취 또는 압도될 수 있게 되었다는 것을 뜻하지 않는다.

이러한 불트만의 해석은 버지에 의하여 거부되고 있다. 버지는 "이 로고스가 하나님이셨다"(1:1)는 요한의 선포를 문법적 이유들을 근거로 하여 이 문자적 해석으로부터 벗어나려는 시도가 예수를 하나님으로 묘사하는 수많은 구절들을 볼 때 헛수고임이 드러난다고 말한다.[23] "내가 그로다"(요 8:24, 28, 58 등)는 구절들과 "나와 아버지는 하나이니라"(10:30)고 요한이 기록한 예수의 말씀에 따르면 불트만의 해석은 타당성을 잃고 만다. 심지어 요한복음의 마지막 장면에서 도마가 예수에게 "나의 주님이시오 나의 하나님이시니라"는 고백에 의하면 더욱 그렇다(20:28). 세상이 로고스를 알지 못했다고 하는 것은 로고스가 인간을 가리킨다는 의미에서 몰랐다고 한 것이 아니라, 세상이 하나님으로서 로고스의 성육신을 알지 못했고, 로고스가 타락한 인간을 구원한다는 로고스의 새 창조를 알지 못했다는 의미일 것이다.

(4) 요약

로고스의 성육신이라는 하나님의 새 창조가 필요한 이유는 사람의 타락 때문이라 할 수 있다. 요한복음 서문(1:1-18)에 나타난 '어둠'과 '깨닫지 못함'과 '알지 못함'은 인간의 타락을 나타낸다고 할 수 있다.

요한복음 1:5에서 두 번 언급된 '어둠'(σκοτία)은 창세기 3장에 나타난 인간의 타락을 반영한다고 볼 수 있다. 요한이 말하는 어둠은 불트만이 말하는 자기 이해의 결핍이 아니라 로고스에 대한 이해의 결핍이다(요 10:2-5,

23) 버지, 「요한복음」, 72.

14-15). 어둠은 로고스의 새 창조에 대한 이해가 없다(요 1:5). 요한은 어둠이란 용어를 사용하여 어둠을 극복하는 로고스의 새 창조를 강조하려 했다.

요한은 '어둠' 을 '깨닫지 못했다' (요 1:5)는 용어로 강화했다. 여기서 사용된 부정어(οὐ)는 신약의 다른 어느 책보다도 요한복음에 월등히 많이 사용된 것은 역설적으로 로고스가 새 창조를 할 수 밖에 없는 이유들을 나타내기 위함일 것이다.

'알지 못했다' (οὐκ ἔγνω)는 것은 로고스가 세상의 창조자였음에도 세상이 그를 알지 못했다는 것을 의미한다. 로고스의 피조물들이 자신들의 창조자이며 소유주인 로고스를 알지 못한 것은 인간의 타락의 결과이다. 타락의 결과로 세상이 하나님으로서 로고스의 성육신을 알지 못했고, 로고스가 타락한 인간을 구원한다는 로고스의 새 창조를 알지 못했다.

이와 같이 아담의 범죄와 인간의 타락은 요한복음 서문에서 어둠으로 표현되었다. 따라서 요한복음 서문에는 창세기에 기록된 아담의 범죄가 전제되어 있다고 할 수 있다. 하나님의 창조는 완전했어도 인간이 실패했기 때문에 인간이 회복되기 위해서는 하나님의 새 창조가 필요했다고 할 수 있을 것이다. 이것이 요한복음 서문에 새 창조의 필요성이 나타난 계기라고 할 수 있다.

2. 새 창조의 중보자

새 창조는 성경의 중요한 주제가 될 수 있다. 성경은 창세기 1-2장에서 창조로 시작하고 요한계시록 21-22장에서 새 창조로 끝나기 때문이다.[24] 또

24) 창세기 1:1은 William J. Dumbrell의 설명처럼 표제가 아니다. 윌리엄 J. 덤브렐, 「새 언약과 새 창조」, 장세훈역 (서울: CLC, 2007), 214. 창 1:1은 첫째 날의 창조를 의미한다. 창 1:1 이후 하나님의 6일간 창조사역에 하늘과 땅에 대한 창조 기사가 없기 때문이기도 하다. 또한 '창조하다' 의 히브리어 동사 '앗사' (עשה)와 '바라' (ברא)

한 창세기 3장부터 요한계시록 20장까지의 내용은 창조에서 새 창조에 이르는 과정이라 할 수 있기 때문에 그렇다.[25] 문제는 창조와 새 창조를 누가 이루냐는 것이다. 창세기 1:1은 하나님이 창조주임을 말한다. 요한복음 1:3에 따르면 창조자는 로고스이다. 만물이 그로 말미암아 창조되었기 때문이다. 이 두 구절에 의하면 하나님도 창조주이고 로고스도 창조주이다. 이 두 구절에서 하나님은 창조주로서 창조를 계획하셨고, 로고스가 창조를 실행하였다. 이런 의미에서 로고스는 창조중보자이다.[26] 문제는 쾨스텐베르거의 설명대로, 요한복음에 새 창조라는 구체적 용어가 사용되지 않았다는 점이다. 그럼에도 불구하고 요한이 새 창조의 신학을 지지했을 가능성은 크다는 점이다.[27] 왜냐하면 신약에 속한 요한복음 서문은 단순히 구약의 옛 창조 혹은 원창조를 반복한 것이 아니라, 새로운 창조를 의미했을 가능성이 높기 때문이다. 이러한 새 창조의 중보자는 요한복음 서문에서 로고스, 하나님, 아버지의 독생자, 그리고 예수 그리스도 등으로 제시되었다.[28]

(1) 로고스

1) 로고스의 의미

에는 의미의 차이가 없다. 최의원, "창조론의 재검토," 「신학지남」 제161호 (1973, 6), 33.

25) 그레엄 골즈워디, 「하나님의 아들과 새 창조」, 강대훈 역 (서울: 부흥과개혁사, 2016), 19. cf. 임창일, 「이사야의 창조신학」 (서울: 개혁주의신행협회, 2001).

26) Keener, The Gospel of John: A Commentary Vol. 1, 376; 비슬리-머리, 135; 오스카 쿨만, 「신약의 기독론」, 김근수 역 (서울: 도서출판나단, 1991), 406.

27) 안드레아스 J. 쾨스텐베르거, 「요한신학」, 전광규 역 (서울: 부흥과개혁사, 2015), 370.

28) 요한복음에는 새 창조의 중보자를 표현하는 더 많은 칭호가 있다. 소위 7가지 "나는 ~이다"의 경우가 그렇다. ① 6:35, 나는 생명의 빵이다. ② 8:12, 나는 세상의 빛이다. ③ 10:7, 나는 양이 드나드는 문이다. ④ 10:11, 나는 선한 목자이다. ⑤ 11:25, 나는 부활이요 생명이다. ⑥ 14:6, 나는 길이요 진리요 생명이다. ⑦ 15:5, 나는 포도나무요 너희는 가지다. 그러나 여기서는 요한복음 서문에 주목하고자 한다.

요한복음에서 로고스는 말씀으로 번역되었다. 로고스(λόγος)의 문자적인 의미는 말이기 때문에, 합당한 번역이라 할 수 있다. 말하기 위해서는 생각해야 하고 계산해야 한다.[29] 로고스는 마태복음에 1번, 마가복음에, 1번, 그리고 누가복음에 5번 되었고, 요한복음에 17번, 요한일서에 3번, 그리고 요한삼서에 1번 사용되었다.[30] 이것은 로고스가 주격의 형태(λόγος)로만 사용된 횟수이다. 이것은 요한문헌에 로고스가 월등히 등장하고 있음을 나타낸다. 요한복음 서문에서도 로고스는 주격의 형태로만 등장한다. 1절에서 로고스는 3번 주어로 등장하고 14절에서도 주어임을 표시하고 있다. 이것은 로고스가 이 문장과 문단의 주제임을 표시한다. 통상 헬라어는 동사가 먼저 나오고 주어는 어미에 붙어 나오는데. 14절에서 로고스가 주어로 먼저 나오는 것은 로고스를 강조하기 위함일 뿐만 아니라 새 창조에서 로고스가 주도적인 역할을 하기 때문일 것으로 보인다.

로고스가 요한복음 첫 문장부터 등장했다(1:1). 창세기 1:1의 하나님이 영원한 존재임을 표시한 것처럼, 요한복음 1:1의 로고스도 영원한 존재임을 '태초' 라는 용어가 나타내고 있다고 할 것이다. 요한은 "태초에 하나님이 창조하시니라" 는 말 대신에 "창조 이전의 태초에 로고스가 계시니라" 고 기록한다. 이것은 로고스의 존재를 하나님과 함께 했던 무한한 과거로 밀어 넣고, 다른 복음서가 필적하지 못할 요한의 상위기독론(lofty Christology)의 무대를 마련했다고 할 수 있을 것이다.[31] 로고스는 1절에서 '하나님' 으로, 3절과 10절에서 '창조주' 로, 4절에서 '생명' 과 '빛' 으로, 9절에서 '참 빛'

29) Bauer, *A Greek-English Lexicon of the New Testament and Other Early Christian Literature*, 598-601.

30) Peter M. Phillips, *The Prologue of the Fourth Gospel: A Sequential Reading l* (London: T&T Clark, 2006), 81.

31) G. K. 빌, D. A. 카슨 편, 「신약의 구약 사용 주석 시리즈 2: 누가 요한복음」, 우성훈, 배성진 공역 (서울: 기독교문서선교회, 2012), 504.

으로, 14절에서 하나님' 으로, 총 8가지 명칭으로 표현되었다. 이러한 8가지 표현은 로고스의 정체성을 밝혀주고 있다. 이러한 표현들은 새 창조 중보자로서 로고스의 인격과 사역을 함의한다고 할 수 있을 것이다.

그런데 크리스토프 레빈(Christoph Levin)은 로고스의 인격을 부인하는 것으로 보이는 주장을 하였다.[32] 그에 따르면, 요한복음 1:1의 로고스는 창세기 1:1의 '포이에시스' (ποίησις)를 대신 대치했기 때문에 행위 대신에 말씀이 대치되었다는 것이다. 그래서 하나님의 창조 행위와 하나님의 말씀을 통한 창조가 긴장감 있게 병렬로 서 있다는 것이다.[33] 이러한 크리스토프 레빈의 주장은 요한복음 자체에 의하여 지지될 수 없다. 요한복음 서문(1:1-18)은 로고스의 인격성을 말하기 때문이다.

문제는 로고스가 헬라어이기 때문에 로고스의 헬라적 배경을 무시할 수 없을 것이라는 사실이다. 그래서 헬라적 전통들, 필로(Philo), 영지주의, 헤르메스 문서, 만다교(Mandaism), 랍비적 유대교, 쿰란문서, 그리고 사마리아의 종교 등이 로고스의 배경으로 언급되기도 한다.[34] 그러나 로고스의 배경에는 구약 성경이 자리 잡고 있다.

로고스가 헬라어이기 때문에 로마시대 이전의 헬라세계에서 사용된 의미대로 요한복음에서도 사용되었다고는 할 수 없을 것이다.[35] 요한복음에서는 요한복음에서만 뜻하는 로고스의 의미를 함축하고 있기 때문이다. 우선 요한복음 1:1만 보더라도 로고스는 헬라세계의 의미를 훨씬 뛰어 넘는다. 헬라세계에서 로고스가 의미하는 것은 말, 생각, 그리고 이성 정도로 요약될 수 있

---

32) 크리스토프 레빈, 「구약성서 해석학: 구약성서 안에 있는 보충 기록들」, 원진희 역 (서울: 도서출판 동연, 2009), 49.

33) Ibid.

34) 비슬리-머리, 「요한복음」, 63-80.

35) 쉬나켄버그(R. Schnackenburg)와 리더보스(H. N. Ridderbos)는 요한복음의 로고스와 헬라 철학의 로고스 사이에는 아무런 관련이 없다고 주장했다. cf. 이복우, 「내 뒤에 오시는 이」, 44, 50.

는데, 요한복음의 로고스는 태초 이전의 하나님임을 말한다. 헬라 신화의 신들 개념을 넘어 이전의 유대교의 유일신 개념까지도 심화시키는 개념을 포함하기 때문이다. 헬라신화의 신들은 인간들처럼 정욕과 이기심을 나타냈지만 요한복음의 로고스는 그렇지 않기 때문이다. 또한 요한의 로고스 사용은 유대교적 로고스 개념도 뛰어 넘는다. 유대교의 유일신 개념은 한 인격의 단일신 개념이지만 요한복음의 로고스는 유일신 개념에 인격의 구별을 말하고 있기 때문이다(요 1:1).

그러므로 요한복음의 로고스는 기존의 헬라세계의 로고스의 개념과는 다른 의미를 지니고 있는 것이 분명하다. 특히 로고스의 인격의 측면에서 헬라세계의 용법과는 전혀 다르게 사용되었고, 유대교의 단일신 개념까지도 뛰어넘는다는 점에서 그렇다. 쾨스텐베르거는 요한복음의 로고스가 포괄적인 기독론적 칭호로서 적어도 헬레니즘 문화에 대한 복음의 상황화를 위하여 사용된 것으로 보고, 로고스를 예수님의 영원한 존재와 구속사를 통한 하나님의 자기 계시로 해석하였다.[36] 뿐만 아니라 로고스는 창조와 새 창조와 관련된 것으로 말한다.[37] 쾨스텐베르거가 로고스의 의미를 하나님의 자기 계시로 설명한 것은 말과 언어라는 로고스의 문자적 의미에 비추어 타당하다고 할 수 있다. 로고스가 하나님이면서 로고스가 하나님을 계시한다는 요한복음에서의 로고스 용법은 요한복음에서 새롭게 제시되었기 때문이다.

2) 로고스의 선재

다드(C. H. Dodd)는 로고스에 대해서 헬레니즘 특히 플라톤의 철학에 따라 이해해야 한다고 주장했다.[38] 그러나 거쓰리(D. Guthrie)는 로고스에

36) 쾨스텐베르거, 「요한신학」, 372.
37) 쾨스텐베르거, 「요한신학」, 369-88.
38) C. H. Dodd, *The Interpretation of the Fourth Gospel* (Cambridge: Cambridge

대한 요한복음과 헬레니즘의 유사점이 있기는 하지만, 요한이 그리스도의 가르침에 충실했다는 점에서 "헬라화된 기독교를 제시하고 있었다는 이론"을 비판하고 거부했다.[39] 로고스의 성육신(요 1:14)은 물질이 악하다는 플라톤의 이원론을 부정하기 때문이다.[40] 이런 면에서 거쓰리의 설명은 다드의 설명보다 요한의 의도를 잘 드러냈다고 할 수 있다.

요한은 "태초에 하나님이 창조하시니라"는 말 대신에 "창조 이전의 태초에 로고스가 계시니라"고 기록한다. 요한복음 1:2에서 "그가 태초에 하나님과 함께 계셨다"(οὗτος ἦν ἐν ἀρχῇ πρὸς τὸν θεόν)는 것은 이 말씀이 만물 창조 이전부터 하나님으로 계심을 말한다. 영원에서 계신 로고스는 하나님이실 수밖에 없음을 말한다. 이것은 로고스의 존재를 하나님과 함께 했던 무한한 과거로 밀어 넣는다.[41]

어거스틴은 요한복음 1:1의 로고스를 설명하면서 이미 로고스가 하나님에게서 나셨어도 시작도 없고 처음도 없다고 말한 바 있다.[42] 어거스틴에 따르면, 로고스로서 예수 그리스도는 두 번 나셨다. 한 번은 신적 탄생이고, 또 한 번은 인간적 탄생이다. 그래서 로고스는 하나님이시고, 또 아들 자신이다. 아버지께서는 아들이 없이 계신 적이 없다. 아들이 없이 계신 적이 없던 아버지께서 아들을 낳으셨다.[43] 낳으셨는데 처음이 없다는 것이 어거스틴의 설명이다.[44] 말하자면 로고스의 영원 출생이라고 할 수 있다. 이와 같이 어

Unoversity Press, 1980), 280.

39) 도날드 거쓰리, 「신약개론」, 나용화, 박영호 공역 (서울: 기독교문서선교회, 1988), 283-86.

40) 신성종, 「신약총론」, 29-30.

41) G. K. 빌, D. A. 카슨 편, 「신약의 구약 사용 주석 시리즈 2: 누가 요한복음」, 우성훈, 배성진 공역 (서울: 기독교문서선교회, 2012), 504.

42) 조엘 C. 엘로브스키 편. 「교부들의 성경주해: 신약성경 V 요한복음 1-10장」, 67.

43) Ibid.

44) 각주 45번.

거스틴은 요한복음 1:1의 '태초' (ἐν ἀρχῇ)가 창세기 1:1의 '태초'와 달리 영원을 말한다고 해석했다. 이같은 어거스틴의 로고스 설명은 결과적으로 로고스가 영원한 하나님이기 때문에 새 창조 중보자로서 충분한 자격을 갖추었다는 증거가 될 것이다.

그러나 로고스에 대한 최초의 증언자는 세례요한이었다(요 1:6, 7, 15). 그는 하나님께로부터 보내심을 받은 사람이고, 로고스를 빛이라고 증언하고, 모든 사람이 자기로 말미암아 믿게 하려 했다(요 1:6-7). 그는 이 빛이 아니고, 이 빛에 대하여 증언하러 온 사람이었다(요 1:8). 이 빛은 새 창조의 빛일 것이다. 그래서 그는 요한복음 서문뿐만 아니라 요한복음의 본문(1:23, 26-27, 29-31, 32-34과 36)에서도 로고스를 증언하였다. 그는 자기 자신과(1:19-28) 로고스 예수에 관하여(1:29-34) 증언하고, 그의 추종자들을 새 창조자로서의 예수의 제자가 되도록 연결시켰다(1:35-42).[45]

세례요한의 증언은 로고스에 대한 요한복음의 장엄한 서문에서 막간의 역할을 하는 것으로 보인다. 그의 증언은 과거형이 아니라 현재형(μαρτύρει)으로 기록되어 이 증언의 현재적 성격을 드러내고 있다. 세례요한은 증언할 때, 외쳤다. 그는 조용하게 말할 수 없어서 외쳐 말할 수밖에 없었다. 그가 외쳐 말한 것은 그의 별명이라 할 수 있다(사 40:3, 마 3:3, 막 1:3, 눅 3:4, 요 1:23).[46]

세례요한은 로고스에 대하여 '나보다 앞섬' (ἔμπροσθέν μου)과 '나보

---

45) McHugh, *A Critical and Exegetical Commentary on John 1-4*, 113, 156. 맥휴는 안드레와 사도요한과 함께 베드로도 세례요한의 추종자인 것으로 보는 듯하다. 오리겐은 15-18절을 세례요한의 말에 포함시켰으나, 현대의 대부분의 주석가들과 헬라어 네슬판과 영어 번역본들은 15절만이 세례요한의 증언인 것으로 결론한다고, 마이클스가 말한 바 있다. Michaels, The Gospel of John, 83. 한국의 공동번역 성서는 15절만이 세례요한의 말인 것을 따옴표("")로 표시했다.

46) Gundry, *The Gospel of Luke*, 35.

다 먼저 계심' (πρῶτός μου ἦν)이라고 증언했다(요 1:15). '나보다 앞선 것' 은 1:27b과 3:30에서 "나는 그의 신발 끈 푸는 것도 감당 못한다"는 말로 표현되었고, "나보다 먼저 계심"은 요한복음 1:1-5에서 '세례요한과 세상의 창조 이전' 이란 개념으로 강화되었다.[47] 성육신하신 로고스는 육신적으로 세례요한보다 그의 출생이 늦었으나(눅 1:36),[48] 실제로는 세례요한 자신은 물론 아브라함보다도 앞섰다(요 8:58). "내 뒤에 오시는 이가 나보다 앞섰다"는 것은 사람으로서의 출생은 늦지만 그의 본래의 기원은 영원에 있다는 의미일 것이다. 모든 사람이 아직도 성육신하신 하나님의 아들 로고스를 알아보지 못할 때, 세례요한은 벌써 로고스의 영원한 선재를 선포했다. "나보다 먼저 계심이라"(πρῶτός μου ἦν)는 증언은 로고스의 영원한 선재를 선포한 것이다.[49] 이렇게 세례요한은 로고스가 새 창조자로서 신적 신분을 가진 특별한 존재라는 것을 처음으로 밝혔다고 할 수 있다.

3) 성육신하신 로고스

마틴 헹엘(Martin Hengel)은 모든 성경의 첫 신학자인 이레니우스(Irenaeus)가 요한복음 서문에서 로고스의 성육신이 정점을 이루는 것으로 인정했다고 소개한 바 있다.[50] 이것은 사도요한이 "로고스가 육신이 되었다"(요 1:14)는 선언의 중요성을 의미한다. 로고스의 성육신이 중요한 것은 그 자체가 새 창조임을 함의하기 때문일 것이다. 로고스의 성육신의 방식이

47) Michaels, *The Gospel of John*, 86.
48) Joel B. Green, *The Gospel of Luke*, NICNT (Grand Rapids, Michigan: Wm. B. Eerdmans Pub. Co., 1997), 89-91.
49) πρῶτός μου ἦν은 "나의 우두머리다"로도 번역할 수 있을 것이다.
50) Martin Hengel, "The Prologue of the Gospel of John as the Gateway to Christological Truth," *The Gospel of John and Christian Theology*, eds Richard Bauckham, Carl Mosser (Grand Rapids, Michigan: Wm. B. Eerdmans Pub. Co., 2008), 266.

성령에 의하여 처녀 마리아에게 잉태되고 출생되었기 때문이다(눅 1:35). 이러한 로고스의 성육신의 방식이 새로운 창조사역이다. 따라서 그리스도의 출생 자체가 새 창조적 성격을 띠고 있다.[51)]

그러나 불트만에 의하면 로고스가 육신이 되었다는 화법은 신화의 언어이다.[52)] 고대 근동에서 신적인 존재가 계시와 구원을 가져오기 위해 인간의 모습을 취하고 인간의 혈육을 입었다는 것은 사변적 영지주의에 따른 구원-신화의 주요 부분이라는 것이다.[53)] 뿐만 아니라 불트만에게 육신은 물질적이고 거짓된 것이며 반신적인 것이다. 그래서 로고스가 육신이 되었다는 것은 가장 거리끼는 것이고, 자기모순적인 것이라는 것이다.[54)] 바레트는 이러한 설명이 옳다고 말한다.[55)] 더구나 바레트는 '되어' (ἐγένετο)의 의미를 알아내기 힘들다고 한다.[56)] 스탤리(J. I. Staley)는 그렇다고 문법적 착오가 있는 것도 아니라고 하였다.[57)] 이러한 주장들은 타당하지 않다.

왜냐하면 비슬리-머리는 '되어' (ἐγένετο)가 어떠한 가현설(Docetism) 개념도 성립하지 못하게 한다고 주장했기 때문이다.[58)] 헨드릭슨도 '되어' (ἐγένετο)가 그 이전의 신분이 중단된다는 의미의 동사가 아니라고 주장한다. 로고스가 육신이 되었어도 로고스 하나님 그대로 계신다는 것이다.[59)] 로

---

51) 서철원, 「기독론」, 34.
52) 불트만, 「요한복음서 연구」, 58.
53) 불트만, 「요한복음서 연구」, 58, 61. cf. Dodd, *The Interpretation of the Fourth Gospel*, 103.
54) 불트만, 「요한복음서 연구」, 59-60.
55) 바레트, 「요한복음서(1)」, 253. 로빈슨(J. A. T. Robinson)은 요한복음의 서문이 요 3:6, 6:63과 관련되면서 마찰된다고 하였다. cf. 이복우, 「내 뒤에 오시는 이」, 39-40.
56) 바레트, 「요한복음서(1)」,253.
57) J. I. Staley, *The Print's Kiss: A Rhetorical Investigation of the Implied Reader in the Fourth Gospel* (Atlanta: Scholars Press, 1988), 1-3. Staley는 본문을 문법착오의 관점보다는 순차적으로 읽어야 한다고 본다.
58) G. R. 비슬리-머리, 「요한복음」. 이덕신 역 (서울: 도서출판 솔로몬, 2001), 139.
59) 윌렴 헨드릭슨, 「요한복음(상)」. 문창수 역 (서울: 아가페 출판사, 1985), 120.

고스는 삼위일체 제2위로서 신성을 벗지 않고 인성을 입었다는 것이다.[60] 크루즈는 로고스가 육신이 된 것은 로고스가 인간이 됨으로써 로고스가 로고스 되기를 멈춘 것이 아니고, 로고스의 존재양식을 바꾼 것이라는 것이다.[61] 그러므로 불트만의 주장은 설득력이 없다.[62]

로고스가 육신이 되었다는 요한의 선포는 로고스의 성육신을 의미한다. 칼빈은 위에서 본 바와 같이, 영혼이 없이 인간의 몸을 입었다는 아폴리나리우스(Apollinaris)의 상상을 어리석은 것으로 말한다. 로고스의 성육신은 그리스도 안에서 신성과 인성이라는 두 본성이 하나님으로 계시된(요 1:1) 로고스의 한 인격에서 참 하나님과 참 인간이 되신다는 사실이고, 또한 그럼에도 불구하고 하나의 인격의 통일성이 유지되어 신성은 신성대로 인성은 인성 그대로 유지되었다는 것이다.[63]

로고스가 육신이 되었기 때문에 우리는 그 로고스를 '보았다' (요 1:14, ἐθεασάμεθα). '우리' 는 예수 그리스도를 하나님의 성육신으로 알아본 제자들을 뜻한다. 우리가 보았다는 것은 하나님이 육체 안에 오심을 알아보았다는 뜻이다. 우리가 그의 영광을 보았다는 것은 육체 안에 나타나신 이가 하나님이심을 알아보았다는 뜻이다. 로고스가 육체로 둘러싸였어도 그의 하나님으로서 품위가 드러났다. 한 때는 성막에서만 볼 수 있었던(출 40:34) 하나님의 영광을 이제는 로고스 그리스도 안에서 볼 수 있게 되었다.[64]

---

60) Ibid.

61) 콜린 G. 크루즈, 「요한복음」, 배용덕 역, 틴데일 신약주석 시리즈 4 (서울: 기독교문서선교회, 2013), 101.

62) 모리스는 '육신' 이 강력한 인간 본성을 직설적으로 뜻하는 낱말이라고 강조했다. 여기서 육신은 선과 악의 문제가 아니라 초자연적 상태와 상응하는 자연적 존재 양태를 묘사하기 때문이다. 이필찬, 「요한복음 1: 이 성전을 허물라」 (고양: 엔크리스토, 2008), 79.

63) 칼빈, 「요한복음 I」, 39-40.

64) 버지, 「요한복음」, 77.

요한복음 1:14절의 '보았다' 는 요한복음 12:41의 '보았다' 와도 연결된다.[65] 즉 14절의 로고스의 영광은 12;41에서 말하는 바와 같이 이사야가 미리 본 그의 영광이라고 할 수 있을 것이다.

(2) 하나님

오스카 쿨만(Oscar Cullman)은 로고스에 대해서 하나님이라고 한 것이 하나의 '존영적 칭호' 에 불과하다고 주장했다.[66] 쿨만의 이러한 주장은 로고스의 하나님으로서의 인격을 부정하는 것으로 보인다. 왜냐하면 쿨만은 "로고스가 자신을 계시하고 자신을 주는 '행동 중의 하나님' 이시다. 오직 이 행동만이 신약의 주어이다" 고 하여 로고스의 행동만을 강조한 나머지 로고스의 인격성을 부인하였기 때문이다.[67] 그는 이러한 "기능적 기독론(Funtional Christology)만이 존재하는 유일한 종류의 기독론인 것" 이라고 주장하기도 했다.[68] 그는 "로고스가 하나님이시라" 와 "예수 그리스도는 참 하나님이시라" 는 후기 교회의 고백(니케아 공의회) 사이에는 철학적 사상에 있어서의 뚜렷한 발전 및 다른 문제들이 있었다고 주장했기 때문이다.[69] 이러한 주장은 요한복음 1:1에서 선포된 로고스의 신성을 정면으로 부정한다.

그러나 맥휴(John F. McHugh)는 요한복음 1:1에서 '계시니라' 와 '계셨으니' 와 '이시니라' 로 3중적으로 번역된 '에이미' 동사 미완료형은(ἦν)

65) 주성준은 D. A. Carson, *The Gospel according to John, Pillar New Testament Commentary* (Grand Rapids: Wm. B. Eerdmans Pub., 1991), 111과 J. A. T. Robinson, *Twelve More New Testament Studies* (London: SCM, 1984), 68을 수용하여 요한복음 서문(1:1-18)이 요한복음 전체와 관련되어 있다고 본다. 주성준, 「요한복음: 확신과 경고」, 252.

66) 쿨만, 「신약의 기독론」, 361, 479-80.

67) 쿨만, 「신약의 기독론」, 405.

68) 쿨만, 「신약의 기독론」, 496.

69) 브라운, 「요한복음 1」, 217; 브라운, 「신약개론」, 484, 486.

"로고스가 하나님이라"는 선포에서 절정을 이룬다고 설명했다.[70] 맥휴의 이러한 설명은 요한복음 1:1의 선포로 유일신 하나님 안에 존재방식의 구분이 밝혀졌기 때문일지도 모른다. 당시에 한 위격적 한 하나님만으로 아는 유대교의 세계에서 유일신 하나님 내에 존재의 구분이 있음을 선포한 것이기 때문일 것이다.

로고스가 하나님이라는 표현이 존영적 칭호에 불과하다는 쿨만의 주장은 보와마르(M. E. Boismard)에 의해서도 거부되는 것으로 보인다. 보와마르는 로고스가 성부 하나님과 구별되면서도 성부와 동일시되는 하나님이라고 말하기 때문이다.[71] 그는 신약의 언어로 하나님이란 단어에 관사(ὁ θεός)가 사용된 것은 일반적으로 삼위일체 가운데 성부의 인격을 나타낸다고 주장한다.[72] "로고스가 하나님이시다"(요 1:1c)는 문장에서 하나님 앞에 관사가 없는 것은 더 이상 성부에 관한 문제가 아니라, 인격적인 하나님에 관한 진술이기 때문이라는 것이다.[73] 로고스와 성부는 인격적으로 구별되지만, 보이지 않는 신적 본성으로는 한 하나님이시라는 것이다(요 10:30).[74]

왜냐하면 요한복음 1:1에서 사도 요한이 말씀이라고 표현한 하나님의 존재가 또 있음을 밝혔기 때문이다. 그 말씀이 하나님 아버지와 함께 계심으로 말씀도 하나님이심을 표현한다. 하나님과 함께 계신 말씀이 하나님 자신임을 요한은 진술했다. 로고스가 하나님 아버지와 함께 계신다는 것(요 1:1, 2)은 로고스가 성부 하나님과 구별되는 하나님이심을 표현한다. 그래서 로고스는 아버지 하나님과 한 분이시지만 인격으로는 구분된다고 할 수 있다.[75] 새

70) McHugh, *A Critical and Exegetical Commentary on John* 1-4, 10.
71) M. E. Boismard, *St. John's Prologue*, trans. Carisbrooke Dominicans (Westminster, Maryland: Newman Press, 1957), 9.
72) Boismard, *St. John's Prologue*, 8,
73) Boismard, *St. John's Prologue*, 9.
74) Ibid.
75) 이상훈, 「요한복음」, 75.

창조중보자로서 로고스의 인격에는 이러한 특성이 있다.

(3) 아버지의 독생자

새 창조 중보자로서의 로고스는 '아버지의 독생자' (μονογενοῦς παρὰ πατρός, 요 1:14) 혹은 '독생하신 하나님' (요 1:18)로 표현되었다.[76] 그런데 골즈워디는 예수님을 하나님의 아들로 가리키는 그의 저서 본문에 요한복음 1:18의 독생자를 언급하지 않았다.[77] 그는 사본상의 차이에도 '독생하신 하나님' 을 채택하고 '독생자' (ὁ μονογενής υἱός)로 읽는 것을 배제한 듯 하다.[78] 그러나 많은 사본들의 증거 때문에 독생자는 배제될 수 없을 것이다. 로고스가 하나님 아버지의 아들이셨다는 것이 부정될 수도 없다. 독생자는 성육신하신 자가 아버지가 아니라 아들이심을 밝힌 표현이다. 이러한 '독생자' 는 신약에서 오직 요한의 기록에만 나타나며, 사도 바울이 말한 '맏아들' (πρωτότοκος, 롬 8:29; 골 1:15, 18)과 대응되기도 한다.

§ 독생자인가 유일한 아들인가?

전통적으로 새 창조 중보자로서의 '모노게네스' (μονογενής)를 독생자(only begotten)로 번역한 것에 대해서 건전한 어원학적 읽기가 아니라는 논박이 있다. 키너(Craig S. Keener)는 '모노게네스' (μονογενής)와 '모노겐네토스' (μονογεννῆτος)가 서로 다른 어원에서 파생되었다고 본다.[79]

---

76) 요한복음 1:18의 '독생하신 하나님' 은 헬라어 사본에 따라 'θεός' 와 'υἱός' 의 차이가 있기는 하다. 이처럼 사본 상의 차이가 있는 경우에 무난한 해석방식은 두 단어를 같이 수용하여 '하나님으로서의 아들' 이라 할 수 있을 것이다.

77) 그레엄 골즈워디, 「하나님의 아들과 새 창조」, 37.

78) 그런데 예수님을 묘사하는 단어로는 독생자를 언급하기도 했다. 골즈워디, 「하나님의 아들과 새 창조」, 39.

79) Craig S. Keener, *The Gospel of John: A Commentary* Vol. 1. (Massachusetts:

'게노스' (γένος)는 '하나의 종류'가 주된 의미라는 것이다. '독생자'는 교부들의 공의회와 라틴어 번역(Vulgate)과 종교개혁 이후 유행하게 되었지만, 현대에 이르러 '모노게네스'는 분명하게 출생보다는 유일성을 가리킨다는 것이다.[80] 키너는 '모노게네스'가 일반적으로 '유일한 자녀' (an only child)로 사용되곤 했고, 아마도 히브리어 '야히드' (יחיד)와 일치될 수 있을 것으로 보았다. 그런데 칠십인역(LXX)에서 모노게네스(μονογενής)로 번역된 '야히드'는 '유일한' 혹은 '사랑받는'을 함축하게 되었고, 이런 뉘앙스는 '선택된'을 의미하는 '바하르' (בחר)와 동의어로 랍비 히브리인에게 나타났다는 것이다. 이스라엘은 '하나님의 장자' (출 4:22; 렘 31:9) 혹은 그의 '유일한' 자녀일 뿐만 아니라, 아브라함, 이삭, 야곱, 요셉, 그리고 모세와 사무엘처럼 '사랑받는' (ἀγαπητός) 하나님의 특별한 종으로 불리었다는 것이다.[81] 그러니까 요한에게 이스라엘 같은 기독교인은 '하나님의 자녀'로 불리지만(요 1:12-13), 예수는 하나님의 유일한 종류의 '특별한 아들'이라는 것이다.[82] 이미 모리스도 '모노게네스'를 '독생자'로 과잉 해석하지 말아야 하고, '다만,' '유일'의 의미 이상은 아니라고 설명한 바 있다. '모노게네스' (μονογενής)는 '기노마이' (γίνομαι)에서 파생하였고 '겐나오' (γεννάω)에서 온 것이 아님을 예사로 넘길 일이 아니라는 것이다. 어원학적으로 볼 때도 '낳는다'와 관련이 없다는 것이다.[83] 이와 비슷하게, 마이클스도 '모노게네스'의 의미를 '사랑받는' '하나의 유일한' (One and Only)으로 설명하였다.[84] 맥휴도 독생자(μονογενής)가 인간으로서 유일하게 특별한 예수를 말하는 듯하다. 독생자가 적용된 것은 고대교회 이후 로고스의

Hendrickson Publishers, 2003), 412.

80) Keener, *The Gospel of John*, 413.

81) Keener, *The Gospel of John*, 414.

82) Keener, *The Gospel of John*, 415.

83) Morris, *The Gospel of John*, 93.

완전한 신성이 요구될 때뿐이었다고 말하기 때문이다.[85] 이것이 독생하신 하나님이란 말의 뜻이고, 유일한 종류의 특별한 아들로서의 하나님임을 가리킬 것이다.[86] 그러나 '게노스' 의 어원인 '기노마이' 에도 출생의 의미가 있기 때문에 독생자라고 번역하는 것을 전적으로 배제할 수는 없는 것으로 보인다.[87] 이러한 논란에도 불구하고 18절은 14절과 함께 수미쌍관을 이루면서 '독생자' 를 말한다. '독생자, 하나님, 그리고 아버지의 품속에 계시는 자' 는 다 같이 새 창조 중보자로서 로고스의 인격을 드러내는 중요한 용어라 할 수 있다.

§ 기노마이와 겐나오

위의 논의를 참고하면 '기노마이' (γίνομαι)와 '겐나오'(γεννάω)는 서로 다른 단어임이 분명하지만 두 단어의 의미 가운데 '출생' 이라는 뜻이 공통적으로 담겨있음을 알 수 있다.

§ 하나님의 자기객관화

그런데 하나님의 출생과 탄생은 사람의 방식으로 출생하고 탄생하는 것이 아닐 것이기 때문에, 아버지의 독생자는 성육신하여 하나님이 영원히 자기를 객관화하시는 방식으로 존재하심을 의미한다고 할 수 있다. 하나님의 자기객

---

84) J. Ramsey Michaels, *The Gospel of John*, NICNT (Grand Rapids, Michigan: Wm. B. Eerdmans Pub. Co., 2010), 80-81. 크루즈도 이러한 견해를 갖고 있다(요 11:50-52; 18:39; 19:14-15, 19, 21-22). 크루즈, 「요한복음」, 104-105, 107.

85) McHugh, *A Critical and Exegetical Commentary on John 1-4*, 103. cf. H. Ridderbos, *The Gospel according to John*, 59, 138.

86) '독생자' 에 대한 사본들과 번역들에는 약간의 차이가 있다. 'θεός' 와 'υἱός', begotten Son과 only Son의 차이인데 의미에 큰 차이가 없는 것으로 보인다. Cf. http://www.greeknewtestament.com/index2.htm. 2017.5.20. 검색.

87) F. Buechsel, I, 681-89 in 킷텔, 「신약성서신학사전」, 131-33.

관화가 한 신적 인격을 이루신다.[88] 하나님의 자기 계시는 하나님의 아들이고, 하나님의 자기 객관화이다. 하나님의 자기객관화는 또한 로고스이다. 로고스는 하나님의 자기 객관화이면서 하나님의 자기 계시의 총화이다. 그러므로 로고스 없이는 하나님 지식이 성립하지 않는다. 하나님의 자기 지식이 곧 로고스이기 때문이다. 하나님은 필연적으로가 아니라 의지적으로 자기를 계시하셔서 자기 객관화의 방식으로 존재하시기 때문이다.

'아버지의 품속에 계신 독생자' 는 "나와 아버지는 하나이니라"(요 10:30)는 구절이 설명하는 것으로 보인다. 로고스와 아버지는 두 인격인데 한 분임을 표시한다. 독생하신 로고스가 사람이 되셨는데, 그는 그냥 신적인 존재가 아니라 바로 하나님 자신임을 강조하기 위하여 "나는 아버지와 하나다"는 선언을 명시하였다(ἐγὼ καὶ ὁ πατὴρ ἕν ἐσμεν). 나와 아버지가 하나라고 하는 것은 두 인격 간의 의지의 일치를 뜻하지 않고, 하나님으로서 실체가 하나이고 동일함을 뜻한다. 그래서 아들이 아버지와 완전히 동등하고 동일한 하나님이심을 밝힌다. 독생하신 로고스와 아버지와 신성이 완전히 동등하고 동일하기 때문에 한 하나님이심을 말한다. 독생하신 로고스는 새 창조 중보자로서 아버지와 완전히 동등하고 동일한 한 하나님이시다.[89]

(4) 예수 그리스도

로고스로 시작된 요한복음에서 처음으로 예수 그리스도가 등장하였다(요

88) "로고스 하나님은 아버지에게서 출생하여 아버지의 객관화여서 하나님의 형상(Imago Dei)이시다(고후 4:4; 골 1:15; 빌 2:6; 히 1:3)." cf. 서철원, 「기독론」, 31.

89) 사도요한은 성육신한 로고스가 완전한 하나님이심을 밝히기 위해서 요한복음 서문에 이어지는 본문에서 성령을 주시는 이로 제시하였다. 부활 후에는 더욱 직접적으로 성령을 받으라고 제자들에게 명하였다(요 20:22). "아들을 본 것은 바로 하나님 아버지를 보는 것과 완전히 일치한다(요 14:9-10). 그러므로 삼위일체 교리는 요한의 신학에서 필연적이다. 아버지와 아들의 본질적인 일치와 권세가 동일함은 아버지가 보낼 보혜사를 아들이 보내신다고 함에서 더욱 확증된다(요 15:26)." 서철원, 「교리사」 (서울: 총신대학교출판부, 2003), 78.

1:17). 예수 그리스도가 등장한 것은 요한복음 첫 구절부터 언급된 로고스 자신임을 가리키기 위함일 것이다. 그래서 예수 그리스도는 로고스의 정체성을 더욱 분명히 한다. 예수 그리스도는 하나님의 백성들의 죄를 구원한다는 점에서 새 창조적 은혜이고, 그리스도께서 하나님의 자기계시이기 때문에 진리라고 말할 수 있다.

문제는 예수 그리스도가 명칭이냐 인격이냐이다. 오스카 쿨만은 예수와 그리스도를 명칭으로 보았다. 예수는 그의 지상사역을 가리키는 기독론 칭호이고, 그리스도는 히브리어 메시아의 헬라어 번역으로 그의 미래 사역을 가리키는 기독론 칭호라고 주장했다.[90] 그러나 서철원은 중보자의 인격으로 말해야 한다고 주장한다.[91] 예수 그리스도는 하나님의 성육신이고 중보자로 세워졌기 때문에 이름들을 가진다. 이러한 이름들은 중보자의 직임(officium)에 따라 나타내는 그의 인격을 뜻하기 때문이고, 이름은 실재를 뜻하기 때문이라는 것이다.[92] 이 두 학자의 견해를 종합한다면, 예수 그리스도는 명칭과 인격으로 분리해서 볼 것이 아니라 명칭과 인격을 다 가리키는 것으로 보아야 할 것이다.

1) 예수

예수는 복음서에서 세상을 구원하기 위해 오셨기 때문에 구원자로서 기록된 이름이다(마 1:21; 눅 2:11; 행 4:12; 5:31; 13:23, 38).[93] 이런 의미에서 예수는 구주이고 메시아이며 그리스도이다. 이러한 예수는 구약에서 그 예표

---

90) 오스카 쿨만, 「신약의 기독론」, 김근수 역 (서울: 도서출판나단, 1991)의 목차와 본문을 보시오.

91) 서철원, 「기독론」, 52.

92) Ibid.

93) F. F. Bruce, *The Book of the Acts*, NICNT (Grand Rapids, Michigan: Wm. B. Eerdmans Pub. Co., 1988), 93-94, 112-13.

(type)가 있었다.[94] 하나님은 예수 그리스도로 세상을 구원하시기로 작정하시고 세상의 새 창조적 구원역사를 진행하셨기 때문에 구약의 인물들과 사건들과 제도들을 활용하여 당시의 구원을 이루면서 참 구원자인 예수를 사전 표상하셨다고 할 수 있다.

눈의 아들 여호수아는 두 방면에서 예수를 예표했다(수 1:1).[95] 구약이 헬라어로 번역될 때 여호수아의 후기 히브리어 표현인 예수아(יֵשׁוּעַ)를 예수로 번역하였다.[96] 그래서 예수는 여호수아의 일을 이룬 것이 되었다. 모세는 이스라엘을 애굽에서 구출했다.[97] 그러나 가나안으로 들어가지는 못했는데 여호수아가 이루어 이스라엘을 가나안에 정착시켰다. 400년의 노예생활과 40년의 유랑생활을 하여 나라가 없었던 이스라엘을 가나안 복지로 인도하여 안식하게 했다. 이렇게 여호수아는 백성을 가나안에 입성시키고 안착시켰기 때문에, 백성에게 참 구원을 새 창조적으로 선사한 예수를 예표한다. 뿐만 아니라 여호수아는 이스라엘을 가나안의 토지를 분배하여 완전한 삶을 보장하였다. 그래도 여호수아는 땅을 다 정복하지 못하였고 완전한 분배를 하지 못하였다. 보다 나은 정복과 분배는 다윗의 손에 의해 이루어졌으나. 최종적으로 완전한 구원과 영원한 생명은 예수 그리스도에 의하여 배분될 것이다. 이런 면에서 여호수아는 궁극적 구원과 새 창조적 영원한 생을 보장하는 예수를 예표한다.

여호사닥의 아들 대제사장 여호수아(학 1:1)는 제사장으로서 속죄를 통해 구원을 이룩한 예수를 예표한다. 여호사닥의 아들 대제사장 여호수아는 포로

---

94) BDB, 21.

95) cf. A. 소긴, 「여호수아」 (서울: 한국신학연구소, 1993), 48-49; 트렌트 버틀러, 「여호수아」, 정일호 역, WBC (서울: 도서출판솔로몬, 2004), 68-69.

96) 킷텔, 「신약성서신학사전」, 326.

97) 카일 델리취, 「구약주석 2: 출애굽기」, 김득중 역 (서울: 기독교문화출판사, 1983), 202.

귀환 후 성전을 재건축하여 여호와의 종교를 재건했다.[98] 또한 성전제사를 회복하여 백성의 죄를 짊어진 대제사장이 백성의 중보자가 되어 하나님을 섬겼다. 그의 성전재건은 그리스도의 오심의 예비이다. 하나님의 중보자로서 그리스도를 맞이하기 위한 준비 작업으로서 성전을 재건하였기 때문이다. 그의 성전재건으로 우리의 죄를 대속하고 우리를 하나님께로 회복시키는 예수를 예표하였다.

> 예수님이 구약의 선지자, 제사장, 왕의 역할을 성취하는 분으로 설명될 때, 하나님을 반역하고 떠난 인간과 하나님 사이를 잇는 중보자로 나타나신다. 신약, 특별히 히브리서의 메시지 중 하나는 인간이면서 죄인인 중보자들은 참 중보자를 예시했지, 그들 스스로 구원의 은혜를 중보하지는 못했다는 점이다. 참되고 최종적인 중보자, 새 언약의 중보자이신 그리스도는 그의 피로 구원을 효과 있게 만들었다.[99]

이와 같이 예수 이름은 구속중보자의 직임을 나타내기 때문에 예수라는 이름은 그의 직임과 동시에 그의 인격을 뜻한다. 새 창조의 중보자이신 예수는 하나님이신 동시에 인간으로서 모순적으로 보이는 양쪽의 본성 모두를 공유하신다. 바울은 디모데에게 "하나님은 한 분이시오 또 하나님과 사람 사이에 중보자도 한 분이시니 곧 사람이신 그리스도 예수라"(딤전 2:5) 라고 말한다.[100] 그리고 히브리서는 예수가 옛 언약보다 새롭고 더 나은 언약을

---

98) Carol L. Meyers, Eric M. Meyers, *Haggai, Zechariah 1-88*, The Anchor Bible (New York: Doubleday & Company, Inc, 1987), 16; Pieter A. Verhoef, *The Book of Haggai and Malachi*, NICOT (Grand Rapids, Michigan: Wm. B. Eerdmans Pub. Co., 1987), 43-51.

99) 골즈워디, 46-47.

100) H. Harvey, *Commentary on the Pastoral Epistles, First and Second Timothy, and Titus and the Epistle to Philemon* (Philadelphia: The American Baptist Publication Society, 1890), 31.

중보하신 것을 강조했다(히 8:6).[101] 이렇게 예수의 중보를 통한 자기 백성의 구원사역은 지금까지의 세상 역사에 없었던 전혀 새로운 사역이다. 따라서 예수님은 구속사역을 통한 새 창조의 창시자이면서 중보자라 할 수 있다.[102]

2) 그리스도

다드는 그리스도 혹은 메시아가 초대교회에서 예수에게 주어진 중요한 명칭이었다고 설명했다.[103] 그러나 서철원의 설명대로 그리스도는 하나님인 로고스의 성육신이고 중보자로 세워졌기 때문에 명칭만이 아니라 그 직임에 따라 나타내는 그의 인격이라 할 수 있다.[104] 그리스도(χριστός)가 그의 직임이라는 것은 기름 부음 받은 자라는 메시아(מָשִׁיחַ)의 번역어로서[105] 구약에서 기름 부음 받은 왕, 제사장, 선지자라는 직임들을 떠올리기 때문이다(시 2:6-7, 신 32:43, 왕상 19:16).[106] 구약에서 기름 부음 받아 임직된 선지자, 제사장, 왕은 신약에서 성령으로 기름 부음 받은 그리스도를 예표한다. "성령의 활동은 처음부터 새 시대의 특징을 이루었다."[107] 그리스도는 성령으로 기름 부음을 받아 메시아 곧 이스라엘의 왕으로 임명되었다(마 3:16-17; 막 1:9-11; 눅 3:21-22). 공관복음서에 기록된 "이는 내 사랑하는 아들이

---

101) George Wesley Buchanan, *To the Hebrews*, The Anchor Bible (New York: Doubleday & Company, Inc, 1972), 136-37; F. F. Bruce, *The Epistle to the Hebrews*, NICNT (Grand Rapids, Michigan: Wm. B. Eerdmans Pub. Co., 1990), 185-86.
102) 골즈워디, 「하나님의 아들과 새 창조」, 20.
103) Dodd, 228.
104) 서철원, 「기독론」, 52.
105) BDB, 603.
106) 최종태, 「시편주석 I」 (서울: 도서출판횃불, 2006), 261-64.
107) 조병수, 「신약성경총론」 (수원: 합동신학대학원출판부, 2013), 201.

요 내 기뻐하는 자라"는 선언(마 3:17; 17:5; 막 1:11; 눅 3:22)은 새 이스라엘의 왕으로서의 임직명이다(시 2:6-7; 시 42:1-4).[108] 그러므로 예수는 그리스도로 고백될 때 하나님의 아들로 고백되었다(마 16:16).[109] 그래서 요한은 예수와 그리스도를 일치시키고(요 1:17),[110] 그리스도가 제사장으로서 왕임을 선포하였다(계 1:5-6).[111] 따라서 그리스도는 직임과 인격을 분리할 수 없다.

역사적으로 예수 당시 로마의 식민지였던 이스라엘 백성들은 정치적인 메시아를 기대하였다(행 1:6-7). 이스라엘은 포로 시대 이후 정치적 구세주 혹은 그리스도를 기대하였다. 하나님이 메시아를 세워 압제자들에게서 이스라엘을 구원할 것으로 믿고, 예수의 예루살렘 입성으로 하나님의 나라 곧 압제에서 해방된 다윗 왕국이 수립될 것을 기대했다(마 21:5-11). 이런 의미에서 이스라엘의 구원자는 다윗의 자손이면 충분했고, 메시야가 하나님일 필요는 없다고 생각했을 것이다. 그런데 예수는 자신을 하나님의 아들 곧 하나님이라고 선언했다. 이스라엘은 이것을 이해할 수 없었다(요 1:1-11). 사죄의 권세는 하나님에게만 있는 것으로 생각했기 때문이었다. 그런데 예수 그리스도가 하나님의 아들로서 죄를 사한다고 하니까 이스라엘로서는 도무지 이해할 수 없는 참람이었다(마 9:2-6).[112]

---

108) 이태훈, 「시편 어떻게 읽을 것인가」 (서울: 성서유니온선교회, 2006), 300-11; 박종칠, 「시편의 구속사적 이해」 (서울: 도서출판영문, 1997), 228-41.

109) "당신은 그리스도시요 살아계신 하나님의 아들입니다"는 베드로의 고백은 그리스도가 인격임을 표시한다. cf. 도날드 헤그너, 「마태복음 14-28」, 채천석 역 (서울: 도서출판 솔로몬, 2000), 757-58.

110) Keener, The Gospel of John, 421. 예수 그리스도로 말미암는 은혜와 진리는 출 33-34장을 암시한다. 하나님은 시내산에서 두 번째 새로운 돌 판에 십계명 율법을 주심으로 인자와 진실(=은혜와 진리)이 많으신 성품을 드러내셨기 때문이다.

111) 권성수, 「요한계시록」 (서울: 선교횃불, 2001), 26-27.

112) 도날드 헤그너, 「마태복음 1-13」, 채천석 역, WBC (서울: 도서출판 솔로몬, 1999), 410-15.

이스라엘이 기다린 메시아는 정치적인 왕이었기 때문에 국가의 독립과 해방을 가져오면 되었고, 그 때문에 찬송 받을 만했다. 하지만 예수 그리스도는 메시아로서 고난의 종으로 와서 새 창조적으로 죄를 해결하는 제사장이었다. 예수는 정치적 메시아로 오지 않고 고난의 종으로 왔기 때문에 배척받고 처형되었다. 예수의 하나님의 아들이란 주장도 다윗의 후손으로서 왕인 메시아와는 일치되지 않았기 때문이다.

유대인들이 정치적 메시아를 기대한 것과는 달리 그리스도는 비둘기 같은 성령으로 기름 부음을 받아 하나님 나라의 왕으로 임명되었다(마 3:16-17; 막 1:9-11; 눅 3:21-22).[113] 성령세례에 의해 메시아로 임직되고 왕으로 선언되어 새 창조적 하나님의 나라를 설립해야 했다. 따라서 메시아 곧 그리스도를 통한 하나님 나라의 통치는 인류를 구원하는 죄의 제거와 용서로 이루어졌다. 이 하나님 나라의 왕 메시아 곧 그리스도는 다윗과 솔로몬에 의해 예표되었다. 이스라엘의 왕은 여호와이시고 왕은 하나님의 위임통치를 하는 대리 통치자였다.

그러나 사울은 자기 왕조를 세우기 위해 여호와 하나님의 왕권을 배척했기 때문에 멸망했다. 반면에 다윗은 하나님의 왕권을 세우기 위해 진력했다. 그래서 하나님은 다윗에게 영원한 왕조를 언약하시고 그리스도의 왕권에 연결시켰다(삼하 7:11-17).[114] 그 결과 다윗은 그리스도의 예표가 되었고 그 조상이 되었다(마 1:18-21; 요 7:42).[115] 다윗의 혈통으로만 영구한 나라를 지속할 수 없기 때문에 그리스도의 새 창조적 영원한 나라에 연결시킨 것이다. 그리하여 그리스도의 왕권이 다윗의 이름으로 행사된다(계 5:5; 22:

---

113) C. S. Mann, *Mark*, The Anchor Bible (New York: Doubleday & Company, Inc, 1986), 198-99.

114) A. A. 앤더슨, 「사무엘하」, 권대영 역, WBC (서울: 도서출판 솔로몬, 2001), 225-28; 노희원, 「성서주석: 사무엘하」 (서울: 대한기독교서회, 2006), 289-92.

115) 도날드 헤그너, 「마태복음 1-13」, 106-10.

16).[116]

그리스도는 성령의 기름 부음을 받아 대제사장이 되었다(마 3:16-17; 히 9:11).[117] 헤그너에 따르면, 예수의 세례 기사에 언급된 비둘기는 새로운 창조를 상징한다.[118] 왜냐하면 노아 홍수 이후 새로운 세상이 시작되는 시점에 비둘기가 등장하기 때문일 것이다(창 8:8-11). 그리스도 대제사장은 자기 몸을 제물로 삼아 완전한 속죄제사를 이루었다(요 1:29). 특히 "그리스도께서는 장래 좋은 일의 대제사장으로 오사 손으로 짓지 아니한 것 곧 이 창조에 속하지 아니한 더 크고 온전한 장막으로 말미암아 염소와 송아지의 피로 하지 아니하고 오직 자기의 피로 영원한 속죄를 이루사 단번에 성소에 들어가셨느니라"(히 9:11-12)고 말한 히브리서 기록자에 따르면 그리스도는 새로운 창조의 중보사역을 수행하였다.[119] 구약제사에 있어서 제사장은 제물일 수가 없는데 그리스도에게는 제사장과 제물이 일치된다(요 1:29; 히 3:1). 그리스도는 대제사장으로서 자기 몸을 제물로 속죄제사를 드려 구원자가 되었다.

후기 유대교 사상에 따르면 그리스도와 제사장이 합쳐졌다. 마카비 가문이 이스라엘을 셀류커스의 압제에서 해방하여 왕이 되면서 대제사장직을 자신들에게 합병하였다.[120] 이로 인하여 정통 제사장 가문의 강한 반발을 받았다. 이렇게 예기치 않았던 왕과 제사장의 겸직은 결국 유대인들로 하여금

---

116) 그레고리 K. 빌, 데이비드 H. 켐벨 공저, 「요한계시록 주석」, 김귀탁 역 (서울: 도서출판 복있는사람, 2015), 200, 809-12. 솔로몬은 평화의 왕으로서 참 평화의 왕이신 그리스도를 예표하였다.

117) 권성수, 「히브리서」 (서울: 총신대학교출판부, 1997), 263-65.

118) 도날드 헤그너, 「마태복음 1-13」, 165-70.

119) 윌리암 L. 레인, 「히브리서 9-13」, 채천석 역, WBC (서울: 도서출판 솔로몬, 2007), 108-12

120) F. F. 브루스, 「신약사」. 나용화 역 (서울: 기독교문서선교회, 1984), 95; 레이몬드 E. 브라운, 「신약개론」, 김근수 외역 (서울: 기독교문서선교회, 2009), 147.

참다운 제사장인 왕이 출현할 것을 기대하게 하였다.

요한복음 서문에 나타난 '그리스도'가 의미하는 바는 서문이기 때문에 함축적 의미를 지녔다고 할 수 있다. 문자적으로 그리스도가 의미하는 바는 기름 부음을 받는 자이지만, 실제적으로는 '기름 부음을 받은 자이면서 또한 기름을 부어주는 자'라고 할 수 있다. 성경신학적으로 그리스도가 의미하는 바는 아버지의 영을 받고 수여한다는 점에서 '그리스도'이다.[121] 즉 그리스도는 그의 육체에 성령의 기름 부음을 한량없이 받은 자이고(요 3:34), 성령이 그에게 머물게 된 자이며(요 1:32), 성령으로 세례 베푸는 자(요 1:33)이다. 노아 홍수 이후에 비둘기가 여러 차례 시도를 한 후에야 비로소 영구한 거처를 발견한 것처럼(창 8:6-12), 하나님의 영인 성령은 마침내 역사상 처음으로 성육신한 하나님의 아들 그리스도 안에서 거할 처소를 발견하고 머물게 되었다(1:32). 그리스도에게 성령이 머문다는 점에서 예수 그리스도는 이전에 하나님과 성령이 거하신 처소인 성막과 성전의 탁월한 성취이자 대체자라고 할 수 있다.[122] 이와 같은 그리스도의 성령 받음은 그리스도 예수의 성령 수여의 계기가 될 것이다.[123] 요한에 따르면 하나님 아버지는 예수 그리스도의 요청에 따라 제자들에게 성령을 주신다(14:16-17, 15:26-27). 세례요한은 이미 예수 그리스도의 성령 수여를 증언한 바 있다(1;33). 세상에 생명을 주기 위해 하나님의 보내심을 받아 육신이 된 하나님의 아들은 성령을 받고 성령을 수여하여 자기 백성을 구원하는 사명을 수행한다. 왜냐하면 성령은 '살리는 영'(요 6:43)이기 때문이다. 이러한 논의들은 요한복음 서문의 새 창조 모티프를 강화한다.

---

121) 쾨스텐베르거, 스웨인 공저, 「아버지와 아들과 성령: 삼위일체와 요한복음」, 180.
122) 쾨스텐베르거, 스웨인 공저, 「아버지와 아들과 성령: 삼위일체와 요한복음」, 181, 183.
123) 쾨스텐베르거, 스웨인 공저, 「아버지와 아들과 성령: 삼위일체와 요한복음」, 183.

(5) 요약

새 창조는 성경의 중요한 주제가 될 수 있다. 성경은 창세기 1-2장에서 창조로 시작하고 요한계시록 21-22장에서 새 창조로 끝나기 때문이다. 창세기 1:1과 요한복음 1:3에 따르면 로고스는 창조중보자이다. 요한복음은 단순히 구약의 원창조를 반복한 것이 아니라, 새로운 창조를 의미했을 가능성이 높다. 이러한 새 창조의 중보자는 요한복음 서문에서 로고스, 하나님, 아버지의 독생자, 그리고 예수 그리스도 등으로 제시되었기 때문이다.

요한복음 서문에는 로고스의 영원한 선재가 명시되었다. 로고스가 하나님 아버지와 함께 계신다는 것(요 1:1, 2)은 로고스가 성부 하나님과 구별되는 하나님이심을 표현한다. 그래서 로고스는 아버지 하나님과 한 분이시지만 인격으로는 구분된다고 할 수 있다. 로고스의 성육신은 로고스의 신성과 인성이 혼합, 변화, 분열, 분리 없이 한 인격을 이루었다. 로고스의 신성과 인성의 특징은 연합에 의해 해소되지 않고, 양성의 특징이 보전되고, 두 인격으로 나눠거나 구분되지 않으며, 한 인격을 이룬다. 이런 의미에서 요한복음의 로고스는 기존의 헬라세계의 로고스의 개념과는 다른 새로운 의미를 지닌다.

로고스는 '아버지의 독생자' (요 1:14) 혹은 '독생하신 하나님' (요 1:18)로 표현되었다. 전통적으로 모노게네스(μονογενής)를 독생자(only begotten)로 번역한 것에 대해서 건전한 어원학적 읽기가 아니라는 최근의 논박이 있다. 게노스(γένος)는 '하나의 종류' 가 주된 의미라는 것이다. 그러나 하나님의 출생과 탄생은 사람의 방식으로 출생하고 탄생하는 것이 아니기 때문에, 하나님은 영원히 자기를 객관화하시는 방식으로 존재하심을 의미한다. 이것이 독생하신 하나님이란 말의 뜻이고, 유일한 종류의 특별한 아들로서의 하나님임을 가리킬 것이다. '독생자, 하나님, 그리고 아버지의 품속에 계시는 자' 는 다 같이 로고스의 인격을 드러내는 중요한 용어라 할 수 있다. '아버지의 품속에 계신 독생자'는 독생하신 로고스와 아버지의 신성이 완전히 동등하고 동일하기 때문에 한 하나님이심을 의미한다.

예수는 구약에서 그 예표가 있었다. 눈의 아들 여호수아는 가나안 땅을 다 정복하지 못하였고 완전한 분배를 하지 못하였다. 최종적으로 완전한 구원과 영원한 생명은 예수 그리스도에 의하여 배분될 것이다. 이런 면에서 여호수아는 궁극적 구원과 영원한 생을 보장하는 예수를 예표한다. 여호사닥의 아들 대제사장 여호수아는 성전 재건으로 우리의 죄를 대속하고 우리를 하나님께로 회복시키는 중보자 예수님을 예표 하였다. 예수님은 이러한 예표의 성취자로 세상에 오셨다. 그리하여 예수님은 지금까지 세상 역사에 없었던 구속사역을 통한 새 창조를 시작하셨다.

그리스도는 하나님인 로고스의 성육신이고 중보자로 세워졌기 때문에 그 직임에 따라 나타내는 그의 인격이라 할 수 있다. 성령의 활동이 처음부터 새 시대의 특징을 이루었다면, 성령으로 기름 부음을 받은 예수 그리스도는 새 창조로 새 시대를 시작한 로고스 성육신의 인격을 가진 자라고 할 수 있다.

이렇게 새 창조의 중보자는 요한복음 서문에서 로고스, 하나님, 아버지의 독생자, 그리고 예수 그리스도 등으로 제시되었다. 새 창조의 중보자는 영원히 선재하신 하나님 아버지의 독생자이자 로고스 하나님의 성육신으로서 성령으로 기름 부음 받아 자기 백성을 구원하는 구속중보자이다.

3. 로고스의 새 창조

요한복음 서문(1:1-18)은 창세기 1:1-5을 상기시켜준다. '태초, 빛, 어둠'은 창세기와 요한복음이 서로 연관되었음을 나타낸다.[124] 이 단어들은 구약

124) 요한복음은 창세기와만 연관된 것이 아니라, 구약 전체와도 연관된다. cf. 요 2:17=시 69:9; 요 3:14=민 21:8 이하; 요 12:15=사 40:9; 슥 9:9; 요 13:18=시 41:9; 요 15:25=시 35:19; 69:4; 요 19:24=시 22:18; 요 19:28=시 22:15; 요 19:36=출 12:46; 민

창세기의 옛 창조에서 신약 요한복음의 새 창조에로 전환을 지시한다고 할 수 있다. 구약의 옛 창조에서 신약의 새 창조로 변환하는 결정적 계기는 하나님의 아들 로고스 예수 그리스도의 구속사역이라 할 수 있다. 김문현은 이러한 구속 사역을 수행한 로고스 예수 그리스도를 가리켜 '회복자, 치유자, 재창조자' 라고 표현하였고,[125] 고펠트(Leonhard Goppelt)는 '창조의 완성자 예수' 라고 지칭하였다.[126] 구속사역은 구약성경 전체에 예언되어 있고, 신약성경은 그 성취를 나타내고 있다. 구속사역은 아담의 타락 즉시 예언되었고(창 3:15), 이 같은 구속의 예언은 로고스 하나님의 성육신으로 성취되기 시작했다(요 1:14). 그러므로 로고스의 성육신에 구속 모티프가 있다고 할 수 있다.[127]

요한복음의 서문(1:1-18)은 로고스의 성육신으로 창조가 새 창조로 변환된 것을 선포한다. 요한은 창조가 새 창조로 변환되는 계기가 로고스의 성육신과 거하심이라고 진술한다. 로고스가 성육신한 이유 중의 하나는 구속사역이라 할 수 있다. 쾨스텐베르거(A. J. Koestenberger)도 로고스를 예수의 영원한 존재와 구속사역을 통한 하나님의 자기 계시로 해석하였다.[128] 이러한 로고스의 구속사역에는 새 창조적 특성이 있을 가능성이 있다.[129] 다시 말하면 로고스의 새 창조에 구속사역은 필수적이라 할 수 있다.

(1) 로고스의 창조 사역

9:12; 요 19:37=슥 12:10; 요 20:9=사 53:1 등.

125) 김문현, 「가슴으로 읽는 요한복음」 (서울: 도서출판 영성네트워크, 2005), 21-23,

126) 레온하르트 고펠트, 「모형론: 신약의 구약해석」, 최종태 역 (서울: 새순출판사, 1987), 279.

127) 노재관, "창세기 1-3장과 관련된 요한복음 서언(요 1:1-18)에 관한 연구," (박사학위 논문: 한국성서대학교, 2005), 201.

128) 쾨스텐베르거, 「요한신학」, 372.

129) 쾨스텐베르거, 「요한신학」, 369-88.

1) 로고스의 창조중보

로고스의 창조를 논의하기에 앞서 로고스가 하나님의 이름과 동의어로 사용되었다는 견해를 검토하고자 한다. 안진호가 이러한 견해를 주장한다. 안진호가 이 주장의 근거로 제시하는 것은 다음과 같다. (a) 필로가 로고스를 하나님의 이름과 동의어로 사용했음을 증거로 제시한다.[130] (b)「솔로몬의 지혜서」(Wisdom of Solomon)도 로고스와 하나님의 이름이 상호 교환되어 사용되었다.[131] (c) 요한계시록 19:12-16도 하나님의 이름을 로고스로 말하고 있다. (d) 탈굼 창세기 1:3에서 멤라(로고스)가 하나님의 이름 대신 사용되었다. 예를 들어, 칠십인경(LXX)과 맛소라 사본은 "하나님이 가라사대 빛이 있으라 하시매 빛이 있었고"로 되어 있는데, 탈굼에는 "주의 말씀(멤라)이 가라사대 빛이 있으라 하시매 그의 말씀의 명에 따라 빛이 있었다"고 기록되어 있다는 것이다.[132] 여기서 안진호는 멤라를 하나님의 이름과 동일시했고, 요한복음 1:3이 로고스 곧 하나님의 이름으로 만물이 창조되었다고 주장했다.

이와 같은 안진호의 주장은 전적으로 배격될 수는 없는 것으로 보인다. 시편 124:8; 민수기 6:27; 신명기 21:5, 18:19; 출애굽기 23:21; 요한복음 5:43, 12:13에 따르면, 하나님의 이름으로 축복이 오기 때문이다. 요한복음 1:12과 20:31에서도 누구든지 예수의 이름을 믿을 때 영생을 얻는다고 말한다. 따라서 로고스는 이미 하나님임이 밝혀졌고(요 1:1), 로고스는 하나님의 이름과 동의어로 사용된 것이 타당하다고 할 수 있다.[133] 모리스도 "이름은

130) Philo, *De Confusione Linguarum*, 146: "만약 아직 윤리적으로 하나님의 아들이라 불리지 못한다면, 그로 장자 말씀, 많은 이름들의 위대한 천사장으로서의 천사들 중에 장형; 하나님의 권위자, 하나님의 이름, 말씀, 하나님의 형상에 따른 빛, 이스라엘을 본 자로 장식되도록 열심히 노력하여 (하나님의 아들)이 되게 하라." 안진호, 「예수와 신약」 (서울: 총신대학교출판부, 2006), 199-120.

131) Wisdom of Solomon, 18. 15-16.

132) 안진호, 「예수와 신약」, 120-23.

신비롭게 인격 전체를 표현하였다"고 해석한다.[134] 이런 의미에서 하나님으로서의 말씀(요 1:1)은 하나님의 이름과 상호 교환되어 사용될 수 있는 것으로 보인다. 왜냐하면 위에 인용한 구절들만 보더라도 하나님의 이름은 하나님만이 할 수 있는 창조사역과 구속사역을 했다고 표현하기 때문이다. 따라서 로고스와 동의어로 사용되는 하나님의 이름은 로고스의 새 창조 사역에도 동일하게 역사하는 것으로 보인다.

사도 요한은 이 로고스가 창조주임을 말했다: "만물이 그로 말미암아 지은바 되었고, 지은 것이 하나도 그가 없이는 된 것이 없다"(요 1:3). 요한은 로고스가 실제로 만물을 창조하였음을 천명한다. 만물은 하나도 예외 없이 로고스에 의해 창조되었다. 요한은 만물의 존재방식이 창조임을 강조한다.[135] 창조 이전에는 만물의 존재가 전혀 없었다. 하나님의 아들 로고스가 만물을 지으셨다. 이와 관련하여 성부의 창조와 성자의 창조에는 차이점이 없다. 이것을 문자적으로 표현하자면 성부는 창조주이고, 성자는 창조 중보자라고 할 수 있을 것이다.

이미 창세기 1:1에 하나님의 창조가 기록되어 있기 때문에, 로고스의 창조를 말하는 요한복음 1:3과는 모순되는 것처럼 보인다. 이 문제에 관하여 비슬리-머리(G. R. Beasley-Murray)는 로고스가 긍정적으로든 부정적으로든 창조의 중보자(Mediator)라는 말로 해결하고자 하였다. 그에 따르면, 1 세기의 관점에서 중보자로서의 로고스 개념은 하나님과 피조물 사이의 매개자(intermediary) 개념과는 다르다는 것이다. 즉 로고스의 창조 사역은 로

---

133) 권해생, 「요한복음」, 59. "'이름'은 예수님의 존재 자체 즉 예수님 자신을 가리키는 말이다."

134) 모리스, 「요한복음(상)」, 125.

135) 요한은 만물의 존재에 있어서 진화나 우연은 불가하고 창조만이 그 바른 길임을 선포했다고 할 수 있다.

고스를 통한 하나님 자신의 사역이라는 주장이다.[136] 따라서 로고스도 창조 주임을 나타내기 위해서는 로고스는 창조 중보자라고 할 수 있는 것으로 보인다.

이런 점에서 이상훈이 요한복음 1:1-3의 내용은 잠언 8:30의 되울림이라고 설명한 것은 일리가 있어 보인다.[137] 태초에 하나님과 함께 한 로고스의 창조 행위가 아니었으면 만물의 존재는 없었을 것이 분명하기 때문이다. 요한복음 1:3의 하반 절에서 로고스가 없이 하나도 창조되지 않았다는 것은 히브리 사람의 시 구성에서 사용하는 일반적인 기법으로서, 전자를 강조하기 위한 부정적 병행절이라 할 수 있다. 요한복음 1:3의 로고스의 창조 행위는 1:17과 키아스틱 병행구 문법으로 "은혜와 진리가 예수 그리스도로 말미암아 온 것"이라는 확실한 근거가 된다.

로고스의 창조 중보는 요한복음 자체 안에서 찾을 수 있다. 창세기 1:1과 요한복음 1:3이 서로 모순되는 것이 아닌 것은 요한복음 10:30의 "나와 아버지는 하나"라는 로고스의 선포 때문이다. 유대인에게 이 선포는 충격적이어서 예수님을 십자가에 죽이기까지 했다(요 10:33, 19:7). 이미 로고스는 하나님으로 선포되었기 때문이다(요 1:1). 그런데 창세기 1:1에 의하면, 성부에 의하여 천지가 창조된 것으로 보도되었고, 요한복음 1:3에 따르면 로고스로 말미암아 만물이 창조되었다고 보도되었다. 따라서 요한복음 10:30에 의하면, 성부와 성자는 서로 다른 하나님이 아니라 한 하나님이다. 그렇기 때문에 성부의 창조와 성자 로고스의 창조는 서로 다른 창조가 아니다. 다 같이 한 하나님의 창조이다. 그러므로 창세기 1:1과 요한복음 1:3을 종합하면, 성자 로고스는 성부 하나님의 뜻대로 천지를 창조하였기 때문에 "그로 말미암아 창조되었다"고 말한 것이라고 할 수 있다. 곧 성부는 창조자이고 로고

136) 비슬리-머리, 「요한복음」, 135.
137) 이상훈, 「요한복음」, 69-70.

스는 창조 중보자로 창조하심을 의미한다는 점에서 비슬리-머리의 주장에 타당성이 있다.

따라서 요한복음 1:3에서 "만물이 그로 말미암아 지어졌다"는 진술은 창조 중보직을 말한다. 그러면 로고스는 창조 중보자로서 실제 창조주이다. 그가 만물을 실제로 창조하셨다. 그래서 로고스는 합당하게 창조주이다. 이에 대하여 버지는 로고스가 '하나님의 창조의 수행자' 라는 말로 로고스의 창조 중보를 뒷받침하고 있다.[138] 요한이 로고스와 하나님을 동일시한 후, 로고스와 세상 사이의 관계를 설명하면서 로고스는 하나님의 창조의 수행자로서 세상의 창조에 책임이 있음을 주장했다.

이와 관련하여 비슬리-머리가 로고스의 창조를 새 창조 사역이라고 말한 것은 본문의 전후 문맥에 긍정적인 해석이라 할 수 있다.[139] 왜냐하면 로고스의 중보자로서의 역할은 창조 사역에서 끝나지 않고, 창조 사역 이후에도 계속되기 때문이다. 그 근거로 '생명' (ζωή)과 '빛' (φῶς)은 창세기 1장의 창조에 언급되었고, 요한복음 1장의 새 창조에서도 언급되었다. 분명한 것은 이 생명과 빛이 인간에게 역사한다는 사실이다. 로고스가 나타내는 생명과 빛은 창조에 나타났고, 새 창조에도 나타났다. 더구나 요한복음서는 로고스-아들(Logos-Son)의 인류를 위한 구원 사역을 주제로 하고 있다. 이 거대한 주제에 따르면 생명과 빛은 로고스 아들의 구속사역과 연관이 있다. 죄 때문에 죽어야 할 인간을 로고스의 구속사역으로 생명이 멸망하지 않고 영생을 얻게 된 것은 사람이 할 수 없고, 그 때까지 없었던 일이며, 하나님만이 할 수 있는 일이다. 그래서 이 일은 하나님의 새 창조라고 할 수 있다. 하나님의 새 창조도 로고스가 생명의 빛으로서 빛을 비추는 사역을 통하여 수행하기 때문에, 로고스는 새 창조 중보자라고 할 수 있다.[140]

---

138) 버지, 「요한복음」, 73.
139) 비슬리-머리, 「요한복음」, 135.

이처럼 요한이 로고스의 창조 중보를 서술한 것은 로고스가 새 창조 중보자의 충분한 자격과 능력을 갖춘 자로서 새 창조 사역을 말하기 위함일 것이다.

2) 로고스의 창조 이해에 대한 어려움

로고스가 세상에 계셨다는 요한의 진술은 피조물의 형태와 피조물의 존재방식으로 세상에 계심을 말한다. 그렇기 때문에 세상은 이러한 로고스를 이해하기 어려웠다(요 1:10). 로고스는 자기가 지은 창조세계에 왔다. 창조주가 피조세계에 온 것이다. 창조주의 세상에 오심을 세상은 이해하기 어려웠다. 피조물들이 창조주를 알아볼 수가 없었기 때문이다. 창조주가 피조물의 형태로 오니까 창조주를 피조물로만 이해하였다. 피조물인 세상은 창조주의 존재방식을 이해할 수 없었다. 피조물의 형태로 오니까 피조물의 형태로만 이해했을 뿐이다. 따라서 세상은 창조주의 존재방식을 이해하기 어려웠고, 로고스의 성육신에 따른 새 창조 중보에 대해서는 더욱 이해하기 어려웠을 것이다.

(2) 로고스의 새 창조 사역

로고스의 새 창조 사역은 생명과 빛을 보유한 로고스의 성육신과 거하심에 나타났다고 할 수 있다. 창세기 1장의 첫 창조에 존재하게 된 생명과 빛

---

140) 그레엄 골즈워디도 로고스가 '하나님의 아들이 새 창조의 창시자이면서 중보자' 인 것을 주장한다 (그레엄 골즈워디, 「하나님의 아들과 새 창조」, 강대훈 역, 서울: 부흥과개혁사, 2016, 20). 고펠트는 로고스가 창조의 대행자(agent)로 간주된다고 주장했다 (고펠트, 280). 강창희는 '창조의 매개자' 로서 로고스를 말하면서 동시에 '구원의 중보자' 임을 말한다 (강창희, "요한복음의 말씀의 의미," 「ACTS 신학과 선교」, Vol. 3, 1999, 13, 16). 신성종은 로고스가 '창조의 대리자' 라고 표현했다 (신성종, 130). 이와 같은 표현들은 로고스의 새 창조 사역이 로고스의 원창조의 행위를 전제하며 원창조의 궁극적 목적이라고 할 수 있다,

은 요한복음 서문에서 새로운 창조 이미지로 다시 등장한다. 이와 함께 요한복음 서문의 성막 모티프는 새 성전의 새 창조를 함의 한다고 할 수 있는 것으로 보인다.

1) 로고스의 생명과 빛

요한복음 1:4에 의하면, 로고스 안에 생명이 있었고, 그 생명은 사람들의 빛이었다(ἐν αὐτῷ ζωὴ ἦν, καὶ ἡ ζωὴ ἦν τὸ φῶς τῶν ἀνθρώπων). 로고스의 생명이 사람들의 빛이었다는 것은 로고스의 새 창조를 의미하는 것으로 보인다. 생명과 빛은 창조 용어에 해당하기 때문이다.[141] 이러한 로고스 예수 그리스도 안의 생명과 빛은 요한복음 전체에서 반복적으로 언급된다. 요한복음에서 생명(ζωή)은 36번, 빛(φῶς)은 23번 등장한다.[142] 이것은 요한복음이 새 창조 모티프로 작성되었음을 의미하는 것이라 할 수 있을 것이다. 그러나 이에 대하여 학자들의 해석은 동일하지 않고 학자들마다 약간의 차이가 있는 것으로 보인다. 로고스의 생명과 빛에 대하여는 다음과 같은 해석이 있는 것으로 정리할 수 있을 것이다.

가) 신화론적 해석이 있다. 불트만(R. Bultmann)은 이 구절을 신화로 본다.[143] 바레트(C. K. Barrett)도 생명이 어느 정도 신화에 기초하고 있는 개념이라고 본다. 영지주의 사상에서 생명은 근본적인 원칙이며, 로고스의 본질적인 힘이라고 말한다. 바레트는 로고스와 예수와 생명에 관한 구체적 설명을 하지 않았지만, 예수 자신이 생명이고 빛이었다고 말했다.[144]

---

141) 쾨스텐베르거, 「요한신학」, 370.

142) 쾨스텐베르거는 생명이 요한복음에 36번 등장한다고 말하고, Lincoln은 37번 등장한다고 말한다. cf. Lincoln, *The Gospel According to St John*, 99; 쾨스텐베르거, 「요한신학」, 370-71. 그러나 개역개정에는 19번 등장한다. '영생' 에 포함된 '생명' 이 빠져있기 때문이다.

143) 불트만, 「요한복음서 연구」, 4.

144) 바레트, 「요한복음(1)」, 240-41.

나) 생명과 빛을 동일시하는 해석이 있다. 브라운(R. E. Brown)은 "그 안에 생명이 있었으니"라는 요한복음 1:4을 설명하면서 이 생명이 사람들의 빛이라고 하였다.[145] 키너(C. S. Keener)도 궁극적으로 요한이 요한복음에서 '생명'과 '빛'을 동일시한다(1:4; 8:12). '빛'이 문맥에서 그리스도로 언급되기 때문에(1:9-10), 기능적 차원에서는 궁극적으로 '생명'은 예수 자신으로 이해해야 한다고 말한다(11:25; 14:6; cf. 3:15; 5:24).[146] 키너가 이와 같이 생명에 관하여 서술한 것은 성경 자체의 문맥에 따른 해석이라기보다는 유대문헌과 헬라문헌의 분석에 우선권을 둔 해석이라고 할 수 있으나, 생명과 빛을 동일시하였다. 맥휴(J. F. McHugh)도 생명과 빛을 동일시하기는 마찬가지이다.[147] 로고스가 백성을 의의 길로 인도하는 빛과 규칙의 토라(torah)라면, 이 생명은 '눈을 밝게 하는'(시 19:8) '영의 생명'(the life of the spirit)이라고 말하기 때문이다.[148]

다) 로고스를 하나님으로 보는 해석이 있다. 버지는 로고스의 존재는 하나님의 존재와 마찬가지이고, 하나님의 사역은 곧 로고스의 사역이라는 점을 강조했다. 그래서 로고스 예수 그리스도가 하는 사역은 곧 하나님의 활동이라고 말한다.[149]

라) 새 창조의 관점으로 보는 해석이 있다. 칼빈은 요한복음 1:4의 생명이 로고스 외에 별도의 생명이 있다는 것이 아니라, 하나님의 로고스가 모든 피조물들에게 생명의 원천이 되어서 존재하지 않았던 것들이 존재하게 했음을 말한다.[150] 칼빈은 인간이 타락했기 때문에 로고스 하나님의 아들이 중생의

145) 브라운, 「요한복음 1」, 219-21.
146) Keener, *The Gospel of John*, 382.
147) McHugh, *A Critical and Exegetical Commentary on John 1-4*, 15.
148) McHugh, *A Critical and Exegetical Commentary on John 1-4*, 15-16.
149) 버지, 「요한복음」, 71-73.
150) 칼빈, 「요한복음 I」, 19.

성령을 통해서 새롭게 하시는 직임을 수행한 것으로 말한다.[151)] 이것은 로고스의 새 창조 모티프에 의한 것이라고 할 수 있다. 모리스는 생명이 로고스 안에 존재한다고 본다. 또한 그는 요한복음 서문이 1절의 '태초'와 관련하여 하나님의 새 창조를 말하고 있다고 진술한다.[152)]

유상섭은 세상을 창조하신 로고스가 사람들의 빛임을 밝히고, 그 로고스가 생명을 가지고 있음을 언급하는 것으로 말한다.[153)] 이미 로고스 하나님은 창조 때부터 생명을 가진 사람들의 빛이라는 것이다. 여기서 창조의 빛과 재창조(구속)의 빛이 로고스 하나님에게서 같이 만난다는 것이다.[154)] 즉 유상섭이 말하는 재창조는 사실상 새 창조를 말한다고 할 수 있을 것이다.[155)] 쾨스텐베르거는 생명과 빛이 요한복음의 중요한 주제이며 요한의 창조신학과 밀접한 관련이 있는 것으로 본다.[156)] 즉 예수 그리스도의 대속적 죽음을 통해 '누구든지 저를 믿는 자마다' 새롭고 영원한 생명을 누리고, 신자는 사명에서 생명으로, 어둠에서 생명으로 옮겨진다. 이렇게 "예수는 우주적 차원과 개인적 차원 모두에서 새 창조를 행한다."[157)] 생명과 관련하여 쾨스텐베르거는 로고스 안에 생명이 있는 것과 마찬가지로 성령도 살리는 영으로서 생명을 주기 때문에(요 6:63), 명백한 하나님의 특권을 가지고 새 창조의 도래를 알린다고 주장한다(요 20:22, 참고 창 2:7; 겔 37:9).[158)] 이처럼 쾨스

---

151) 칼빈, 「요한복음 I」, 22.
152) Leon Morris, *The Gospel according to the JOHN*, NICNT, Revised Edition (Grand Rapids, Michigan: Wm. B. Eerdmans Pub. Co., 1995), 64.
153) 유상섭, 「설교를 돕는 분석 요한복음」, 28-29.
154) 유상섭, 「설교를 돕는 분석 요한복음」, 29.
155) 유상섭, 「설교를 돕는 분석 요한복음」, 24.
156) 쾨스텐베르거, 「요한신학」, 375.
157) 쾨스텐베르거, 「요한신학」, 383.
158) 안드레아스 쾨스텐베르거, 스코트 스웨인 공저, 「아버지와 아들과 성령: 삼위일체와 요한복음」, 179-80. 쾨스텐베르거는 요한복음에 따르면 성령은 아버지 및 아들과 모든 것을 공동으로 갖고 있으며(16:15), 따라서 이스라엘의 한 분이신 여호와 하나님

텐베르거는 요한복음에서 새 창조를 분명하게 주장하였다.

로고스의 생명과 빛에 대한 네 가지 해석에 대하여 다음과 같이 평가할 수 있을 것이다. 1)의 신화론적 해석은 요한복음의 본문을 신화에 기초하고 있는 것으로 보기 때문에 요한복음 서문의 진정성을 무시하는 해석이라 할 수 있다. 2)의 해석은 생명과 빛을 동일시하지만, 브라운은 로고스의 생명이 왜 영원한 생명인지에 대한 설명을 하지 않았다. 키너는 생명에 대해 유대문헌과 헬라문헌의 분석에 우선권을 두고 해석한 결과 성경의 구속사적 문맥의 의미를 드러내지 못했다. 3)의 해석은 로고스를 하나님으로 설명하였지만 새 창조적 구속사적 해석에는 이르지 못하였다. 4)의 새 창조적 관점의 해석은 성경 전체의 문맥을 고려한 해석이라 할 수 있다. 왜냐하면 '빛과 생명'은 로고스 안에서 창조와 재창조가 만난다고 할 수 있기 때문이다. 따라서 위의 네 가지 해석 중에 가장 적절한 해석은 로고스의 생명과 빛에 대한 새 창조적 관점의 해석이라고 할 수 있다. 로고스 예수 그리스도는 현재에도 계속 생명의 빛을 비추셔서 창조 사역을 하시기 때문이다. 로고스의 이러한 계속적 창조 행위는 새 창조 모티프를 나타낸 것이라고 할 수 있다. '생명과 빛' 은 창조 용어에 해당하고, 로고스의 생명과 빛은 요한복음 서문에서 새롭게 반복적으로 언급되었기 때문이다. 요한복음에서 '생명'(ζωή)이 36번, '빛' (φῶς)이 23번 등장했다는 것은 요한복음이 새 창조 모티프로 작성되었음을 의미한다고 할 수 있다. 로고스 예수 그리스도의 대속적 죽음을 통해 누구든지 그를 믿어 새롭고 영원한 생명의 빛을 누리게 된 것이 우주적 차원과 개인적 차원의 새 창조라 할 수 있기 때문이다.

의 유일한 신적 정체성을 아버지 및 아들과 공유한다고 주장한다. 성령의 신적 정체성은 성령의 신적 행위를 통하여 나타나는데, 행위에 있어서 주권적이며(3:8), 특히 생명을 주는 행위가(6:63) 하나님의 특권을 나타낸다는 것이다.

2) 로고스의 성육신

비슬리-머리는 본문(요 1:14)을 '하나님의 로고스에 대한 교회의 고백' 으로 간주하여 본문의 역사적 진정성을 왜곡한 것으로 보인다.[159] 요한복음의 본문 자체는 그대로 인정하면서 주석을 수행한 크루즈도 요한복음의 저자를 사도 요한으로 보지 않고 편집자들의 편집으로 간주한다.[160] 그러나 요한복음이 사도요한의 기록이라고 주장하는 스몰리의 저술에 의하여 비슬리-머리와 크루즈의 견해는 설득력을 잃게 되었다.[161] 요한복음서가 사도 요한의 기록임을 증거하는 요한복음서 자체의 구절들이 많기 때문이다.[162] 한편 요한복음 1:14의 "로고스가 육신이 되었다"는 진술은 하나님과 세상을 구별하는 모든 헬라적 영지주의적 이원론을 단호하게 반대하는 사상이 담겨있다고 할 수 있다.[163]

---

159) G. R. 비슬리-머리, 「요한복음」, 이덕신 역 (서울: 도서출판솔로몬, 2001), 139. Andrew T. Lincoln도 비슬리-머리와 같은 입장이다. A. T. 링컨은 요한복음 서문을 말씀에 대한 공동체의 고백이라 한다. Andrew T. Lincoln, *The Gospel According to St John*, Black's New Testament Commentary (London, New York: Hendrickson Publishers, Continuum, 2005), 103.

160) 콜린 G. 크루즈, 「요한복음」, 배용덕 역 (서울: 기독교문서선교회, 2013), 35, 45. 흥미로운 것은 크루즈가 요한복음 1:1의 "이 말씀은 곧 하나님이시니라"에 대하여 단일신론으로부터 삼위일체로 나아가게 한다고 주석한 점이다. 크루즈, 「요한복음」, 93.

161) 스티븐 S. 스몰리, 「요한신학」, 김경신 역 (서울: 도서출판풍만, 1987), 63-229. 현재도 요한복음서가 세베대의 아들 사도 요한에 의하여 기록되었다는 전승을 지지하는 학자들이 있다. 예를 들어, B. F. Westcott; W. Sanday; J. Donovan; L. Morris; W. Barclay; H. Ridderbos 등. cf. 레이몬드 E. 브라운, 「요한복음개론」, 최흥진 역 (서울: 기독교문서선교회, 2013), 58-59. 유상섭, 「설교를 돕는 분석 요한복음」, 8-11.

162) cf. 요 1:28, 29; 13:23; 19:25, 26, 27; 21:1-24 등. 사도요한은 세베데의 아들로서 야고보와 형제간이다. 요한은 열두 제자 중 한 사람으로서 그의 어머니 살로메(Salome)가 주의 모친 마리아와 형제간이니까 핏줄로는 주와 외사촌이다(요 19:25). 이런 핏줄 연관은 요한이 주님으로부터 가장 깊은 신학적 진술들을 들을 수 있게 하였을 것이다. 요한복음이 깊은 신학을 담고 있는 것은 바로 유일신 세계에서 처음으로 삼위일체 하나님의 교리를 가장 확실하고 분명하게 제시하고 있기 때문인 것으로 보인다.

요한복음 1:14의 "육신이 되었다"는 구절은 창세기 6:3의 "육신이 되었다"는 구절과 대조되기도 한다. 김지찬은 구약의 육신에 대해 다음과 같이 설명하였다. 창세기 6:3에서 육신으로 번역된 히브리어 '바사르' (בשׂר)란 단어는 창세기 6장 이전에 이미 네 번 사용되는데(창 2:21-24), 그 기본 의미는 우선 '살덩어리' 란 의미로 사용되고 있으며, 둘째, 뼈와 함께 인간의 몸을 가리키는 기본 용어이다. 또한 셋째로, 성적으로 부부가 한 몸이 되는 것을 가리킴으로서 성적인 행동만을 주로 하는 인간에 관한 묘사로 볼 수 있다. 노아 시대에 인간들은 먹고 마시고 장가들고 시집가는 일들만을 하면서 점차 동물로 바뀌어 갔다는 것이다. 그래서 예수께서 노아시대의 사람들의 죄를 '먹고 마시고 장가들고 시집간 것' 으로 요약하고 있는 것은 우연이 아니라는 것이다(눅 17:26-30).[164)]

그러나 요한이 언급한 '육신' (σάρξ)에는 셋째의 의미는 해당되지 않은 것으로 보아야 할 것이다. 로고스의 성육신 개념에 성적 욕심이 지배한다는 관념은 없기 때문이다. 요한은 로고스 예수 그리스도에게 죄는 조금도 없다고 말했다(요일 3:5). 요한이 말한 죄에는 성적인 죄 뿐만 아니라 인간의 모든 죄가 조금도 없음을 의미하기 때문이다. 요한일서 3:5은 "세상 죄를 지고 가는 하나님의 어린 양이로다"는 요한복음 1:29을 반영하여 로고스의 성육신의 목적이 속죄를 위함인 것과 로고스의 속죄의 근거가 그의 무죄인 것을 의미한다고 할 수 있다.[165)] 로고스의 육신은 무죄하여 새 창조적 속죄를 할 수 있었다.

요한복음 1:14의 '되었다' (ἐγένετο)는 동사는 디포넌트(deponent) 동사로서 형태는 중간형이지만 뜻은 능동 의미 동사이기 때문에, 로고스가 능동

163) 신성종, 「신약총론」, 131.
164) 김지찬, "창 6장의 '하나님의 아들들' : 내러티브 읽기를 통해서 본 통합적 해석의 가능성," 「신학지남」 통권 제304호 (2010년 가을호).
165) 이상근, 「신약주해: 공동서신」 (대구: 성등사, 1991), 300-301.

적으로 육신이 된 것을 의미한다. 왜 로고스의 성육신은 능동적이고 의도적이었는지에 대하여, 쾨스텐베르거는 요한복음 독자가 '태초의 하나님'을 기대했을 것이지만, 요한이 하나님 대신 로고스를 언급한 것은 이유가 있다는 것이다.[166] 이 구절의 초점은 '새로운 시작'으로서 로고스의 성육신을 언급했기 때문이라는 것이다. 그러나 쾨스텐베르거의 설명은 충분하지 않다. '되었다'(ἐγένετο)는 동사가 이미 요한복음 1:3에서만 세 차례 창조의 의미로 사용된 바 있기 때문이다.[167] 따라서 "말씀이 육신이 되었다"는 선포는 단순한 '새로운 시작'을 넘어 로고스의 '새 창조의 출발'을 선언한 것이라고 보는 것이 본문의 문맥에 더 타당하다고 할 수 있다.[168] 다음의 진술을 보자.

> 성경이 보여주는 창조의 그림은 하나님이 고안하신 것으로, 미래에 펼쳐질 하나님 나라의 구조에 대한 패턴을 담고 있다. 창조 내러티브들은 단순한 묘사보다 더 많은 것을 보여준다. 이 내러티브들은 하나님이 궁극적 목표들을 예시한다. 하나님의 궁극적 목표는 점진적인 계시 전체를 통해 드러나고, 만물의 절정인 새 창조에서 최종적 목표에 도달한다. 기본적으로 성경의 내러티브가 시작하는 곳에 나타난 창조의 모습은 하나님이 자기 백성을 위해 준비해 두신 장소에서 그들과 관계를 맺으시면서 통치하시는 것이다. 내가 다른 글에서 설명한 것처럼, 하나님의 장소에 거하는 하나님의 백성은 하나님의 통치 아래 놓여 있다.[169] 자기 백성을 구원하시려고 하나님이 보

166) 쾨스텐베르거, 「요한신학」, 371.
167) ἐγένετο의 원형 γίνομαι 동사는 출생, 창조, 생산, 발전, 발생, 변화, 개선, 가까운 관계, 그리고 이동 등 여러 의미를 지니고 있다. Bauer, *A Greek-English Lexicon of the New Testament and Other Early Christian Literature*, revised and edited by Frederick William Danker, Third Edition (Chicago and London: The University of Chicago Press, 2003), 197-199.
168) 그렇다면 "로고스는 육신이 되었다"는 요한의 선포는 "로고스는 새로운 육신을 창조했다"는 것을 의미할 것이다. 새 창조에 대해서는 이사야 선지자가 이미 "새 하늘과 새 땅을 창조하나니"라고 예언한 바 있다(사 65:17; 66:21).
169) Graeme Goldsworthy, *Gospel and Kingdom, in The Goldsworthy Trilogy* (Milton Keynes, UK: Paternoster, 2006), 53 이하, in 그레엄 골즈워디, 「하나님의 아들과

> 여주시는 구속 행위의 목표는 모두 기본적인 창조 패러다임인 하나님, 하나님의 백성, 하나님과 그의 백성이 만나고 교제하는 장소로 축약되어 표현된다.[170]

이와 같은 골즈워디(G. Goldsworthy)의 주장은 로고스의 성육신이 왜 새로운 시작인지를 설명한 것이라고 할 수 있다. 그의 주장은 로고스의 성육신이 로고스의 구속 행위와 연관되는 것으로 말한다. 골즈워디가 말하는 창조의 궁극적 목표와 동일한 하나님의 구속행위의 목표는, 하나님과 그의 백성이 만나고 교제하는 장소에 대한 새 창조를 의미한다고 할 수 있다.

따라서 요한복음 1:1의 '태초'가 옛 창조를 모티프로 하여 새 창조의 시작을 함의한 것과 마찬가지로, 요한복음 1:14의 '되었다'는 동사는 로고스의 성육신이 새로운 창조 중보자임을 밝혀준다고 해석하는 것이 더 타당할 것이다. 하나님이 사람이 되는 일은 로고스의 성육신 이전에는 없었던 일이고, 사람으로서는 할 수 없는 일이며, 하나님만이 할 수 있는 일이다. 그리고 로고스의 성육신 목적은 창조자인 로고스 하나님이 그의 구속사역으로 통한 재창조 혹은 새 창조를 위함이다.[171] 구속사의 측면에서는 아버지 하나님이 성육신한 로고스인 아들을 보내시는데, 성육신은 창조에 비할 만큼 의미 있는 사건이다.[172] 이런 의미에서 로고스의 성육신 자체가 새 창조라 할 수 있다.

3) 로고스의 거하심

"로고스가 우리 가운데 거하셨다"(요 1:14)는 문장 앞에 놓여있는 접속사

새 창조」, 78.

170) 그레엄 골즈워디, 「하나님의 아들과 새 창조」, 77-78.

171) 유상섭, 「설교를 돕는 분석 요한복음」, 24.

172) 안드레아스 쾨스텐베르거, 스코트 스웨인 공저, 「아버지와 아들과 성령: 삼위일체와 요한복음」, 141.

'그리고' (καί)는 단순한 연결어가 아니라, 하나의 단계(κλῖμαξ)에서 다른 단계로 나아가는 계단이라고 맥휴는 해석하였다.[173] 맥휴의 이러한 설명은 요한복음 1:14 중반절이 요한복음 1:14 상반절의 로고스 성육신 개념을 보다 발전시킨 발전적 병행법의 표현으로 보인다. 맥휴가 말한 접속사(καί)의 기록 목적이 한 단계에서 다른 단계로 나아가는 계단이라고 설명한 것은 신약의 전체 맥락에서 타당하다고 할 수 있다. 그러나 맥휴는 더 이상의 단계에 대해서 언급하지 않았다. 맥휴가 더 이상의 구체적인 설명을 하지 않은 것이 맥휴의 주석의 약점이라 할 수 있다.

왜냐하면 본문의 문맥은 더 나아가는 단계에 대해서 말하고 있기 때문이다. 로고스가 육신이 되어서 사람들 가운데 거했다는 것은 확실한 역사적 사실이다. 로고스의 성육신인 예수 그리스도가 사람들 가운데서 실제로 살았기 때문이다. 그러나 로고스의 성육신은 단순히 로고스가 육신을 입고 거주한 것으로만 끝나지 않는다. 로고스의 성육신에는 궁극적인 목적이 있다. 로고스의 육신 가운데 거하심은 영원한 거주를 목표한다고 할 수 있다. 마태복음에서 로고스의 성육신과 거하심은 임마누엘로 표현되기도 했다(마 1:23; 사 7:14, 8:8). 이 임마누엘은 일시적 임마누엘이 아니라 영원한 임마누엘을 의도한다고 할 수 있다. 로고스가 우리 가운데 거하심은 '영원한 처소' 를 삼기 위함이라고 할 수 있기 때문이다(눅 16:9).

이와 같은 접속사 '그리고' (καί)가 중간에 자리 잡고 있는 요한복음 1:14의 "말씀이 육신이 되어 우리 가운데 거하셨다" 는 구절의 유래에 대하여 두 가지 견해가 있다. 1) 고펠트는 이 구절이 스가랴 2:10의 "여호와의 말씀에 시온의 딸아 노래하고 기뻐하라 이는 내가 와서 네 가운데에 머물 것임이라" 에서 직접 형성되었다는 견해를 피력했다. 더욱이, 스가랴로부터

173) McHugh, *A Critical and Exegetical Commentary on John 1-4*, 54.

온 말의 첫 부분은 "가서 너희를 위하여 거처를 예비하면 내가 다시 와서 너희를 내게로 영접하여 나 있는 곳에 너희도 있게 하리라"고 언급한 요한복음 14:3에 반영 되었다는 것이다. 그리고 이것은 모두 요한계시록에서 발견된다는 것을 근거로 제시했다(계 22:7; 7:15; 21:3).[174] 이러한 고펠트의 이러한 견해는 동의 받을 만한 것으로 보인다. 고펠트의 계속되는 진술은 그 자신의 주장을 뒷받침하고 있다. 우리 가운데 장막을 치신 로고스의 성육신 도래는 새 창조의 새 시대의 시작을 의미한다고 하기 때문이기도 하다. 모세 시대에는 하나님의 영광이 장막에 임했다(출 33:9; 민 12:5). 그리고 이러한 여호와의 영광이 임재는 새 시대에 은혜로 임할 것이라고 스가랴 2:10에 예언되었다.

그런데 여호와의 영광은 인자와 진실과 함께 임하였고(출 33:22; 34:6), 이 영광이 종말에 다시 나타날 것으로 예언되었다(사 35:2; 66:18). 이러한 예언은 로고스 안에서 모든 사람이 볼 수 있게 됨으로써 성취되었다(요 1:18). 요한복음 1:17에 따르면, 출애굽기의 모세 시대에 시내산에 임한 '인자와 진실'은 예수 그리스도로 말미암은 '은혜와 진리'로 오게 되었다. 이스라엘의 출애굽과 시내산 계시 경험은 이스라엘에게 새로운 구원의 시대의 시작이었던 것처럼, 로고스의 성육신과 거하심은 이미 새로운 시대가 시작되었음을 의미한다. 은혜와 진리가 충만한 하나님의 영광은 사람들이 볼 수 있었다(요 1:14). 사람을 하나님의 자녀로 만들고, 새 생명을 창조하는 로고스가 우리 가운데 거하신다(요 1:12-14). 이사야는 이미 완전한 구원과 새 창조의 결합을 예언했다(사 41:17 이하; 43:14-21; 49:9-13).[175] 구원과 새 창조의 결합은 오직 십자가에서 성취되었다.[176] 이것은 하나님의 첫 창조가

174) 고펠트, 「모형론: 신약의 구약해석」, 280. cf. 계 22:7 그리고 계 21:3.
175) cf. 사 43:14-21.
176) cf. 요 6:32-35.

인간의 타락에도 불구하고 로고스의 구속적 새 창조 안에서 완성되어지고 있음을 뜻한다.[177] 이런 면에서 고펠트의 견해는 성경적 근거를 지니고 있다고 할 수 있다.

2) 안진호는 요한복음 1:14의 “말씀이 육신이 되어 우리 가운데 거하셨다”는 구절이 창세기 9:27에서 유래된 것으로 본다.[178] 그 근거로 안진호는 임마누엘 사상이 이사야 7:14에도 발견되지만 초기 유대문헌은 일괄적으로 창세기 9:27에서 임마누엘 혹은 성육신 사상이 유래되었음을 주장한다는 것이다. 안진호는 스스로 창세기 9:27의 “하나님이 야벳을 창대하게 하사 셈의 장막에 거하게” 하라는 구절에서 ‘셈의 장막’에 거하는 자가 누구인지 확실하지 않다고 말한다. 그러면서 다음과 같은 유대문헌을 증거자료로 제시하였다. “나는 내려와 그들과 함께 영원히 거할 것이다”(요벨 1:26). “주께서 모든 사람이 보는 앞에서 나타날 것이다”(요벨 1:28). “셈의 하나님 주는 찬양을 받으실지어다...주는 야벳의 지경을 넓히시고 주께서 셈의 거처에서 거하실지라”(요벨 7:11-12; 8:18). “그때에 셈은 영화롭게 될 것이다. 왜냐하면 이스라엘의 크신 자 주 하나님이 지상 위에 사람으로 나타나실 것이기 때문이다”(시므온의 유언 6:5). 이러한 유대문헌들을 근거로 안진호는 요한복음 1:14이 창세기 9:27에서 유래된 예언의 성취라고 주장한다.[179] 이러한 안진호의 주장은 좀 더 확실한 성경적 근거를 보여주지 못하고, 주로 유대문헌만을 제시한 약점이 있는 것으로 보인다.

그런데 안진호는 요한복음 1:14에 관한 주석적 연구를 여기서 끝내지 않고, 요한복음 1:14 하반절에 있는 ‘은혜와 진리’에 대하여 출애굽기 34:6에 기록된 “여호와께서 그의 앞으로 지나시며 선포하시되 여호와라 여호와라

177) 고펠트, 「모형론: 신약의 구약해석」, 281.
178) 안진호, 「예수와 신약」, 116.
179) 안진호, 「예수와 신약」, 118.

자비롭고 은혜롭고 노하기를 더디하고 인자와 진실이 많은 하나님이라"의 반영으로 보았다.[180] 리처드 보컴도 출애굽기 34:6의 '인자와 진실이 많은 하나님'은 요한복음 1:14의 '은혜와 진리가 충만한' 로고스 예수 그리스도에 대한 요한의 묘사와 일치한다고 지적했다는 것이다.[181] 하나님은 높은 곳에서 통치하시는 분이실 뿐만 아니라 구원을 위하여 낮은 자와 함께 하시기까지 자신을 낮추시는 분이시다(사 57:15). 왜냐하면 하나님의 '자비와 은혜' 그리고 로고스의 '은혜와 진리'로 표현된 하나님의 사랑은 로고스 예수 그리스도의 성육신과 그의 십자가 위에서의 구속에서 가장 잘 나타났기 때문이다. 이와 같은 안진호의 요한복음 1:14 하반절에 대한 논의는 요한복음 1:14 상반절과 중반절에 대한 논의보다는 훨씬 성경적이라 할 수 있다. 그래도 안진호가 요한복음 1:14이 창세기 9:27에서 유래되었다고 주장한 것을 전적으로 배제할 수는 없는 것으로 보인다. 그렇다면 고펠트의 견해와 안진호의 주장을 종합하여, 요한복음 1:14은 스가랴 2:10과 창세기 9:27에서 유래되었다고 할 수 있을 것이다.

아울러 로고스 하나님이 육신들 가운데 거하심은 창세기의 에덴동산을 떠오르게 한다. 로고스 하나님의 함께 거하심과 임마누엘의 원형은 에덴동산이라 할 수 있다. 죄악과 타락이 없었던 에덴동산은 구약의 성막과 성전의 목표라고도 할 수 있다. 에덴동산은 영광의 상태에 있었으며, 새 하늘과 새 땅을 향하게 하는 출발점이었다고 할 수 있을 것이다.

로고스의 거하심은 하나님의 임재를 뜻할 뿐만 아니라 하나님의 영광을 의미한다고 할 수 있다(요 1:14).[182] 인간이 타락하기 전 하나님은 에덴동

180) cf. 출 33:19.

181) Bauckham, *God Crucified*, in 안진호, 「예수와 신약」, 119.

182) 이복우, 「내 뒤에 오시는 이」, 211. 구약시대 이스라엘이 성막과 성전에 나타난 하나님의 영광을 보았던 것처럼 '우리'(요 1:14)는 성육신하여 우리 가운데 장막을 치신 예수 그리스도에게서 그의 영광을 보았기 때문이다.

산에서 사람과 함께 하셨다(창 3:8). 그러나 인간이 하나님께 반역하여 에덴에서 추방되었다. 에덴에서 추방된 인간은 스스로 에덴에 복귀할 수 있는 능력을 상실하게 되었다. 에덴에서의 추방은 인간에게 형벌적 죽음을 초래했다(창 2:17). 따라서 '사람들 가운데 로고스 하나님의 거하심' 은 인간에게 새 창조적 구원의 시작이라 할 수 있을 것이다.

이미 로고스가 육신이 되신 것이 새 창조적 사역이라면, 로고스가 새 창조된 사람들 가운데 거하는 것도 새 창조적인 일이라 할 수 있을 것이다. 하나님이 사람이 되어 사람들 가운데 거하는 일은 그동안 역사에 없던 새로운 일이기 때문이다. '거하신다' 는 것은 인성을 입으신 로고스가 사람들 사이에 그의 장막을 치고 그들 사이에 거하심을 의미한다. 결국 장막과 같은 인간의 몸에(고후 5:1,4; 벧후 1:3) 머물러 계시는 것도 포함한다.[183] 로고스가 우리 안에 '거하심' 은 '머무는 것' (요 15:4)과 '사는 것' (갈 2:20)을 의미하는 것으로 보인다. 창조 중보자로서 로고스가 우리 가운데 거하셨다(요 1:14). 이것은 "로고스가 육신이 되었다" 의 단순한 평행법적 표현만은 아닐 것이다.

로고스가 우리 안에 거하는 것은 타락한 우리 인간의 새 창조가 없이는 불가능하다. 하나님으로서 로고스는 거룩하기 때문에 거룩하지 못한 것들과는 함께 거할 수 없기 때문이다. 왜냐하면 "의와 불법이 어찌 함께 하며 빛과 어둠이 어찌 사귀며 그리스도와 벨리알이 어찌 조화되며 믿는 자와 믿지 않는 자가 어찌 상관하며 하나님의 성전과 우상이 어찌 일치가 되리요 우리는 살아 계신 하나님의 성전이라" (고후 6:14-16)는 바울의 호소 때문이다. 거룩이 전제되지 않고는 함께 거주할 수 없는 것이 하나님의 속성이다.

따라서 죄로 물든 인류 안에 하나님께서 거하시려면 속죄와 구속사역이

183) 헨드릭슨, 「요한복음(상)」, 121.

필수적이다. 하지만 이미 타락하고 죄에 빠져버린 인류는 스스로 속죄사역을 할 수 없기 때문에, 요한복음 처음부터 거룩하신 로고스 하나님이 성육신하여 속죄사역까지 하시고, 죄 용서된 새로운 인류 가운데 거하시고 인류를 거소로 삼으신다는 하나님의 큰 뜻을 요한복음 1:14에서 밝혔다고 할 수 있다. 즉 로고스의 거하심은 로고스의 새 창조적 속죄사역이 전제 되었다고 할 수 있을 것이다.

그 이유는 다음과 같다. 요한복음 1:14에 기록된 로고스의 거하심은 피조물 전체의 변환을 가져오는 것이라고 할 수 있기 때문이다. 그리스도의 구원은 인류 뿐 아니라 인류의 거소도 구속하여 완성되기 때문에, 그리스도의 십자가의 피를 통한 구속은 완전한 구원이 된다고 해석할 수 있을 것이다.[184] 이러한 해석은 로고스의 거하심이 인류의 거소를 변환시킨다는 의미로 볼 수 있다.

왜냐하면, a) 그리스도는 자기 피로 인류를 구원하였을 뿐만 아니라(요 12:23-33), 그 구속으로 피조물도 변환되어 하나님의 구속에 동참케 하셨다. 인류의 반역으로 피조물도 저주를 받았다(창 3:17). 만물이 부패하고 해체되는 이유이다(롬 8:20). b) 아담은 창조 세계의 청지기로 세워졌으므로 청지기의 반역은 창조물 전체에 하나님의 저주를 가져왔다. 이 저주로 인해 만물이 변화되고 심지어 그 본질이 부패하고 해체되게 하였다. 사람의 죄는 사람들만 망하게 하는 것이 아니라 창조 자체도 해체되게 하였다. c) 구속주는 그의 피로 인류를 구속하였기 때문에 그의 피로 창조물도 정화하고 구속한다(요 12:24; 롬 8:21-22; 계 21:5). 창조주가 만물을 창조하였는데 이제는 그 창조주가 구속주로서 창조물을 정화하고 새롭게 한다(벧후 3:10, 12-13). 그리하여 새 하늘과 새 땅이 되게 한다(계 21:1). 구속된 인류가 영광에 이

184) Chul Won Suh, *Christology* (Seoul: Chongshin University Press, 2000), 172-73.

르고 자유에 이른 것처럼, 창조물도 하나님의 자녀들의 영광에 이른다(요 14:2-3; 롬 8:21). 인류가 하나님의 아들로서 완전하게 나타날 때 창조물도 합당하게 그에 상응하는 변화와 갱신을 겪어 새 인류의 거소로 세워진다(요 14:2-3). 그리하여 의인들이 사는 새 하늘과 새 땅이 되어 하나님의 구속에 동참한다(계 21:1-2; 벧후 3:13). d) 하나님은 하나님의 창조물을 상실하지 않기 위하여 그리스도의 구속으로 속량한다. 그리하여 모든 창조물이 다 하나님의 구원에 동참하게 된다. 창조물은 예수 그리스도의 피로 구속된 새 백성의 거소가 될 것이기 때문에 창조물 또한 변화되고 새롭게 되어야 한다. 창조물이 변화되고 새롭게 되는 것은 인류를 구원한 그리스도의 피와 부활의 권세로 그렇게 한다. 즉 구속주로서 세상을 변화시킨다(마 24:29). 그리하여 인류와 창조물을 하나님의 창조로서 통일시킨다(엡 1:10). e) 그리스도의 구원은 인류뿐만 아니라, 인류의 거소도 구속하여 완성된다. 인류만의 구원은 반쪽 구원이 되니까 창조물도 함께 구속됨이 온전한 구속이다. 그러므로 예수 그리스도는 그의 구속 권세로 창조물을 구속한다. 그리하여 그리스도의 구속은 인류와 모든 창조물을 다 포함하므로 완전한 구속이 된다. f) 이 모든 일이 그리스도의 피로써 성취되고 완성된다.[185] 이 같은 논의는 요한복음 1:14을 포함하여 신약 곳곳에서 표명되고 있기 때문에 로고스 그리스도의 구속사역이 인류의 거소까지도 변환시킨다는 해석은 로고스의 거하심과 관련된 해석이라고 할 수 있다.[186] 따라서 로고스 그리스도의 거하심은 새 창조적 구속사역을 전제한다고 볼 수 있다.

---

185) Ibid.

186) 하나님께서 시내산에서 모세를 부르실 때와 여리고 평지에서 여호수아에게 사명을 맡기실 때 "네가 선 곳은 거룩한 땅이니 네 발에서 신을 벗으라"고 말씀하신 적이 있다(출 3:5; 수 5:15; 행 7:33). 시내산과 여리고 땅은 원래 거룩한 땅이 아니었다. 그러나 하나님이 나타나신 곳이니까 거룩한 곳이라고 할 수 있었다. 이것은 하나님께서 타락한 인류와 땅을 거룩하게 변환시킬 것에 대한 암시일 것이다.

4) 로고스와 성막

로고스의 성육신은 예수의 탄생으로 구체화되었고, "하나님이 임재하시는 성막으로 해석될 수 있는 근거를 제공한다."[187] 이미 "로고스가 육신이 되었다"는 선언은 헬라인들을 깜짝 놀라게 했다.[188] 그들은 신적인 정신세계와 육신의 세속세계를 구별하는 것이 그들의 믿음의 근본원리였기 때문이다. 더구나 14절의 두 번째 동사 "로고스가 우리 가운데 거했다"(ἐσκήνωσεν)는 어구는 유대인들을 똑같이 놀라게 했다. 그만큼 새로운 일이었다. '거했다'는 말이 헬라어 구약성경(LXX)에서 하나님의 성막을 가리키는 용어에서 파생되었기 때문이다.[189] 요한은 하나님이 광야의 성막에서 이동하는 이스라엘과 함께 거하심과 마찬가지로, 로고스가 하나님의 백성들 가운데 거한다고 선언했기 때문이다.[190]

로고스의 '거하심'을 이해하기 위해서는 족장시대까지 되돌아서 파악하는 것이 필요할 것이다. 이스라엘은 시내산의 언약이 있기 전까지 지속적인 예배의 장소로서 영구적인 성소가 없었다. 출애굽기 3:15에서 처음으로 여호와께서 자신의 이름을 계시하시고, "내가 그들 중에 거할 것"이라고 약속하실 때, '거하다'(שׁכן)는 동사가(출 25:8) 처음 사용되었고 이어지는 9절에서 명사형 '장막'이 처음으로 사용되었다. '쇠칸'(שׁכן)은 '회막'이나 '장막'으로 번역되었으나, 문자적으로는 거주지를 뜻한다.[191] 히브리어 '쇠칸'은 맛소라 사본에서 사용된 139번 중 3번(민 16:24, 27; 사 22:16)을 제외하고 전부 단수로 발견되고, 항상(136번) 여호와의 '물질적 거주지'를 의미했

---

187) 권해생, 「요한복음」, 61.
188) 버지, 「요한복음」, 77.
189) 이필찬, 「요한복음1: 이 성전을 허물라」, 79.
190) 버지, 「요한복음」, 77.
191) McHugh, *A Critical and Exegetical Commentary on John 1-4*, 55.

기 때문이다. 원래 '거하신다'(σκηνόω)라는 동사는 천막(σκηνή)이라는 명사에서 연유되었다. 이런 의미는 출애굽기 40:34-38에 나오는 대로 하나님께서 광야에서 가나안으로 여행하는 자신의 백성 가운데 장막을 치시고 오신 역사적 사실을 크게 반영한다.[192)]

요한은 로고스가 하나님임을 말한바 있다(요 1:1). 위에서 본 것처럼, 로고스가 하나님의 이름과 동의어로 사용되었다. 그러므로 하나님의 이름이 성소에 거했다는 것은 로고스의 거하심의 예표라고 할 수 있을 것이다. 성소는 하나님 여호와께서 자기 이름을 두시려고 택하신 곳이다(신 12:11; 14:23-24; 16:2-11). 성전은 하나님과 하나님의 이름을 위한 집이었다(삼하 7:6, 13). 칠십인경의 에스겔 43:7에는 "나의 이름이 이스라엘의 집(성소)에 영원히 거하리라"고 예언되었다. 하나님의 이름이 성소에 거할 것이라는 구약의 예언들은 로고스 예수 그리스도가 자신의 몸을 지성소라 함으로 성취되었다고 할 수 있다(요 2:18-22). 로고스 예수의 이 발언은 예수의 공생애 첫 번째 유월절에 선포되었다. 두 번째 유월절에는 오병이어의 표적을 통하여 유월절 어린 양으로 죽는 로고스 예수 그리스도 자신의 희생이 가져오는 생명이 생명의 떡으로 선포되었다(요 6장). 이러한 사실들은 로고스와 성전과 유월절 어린 양 제사가 서로 연관되었음을 보여준다. 따라서 "로고스가 우리 가운데 거했다"는 요한의 선언은 시내산의 배경이 있음을 나타낸다. 왜냐하면 모세가 시내산에서 성막 계시를 받았기 때문이다(출 25:9-10).

이사야서와 마태복음에서 진술된 "하나님이 우리와 함께 계시니라"(마 1:23)는 구절은 로고스가 우리 안에 거하심과 동의어라고 할 수 있다. 요한에 따르면, 로고스의 거주지는 '이미'와 '아직'의 요소가 포함된 로고스의 새 창조적 구속사역의 결과로 새 창조된 새 사람들이고, 그리스도의 몸을 이

192) 이상훈, 「성서주석: 요한복음」, 75. cf. 크루즈, 「요한복음」, 101.

루는 교회이며, 새 성전이다. 로고스 하나님의 최종 거주지는 하나님의 장막으로서 요한계시록 21:3에 선언되어 있다. 로고스의 최종 거주지는 요한계시록 21:22에서 새 예루살렘의 그림으로 완성된다.[193)]

5) 로고스와 새 성전

새 성전의 논의를 위해서는 먼저 구약의 성전에 관하여 언급하는 것이 필요할 것이다. 최초의 성전의 원형은 에덴동산이고, 이것이 나중에 만들어진 모든 성전의 모델이라 할 수 있다.[194)] 따라서 빌이 이미 연구한 바와 같이, 에덴동산은 첫째 성전이고, 이스라엘의 지상 성막과 성전은 에덴동산의 반영이자 재현이라 할 수 있다. 그리고 최종 성전을 묘사하는 요한계시록 21장은 지상의 성전이 하늘의 우주적인 성전을 반영하고, 첫 성전인 에덴동산의 모티프를 반영한 것이라 할 수 있다.[195)] 새 창조의 상징으로서 새 예루살렘의 도래는 새로운 낙원 시대의 출현을 의미하기 때문이다.

가) 에덴동산을 성전으로 이해할 수 있는 것은, 천지 창조 후 하나님 임재의 유일한 장소였기 때문이다(창 3:8).[196)] 이스라엘 성전에서 제사장이 하나님의 독특한 임재를 경험한 장소였던 것처럼, 에덴동산은 아담이 하나님과 거닐면서 대화하던 곳이었다. 하나님이 에덴동산에서 거니는 모습을 묘사하는데 사용된 히브리어 동사(מתהלך)는 하나님의 성막 임재를 묘사하는데도 사용되었다(레 26:12; 신 23:14).

나) 에덴동산을 성전으로 이해 할 수 있는 것은, 창세기 2:15의 '경작하

193) Stephanos, Rev. 21:22, "Καὶ ναὸν οὐκ εἶδον ἐν αὐτῇ, ὁ γὰρ κύριος ὁ θεὸς ὁ παντοκράτωρ ναὸς αὐτῆς ἐστιν καὶ τὸ ἀρνίον."

194) 송병현, 「엑스포지멘터리 창세기」 (서울: 국제제자훈련원, 2002), 109.

195) 그레고리 K. 비일, 「성전신학: 하나님의 임재와 교회의 선교적 사명」, 강성열 역 (서울: 새물결플러스, 2016), 35.

196) 비일, 「성전신학: 하나님의 임재와 교회의 선교적 사명」, 88.

며 지키다' 는 두 히브리어 단어(עבד와 שׁמר) 때문이다. 이 두 단어는 구약성경의 다른 곳에서 일반적으로 '섬기고 보존하다' 로 번역되었다. 일반적으로 '경작하다' 는 단어가 홀로 쓰일 때 농사짓는 일을 가리켰다. 그러나 이 두 단어가 구약에서 함께 나올 경우에는 대략 15번 정도 사용되었는데, 하나님을 '섬기고' 하나님의 말씀을 '지키는' 이스라엘을 가리키거나(10번 정도), 성막 '봉사' 를 '지키는' 제사장을 가리켰다(민 3:7-8; 8:25-26; 18:5-6; 대상 23:32; 겔 44:14).197) 이 두 히브리어 단어의 제의적 용례와 에덴동산의 성전 분위기에 비추어 볼 때, 아담이 동산을 돌보는 육체노동은 제사장의 활동에 해당한다.[198] 따라서 아담의 직무는 제사장적이었다고 할 수 있을 것이다.

다) 에덴동산을 성전으로 이해할 수 있는 또 하나의 근거는 창세기 2:15의 '경작하고 지키라' 는 말씀 이후, 16절에서 하나님은 아담에게 특별한 '명령' 을 내리셨기 때문이다. 하나님이 '명하신다' (יצו)는 개념은 열왕기상 9:6의 '계명들을 지킨다' 의 개념과 연결된다. 열왕기상의 텍스트는 솔로몬이 "여호와의 성전 건축하기를 마친" 직후에(왕상 9:1) 왕과 그의 아들들에게 주어졌다. 여기서 알 수 있는 것은 에덴동산이 단순한 동산과 낙원이 아니라 하나님의 임재가 있는 성전이라는 점이다.

라) 에덴동산과 이스라엘의 성전 사이에는 무수한 언어학적 병행관계가 있다. 우선 에덴동산은 최초의 거룩한 공간이었다는 점에서 성전과 평행을 이룬다. 에덴동산의 수목이 솔로몬 성전의 동산형태를 나타내는 수목 표상과도 병행을 이룬다.199) 열왕기상 6:18의 '백향목에는 박과 핀 꽃' 과 열왕기상 6:29의 '종려와 핀 꽃 형상' 은 작은 과수원과 유사하며, 에덴동산 모티프

---

197) 송병현, 「엑스포지멘터리 창세기」, 114.
198) 브루스 월트키, 「구약신학」, 김귀탁 역 (서울: 부흥과개혁사, 2012), 303.
199) 비일, 「성전신학: 하나님의 임재와 교회의 선교적 사명」, 95.

가 드러난다.[200] 이사야가 예언한 종말론적인 성전의 모습에도 에덴동산의 모티프가 있다. 이사야 60:13은 “레바논의 영광 곧 잣나무와 소나무와 황양목이 함께 네게 이르러 내 거룩한 곳을 아름답게 할 것이며 내가 나의 발 둘 곳을 영화롭게 할 것이라”고 예언했다. 에덴에서 강이 흘러나오는 모습은(창 2:10) 에스겔의 성전 환상(겔 47:1-2)과 종말론적 성전(계 22:-2)에서 생명수 강이 흘러나오는 모습과 병행을 이룬다.[201]

마) 에덴동산에 대한 이러한 이해는 구약성경의 성막과 성전들이 피조 세계 전체의 축소판이라고 할 수 있는 소우주를 상징한다는 개념을 강화시킨다고 할 수 있다. 시편 78:69은 “그의 성소를 산의 높음 같이, 영원히 두신 땅 같이 지으셨도다”라고 말한다. 예레미야 17:12에서 예레미야 선지자는 “영화로우신 보좌여 시작부터 높이 계시며 우리의 성소이시며”라고 말했다. 예레미야는 이스라엘의 지상 성전이 하늘과 땅에 비견될 만하다고 말한 것이다. 마찬가지로 이스라엘 초기의 ‘성막 양식과 각종 비품들의 양식’은 ‘산에서 보이신 양식’을 따랐다(출 25:9, 40). 모세가 산에서 보이신 양식은 여호와 하나님께서 모세에게 계시하신 하늘의 양식이라 할 수 있다.[202]

우주의 축소판을 상징하는 구조물로서 전 세계에 걸쳐 발견되는 성막과 성전들은 하나님의 영광을 완벽하게 반영하는 종말론적인 성전을 지시하려는 의도를 품고 만들어졌다고 할 수 있다. 이처럼 우주적으로 확대된 종말론적 성전 개념은 요한계시록의 마지막 환상이 묘사하는 새 성전의 그림으로 지지를 받을 수 있다. 아래의 성경 구절을 보자.

> “또 내가 새 하늘과 새 땅을 보니 처음 하늘과 처음 땅이 없어졌고 바다도

---

200) cf. 월트키, 「구약신학」, 301.
201) 월트키, 「구약신학」, 300.
202) 권해생, “요한복음 20:19-23에 나타난 예수의 성전 건축과 메시야 직분,” 「신약연구」 제 12권 제 2호, 통권 30호(2013.6.), 218.

> 다시 있지 않더라. 또 내가 보매 거룩한 성 새 예루살렘이 하나님께로부터 하늘에서 내려오니 그 준비한 것이 신부가 남편을 위하여 단장한 것 같더라. 내가 들으니 보좌에서 큰 음성이 나서 이르되 보라 하나님의 장막이 사람들과 함께 있으매 하나님이 그들과 함께 계시리니 그들은 하나님의 백성이 되고 하나님은 친히 그들과 함께 계셔서 모든 눈물을 그 눈에서 닦아 주시니 다시는 사망이 없고 애통하는 것이나 곡하는 것이나 아픈 것이 다시 있지 아니하리니 처음 것들이 다 지나갔음이러라"(계 21:1-4). "성 안에서 내가 성전을 보지 못하였으니 이는 주 하나님 곧 전능하신 이와 및 어린 양이 그 성전이심이라"(계 21:22)

요한계시록의 이 구절들은 종말론적 새 성전의 모습을 보여준다고 할 수 있다. 원래 하나님께서 에덴동산을 창설하셨을 때 그 원형은 나중에 만들어진 성전의 모델이 되었다고 할 수 있다. 왜냐하면 최종적 종말의 새 성전의 환상의 그림은 하나님의 새 창조에 의한 것이라고 할 수 있기 때문이다. 골즈워디는 창조와 새 창조, 성전과 새 성전을 성경 전체 계시의 구도로 보고, 계시의 세 단계를 다음과 같은 도표를 만들기도 했다.[203)]

1. 성경의 역사, 구약에 나타난 계시	2. 선지자적 종말론에 나타난 계시	3. 그리스도 안에 나타난 계시
창조 언약 속박 출애굽의 구속 땅에 들어감 왕 예루살렘(시온) 성전	새 창조 새 언약 새 속박과 새 출애굽의 구속 새 땅에 들어감 새 다윗 왕 새 예루살렘 새 성전	예수님 = 새 창조 예수님의 피로 맺은 새 언약 예수님= 유월절 어린 양과 새 출애굽 예수님 : 하나님과 인간이 거하는 곳 예수님 = 다윗의 아들 예수님 = 새 성전, 새 예루살렘

이 도표에 의하면, 성전과 새 창조의 관계가 분명해 보인다고 할 수 있다. 왜냐하면 성전의 원형인 에덴동산은 인간의 타락으로 폐쇄되었는데(창 3:24), 로고스의 성육신인 예수 그리스도의 구속사역으로 새 성전을 새 창조하였기 때문이다. 그 결과로 타락한 인간은 로고스의 성육신과 새 창조적 구속사역으로 새 성전에 들어갈 수 있게 되었다.

따라서 요한복음 1:1, 14에 나타난 하나님 로고스의 성육신과 거하심은 구약의 성막과 성전의 지성소에 한정되었던 하나님의 임재가 확대된 새 창조적 새 성전임을 함의한다고 할 수 있다. 로고스 예수님을 성전으로 묘사하는 요한복음 2장의 언급은 로고스의 거하심의 개념이 발전된 결과라고 할 수 있을 것이다.[204] 구약시대의 성막과 성전에 국한되었던 하나님의 특별한 계시적 임재가 신약시대에 이르러 성육신하신 로고스 하나님이신 예수 그리스도의 형태로 세상 안에 뚫고 들어온 것이라 할 수 있다.[205]

더구나 요한복음 1:14의 로고스의 거하심은 요한복음 1:51의 내용과 연결되어 로고스의 영광스런 새 성전 이미지를 강화하고 있다.[206] 요한복음 1:51의 "하늘이 열리고 하나님의 사자들이 인자 위에 오르락내리락 하는 것을 보리라"는 진술은 하나님의 새로운 성전의 형태를 표현했다. 이 구절은 창세기 28:12을 암시한다. 하나님은 벧엘에서 야곱에게 나타나셨고, 야곱은 작은 성소라 할 수 있는 돌 제단을 만들었다. 야곱은 거기서 하나님의 천사들이 오르락내리락하는 모습을 보았다. 이 환상은 야곱에 잠을 잤던 벧엘이 하늘과 땅이 연결되는 한시적 의미의 성소였다고 할 수 있다. 왜냐하면 야곱이 그 환상을 보고, "이것은 다름 아닌 하나님의 집이요, 이는 하늘의 문이로

---

203) 그레엄 골즈워디, 「하나님의 아들과 새 창조」, 37.
204) 비일, 「성전신학」, 260.
205) McHugh, *A Critical and Exegetical Commentary on John 1-4*, 168-69.
206) Michaels, *The Gospel of John*, 138.

다”(창 28:17)고 말하고, 거기에 기둥을 세우고 그 위에 기름을 부으며 벧엘이라고 칭했기 때문이다. 이렇게 세워진 작은 벧엘 성전은 나중에 예루살렘에 세워질 큰 성전의 전조였다. 그러나 창세기 28장에 등장하는 야곱의 작은 성소는 단순히 한시적인 예루살렘 성전을 넘어서서 궁극적으로 로고스 그리스도가 항구적인 성전 되심을 가리킨다고 할 수 있다.[207] 요한복음 1:51에서 하늘과 땅의 사닥다리에 하나님의 천사가 오르락내리락하는 그림은 로고스에 의하여 동일시되었기 때문이다. “하늘이 열리고 하나님의 사자들이 인자 위에 오르락내리락 하는 것을 보리라”는 로고스 예수 그리스도의 말씀에 따르면, 로고스는 ‘새로운 벧엘’이라 할 수 있을 것이다.[208] 왜냐하면 로고스 예수는 하나님과 사람이 만나는 곳이기 때문이다. 따라서 로고스의 거하심은 하늘의 천사들이 오르락내리락하는 새 창조적 새로운 성전을 지시한다고 할 수 있을 것이다.

그러면 사람들은 하나님의 임재에 가까이 나아가기 위하여 굳이 예루살렘 성전으로 나아갈 필요가 없게 되었다. 하나님의 임재를 경험하기 위해서는 단순히 로고스 그리스도를 믿기만 하면 되게 된 것이다. 이제는 로고스 예수 그리스도를 믿기만 하면 어디서나 하늘과의 연결이 가능하게 된 항구적인 새 성전을 로고스가 새롭게 창조하는 것이라 할 수 있다.

요한복음 1:14의 로고스 거하심에 따른 새 창조적 새 성전 개념은 요한복음 2:14-17의 성전사건에서도 확대되고 있다. 이 성전 사건과 관련하여 예수는 “너희가 이 성전을 헐라 내가 사흘 동안에 일으키리라”(2:19)고 발언했다. 이에 대하여 요한은 “예수는 성전된 자기 육체를 가리켜 말씀하신 것이라”고 결론지었다. 즉 요한은 로고스 예수 그리스도의 죽음과 부활의 구속사역으로 새 창조적 건축으로 새 성전이 이루어질 것을 지시하였다고 할 수

207) Carson, *The Gospel according to John*, 163-65.
208) Koestenberger, *John*, 86.

있다.[209]

로고스는 이러한 그의 죽음과 부활을 통한 구속사역에 근거하여 "너희가 누구의 죄든지 사하면 사하여질 것이요 누구의 죄든지 그대로 두면 그대로 있으리라"(요 20:23)고 선포할 수 있는 권세를 가지게 되었다. 하나님이 아담에게 숨을 불어넣어 에덴동산-성전 안에 자리 잡게 한 것처럼, 로고스 예수 그리스도가 제자들에게 숨을 불어넣어 새 창조하신 새 성전 안에 통합시켰다고 할 수 있다.[210]

하나님의 백성을 구속하여 거주자로 삼으신다는 개념은 일찍이 이사야 선지자가 예언한 바 있다. "사람들이 너를 일컬어 거룩한 백성이라 여호와께서 구속하신 자라 하겠고 또 너를 일컬어 찾은바 된 자요 버림받지 아니한 성읍이라 하리라"(사 62:12). 이러한 예언은 "로고스가 우리 가운데 거하심"의 사건으로 성취되었다. 나아가서 하나님의 거소의 미래는 계시록에 묘사되었다. 처음 하늘과 처음 땅이 없어진 새 하늘과 새 땅은 새 창조가 완성된 거룩한 성 새 예루살렘과 새 성전으로 표현되었다. 하나님의 장막이 사람들과 함께 있고, 하나님이 그들과 함께 계실 것으로 계시 되었다. 하나님의 최종 거주지는 바로 하나님께서 새롭게 창조하신 새 성전으로서의 새 하늘과 새 땅이 될 것이다(계 21:1-4).

(3) 하나님의 자녀

하나님의 자녀가 되는 것은 하나님의 새 창조에 속한다고 할 수 있다.[211]

---

209) 로고스 예수 그리스도의 죽음과 부활을 통한 새 성전 건축은 구약 스가랴 6:12-13의 예언의 성취이기도 하다. 스가랴 선지자는 싹이라는 메시아적 인물이 성전을 건축하고 영광 속에서 다스릴 것을 예언했다,

210) 이러한 모습은 에스겔서의 마른 뼈들의 살아난 장면을 떠오르게 한다. cf. 창 2:7; 겔 37:9-10; 고전 15:45.

211) Masanobu Endo, *Creation and Christology: A Study on the Johannine Prologue*

사람이 할 수 없고 하나님께서만 하실 수 있는 일이기 때문이다. 이것은 요 1:12, 13이 증거한다: "영접하는 자 곧 그 이름을 믿는 자들에게는 하나님의 자녀가 되는 권세를 주셨으니 이는 혈통으로나 육정으로나 사람의 뜻으로 나지 아니하고 오직 하나님께로부터 난 자들이니라."

1) 영접하는 자 곧 그 이름을 믿는 자들

로고스의 새 창조는 영접하는 자 곧 그 이름을 믿는 자들과 연관이 있다. 요한에 따르면 로고스에 의해서 하나님의 자녀로 새 창조된 자들은 먼저 로고스의 이름을 믿어야 했다(1:12). 요한이 말하는 로고스의 이름은 예수의 이름이고(2:23) 하나님의 유일한 독생자의 이름이다(3:16,18). 이름은 그 사람이 나타내는 모든 것을 의미한다. 요한에 의하면 믿음은 곧 영접이다. 이에 대하여 링컨은 유대인들이 예수 로고스의 이름을 믿는다는 것은 믿는 로고스에게 자신을 맡길 정도로 신뢰한다는 것을 의미한다고 해석했다.[212] 그렇다면 유대인들에게 이름은 사람의 문자적 명칭만을 의미하지 않았다. 이름을 믿는다는 것은 그 이름이 대신하는 사람의 인격과 사역을 믿는 것을 의미한다고 볼 수 있다. 그렇지 않으면 믿음의 효력은 없을 것이다.

로고스를 영접하고 그의 이름을 믿는 자는 그의 인격과 사역을 믿는다는 것을 의미한다. 로고스의 인격은 로고스의 성육신 인격이고(요 1:14), 그의 사역은 새 창조적 구속사역으로 세례요한의 증언 가운데 나타난다. 세례요한은 로고스의 인격과 그의 선재를 증언한바 있다(요 1:15). 그러나 그의 증언은 요한복음 1:15로 끝나지 않는다. 요한복음 서문(1:1-18)에 이어지는 세례

---

in the Light of Early Jewish Creation Accounts (Tubingen: Mohr Siebeck, 2002), 221. 마사노부 엔도는 하나님의 자녀(τέκνα θεοῦ)가 '새 창조' (new creation)임을 명시하였다.

212) Lincoln, *The Gospel According to St John*, 103.

요한의 증언은 자신을 "주의 길을 곧게 하라고 광야에서 외치는 자의 소리" (요 1:23)라고 소개한다. 이것은 마이클스가 해석한대로, 세례 요한이 말씀의 소리로서 "주의 길을 곧게 하라"고 한 것은 회개하고 로고스를 영접하고 그의 이름을 믿을 때 로고스의 구속사역으로 말미암은 새 창조를 경험하게 될 것을 증언한 것이라 할 수 있다.[213)]

그러므로 세례요한은 로고스 예수를 "세상 죄를 지고 가는 하나님의 어린 양"(29절)이라고 선포했다. 이 선포는 요한복음 서문이 함의한 로고스의 새 창조를 더 구체적으로 표현한다. 세례요한은 한 인물을 소개함에 있어서 전에도 듣지 못하고 후에도 결코 들을 수 없는 기이한 소개를 하였다. 너무 기이하여 도저히 이해할 수 없는 소개였다. 한 사람을 지목하여 하나님의 아들이라고 하기 전에 하나님의 어린 양이라고 하였기 때문이다.

로고스 하나님의 성육신에 대하여 당시 유대인들은 사람이 어린 양이 되는 것을 이해할 수 없었다. 세례요한이 로고스 예수 그리스도를 세상 죄를 지고 가는 하나님의 어린 양이라고까지 선포한 것을 납득할 수 없었다. 세례요한이 선포한 하나님의 어린 양은 세상 죄를 속량하는 제물이 될 것을 의미한다. 사람이 속죄제물이 된다는 것을 당시에 어느 누구도 이해하거나 받아들일 수 없었다. 왜냐하면 사람이 속죄제사의 제물이 된다는 것도 그때까지 없었던 일이기 때문이다. 그래서 이해될 수 있는 선포가 아니었다. 그렇지만 세례요한은 이 선언을 통하여 로고스 예수 그리스도가 그의 속죄제사로 세상을 구원할 자임을 밝혔다.

이 선언으로 세례요한은 구약을 전체로 요약하여 하나님의 어린 양을 로고스 예수 그리스도에게 적용했기 때문에 최대의 선지자가 되었다. 하나님의 어린 양이란 선포가 세례요한을 최대의 선지자로 만들었다. 아직 세례요한보

213) Michaels, *The Gospel of John*, 100-101

다 더 큰 선지자는 일어나지 않았다. 그러므로 이같이 선언한 세례요한은 예수 그리스도로부터 '모든 선지자보다 나은 자' 이고, '여자가 낳은 자 중에 가장 큰 자' 로 불리어지게 되었다(마 11:9, 11). 왜냐하면 세례요한이 구약의 성전제사가 어린 양 로고스 예수 그리스도의 직임으로 완성될 것임을 선언하였기 때문이다. 세상 죄를 다 없애버리기 때문에 구약의 모든 제사가 완성될 것을 말하였다. 이런 일은 인류 역사에 결코 없었던 일이다. 따라서 로고스의 어린 양으로서의 속죄사역은 로고스의 거대하고 획기적인 새 창조라 할 수 있다.

이와 같이 로고스를 영접하고 그의 이름을 믿는다는 것은 그의 인격과 사역을 믿는 것을 의미한다. 로고스의 인격은 영원한 신적 선재의 인격이고 그의 사역은 하나님의 어린 양으로서의 새 창조적 속죄사역이다(요 1:14, 15, 29). 로고스의 신적 인격과 새 창조적 사역을 믿는 자가 하나님의 자녀가 되는 권세를 갖게 될 것이다.

2) 하나님의 자녀가 되는 권세

불트만(R. Bultmann)은 하나님의 자녀가 되는 것에 대해서 밀의종교의 밀의적 헌신에 의해 신의 아들이 되어 새로운 실존으로 옮겨질 때 신의 자녀가 된다고 주장했다.[214] 그래서 요한의 하나님의 자녀 개념은 유대교적 종말론이 아니라, 밀의종교들로부터 왔다는 것을 분명히 했다.[215] 요한복음

---

214) 밀의종교는 동방으로부터 들어와 헬라-로마 세계에서 기존의 문화와 종교의 전통과 융합함으로써 새로운 형태를 갖춘 종교이다. 밀의종교는 밀의에 참여함으로써 개인의 심령이 구제된다고 믿는 종교로서 고대 헬라세계와 로마에 널리 융성했던 여러 종교를 말한다. 조태연, "신을 먹고 신처럼 되어: 바울신학의 밀의종교적 기원" (미출판논문, 이화여자대학교 인문대학 제5회 교수학술제 발표, 1997.5.), 120. in 박일형, "바울의 사상에서 나타나는 밀의종교: 예수 신화를 중심으로" (석사논문, 감리교신학대학교, 2005), 8.

215) 불트만, 「요한복음서 연구」, 55.

3:3 이하의 '위에서 났다'는 개념이 밀의종교에서 온 것임을 증거한다는 것이다.[216] 신의 자녀는 빛의 아들들이라는 구절도 이것을 뒷받침한다는 것이다.[217]

그러나 불트만의 이러한 주장은 성립될 수 없다. 하나님께로부터 난 자들은 이미 요한복음 1:3에 서술된 로고스의 창조 중보자의 새 창조에 속하기 때문이다. 로고스는 원래부터 하나님으로서 창조주이면서 창조 중보자이기 때문에(요 1:1, 3) 사람의 육정과 의지를 초월하여 하나님의 자녀를 창조할 수 있다. 사람으로서는 불가능한 일을 하나님은 할 수 있기 때문이다. 요한복음 3장의 중생 개념도 불트만의 주장처럼 밀의종교에서 온 것이 아니라 하나님의 새 창조사역 때문에 가능하다고 할 수 있다. 하나님의 자녀가 되는 것은 사람이 하지 못할 일이고 하나님께서만 하실 수 있는 일이기 때문에 로고스의 새로운 창조에 속한다.

로고스의 이름을 믿어서 하나님의 자녀가 되는 권세를 받는다는 것은 보통 사람들의 출생과는 의미가 전혀 다르다. 요한복음 1:12과 이어지는 13절의 주어는 11절과 연관하여 볼 때 로고스이다.[218] 하나님의 자녀가 되는 권세(ἐξουσίαν τέκνα θεοῦ γενέσθαι)를 준 자의 문법적 주어도 로고스이다.[219] 그러면 하나님의 자녀가 되는 새 창조의 주체가 로고스임을 의미할 것이다. 로고스를 영접하고 믿음으로 받아들인 자들에게 로고스가 하나님 자녀의 권세를 주었다. 영지주의자들의 견해처럼 그들은 본래 하나님의 자녀였던 것이 아니라, 로고스가 권세를 부여함으로써 비로소 하나님의 자녀가 되었다.[220] 그러므로 하나님의 자녀가 되는 것은 로고스의 새 창조라고 할 수

---

216) Ibid.
217) Ibid.
218) McHugh, *A Critical and Exegetical Commentary on John 1-4*, 44.
219) Ibid.
220) 비슬리-머리, 「요한복음」, 137-38.

있다.

'하나님의 자녀가 된다' (τέκνα θεοῦ γενέσθαι)는 구절은 공관복음에서는 어디서도 발견되지 않고, 요한의 문헌에서 발견된다(1:12과 11:52; 그리고 요일 3:1, 2, 10; 5:2).[221] 같은 의미로 마태복음 5:9, 45 등에서 '하나님의 아들' 로 사용되기도 했다. 그런데 하나님의 아들은 항상 예수 그리스도와 함께 언급되었다(마태 9회, 마가 6회, 누가 7회 등). 요한도 하나님의 아들을 하나님의 자녀와 동등하게 11회 사용하였다.[222] 이것은 하나님의 자녀가 하나님의 새 창조인 것처럼 하나님의 아들들도 로고스 하나님의 새 창조임을 의미한다. 분명한 것은 로고스가 하나님의 새 백성이 되는 권한을 준다는 사실이다.[223] 이리하여 로고스는 '자신의 사람들' 로(요 13:1) 불리는 새로운 공동체를 창조한다.

유대인들은 자신들이 아브라함의 자손이면서(요 8:33), 하나님의 자녀라고(요 8:41) 믿었다. 이는 혈통(αἷμα)에 따른 자녀를 가리킨다. 그러나 예수는 그들을 마귀의 자녀라고 꾸짖으셨다(요 8:44). 유대인들은 말만 아브라함의 자손이라 하고 실제로는 아브라함의 믿음대로 살지 않았기 때문이다. 예수는 그들이 그들의 아비 마귀의 욕심을 따라 행하려 한다고 말씀했다. 마귀는 처음부터 살인자였고 진리 안에 있지 않았고, 진리가 그 안에 없었기 때문이다. 그가 거짓을 말할 때마다 자기 본성에서 말했다. 이것은 그가 거짓말쟁이고 거짓의 아비이기 때문이라는 것이다. 이러므로 혈통적 유대인들은 자동적으로 하나님의 자녀가 되는 것이 아니다. 육정(θελήματος σαρκός)은 성관계를 통한 자연적 출생을 가리키고, 사람의 뜻(θελήματος ἀνδρός)

---

221) 공관복음에서는 'τέκνον' 이라는 명사가 일반적으로 사용되었다. 마태에 15회, 마가에 9회, 누가에 14회 언급되었다. cf. McHugh, *A Critical and Exegetical Commentary on John 1-4*, 45.

222) McHugh, *A Critical and Exegetical Commentary on John 1-4*, 45.

223) Lincoln, *The Gospel According to St John*, 102.

은 남편의 의지를 의미한다.[224] 이에 따라 하나님의 자녀가 되는 것은 요한에 의하면, 혈통적으로 되는 것이 아니고, 남녀의 성관계나 남자의 의지로 되는 것이 아니다. 하나님의 자녀가 되는 것은 오직 하나님께로부터 나야 한다(ἀλλ᾽ ἐκ θεοῦ γεννάω). 이것은 하나님의 새 창조에 관한 요한의 선언이다.[225] 본문에 따르면, 하나님의 자녀가 되는 권세는 로고스가 부여한 것인데, 이것은 로고스의 새 창조적 사역이라 할 수 있다.

3) 3중 부정

하나님의 자녀가 되는 것에 관한 요한복음 1:13의 3중 부정은 가장 강한 부정을 의미하고, 로고스의 새 창조를 더욱 분명히 하는 것으로 보인다. "혈통으로나 육정으로나 사람의 뜻으로 나지 아니하고"(οἳ οὐκ ἐξ αἱμάτων οὐδὲ ἐκ θελήματος σαρκὸς οὐδὲ ἐκ θελήματος ἀνδρὸς)라는 요한의 진술은 하나님의 자녀가 되는 것이 로고스의 새 창조가 아니면 사람으로서는 전혀 불가능한 일임을 강조한다.

그런데 브라운은 예수의 어머니가 사랑 받는 제자의 어머니가 되는 요한복음의 그림이 메시아 시대에 새로운 백성을 출생시키는 '새 하와' (Lady Zion)를 떠올리게 한다고 주장하였다.[226] 이 같은 브라운의 주장은 마리아가 메시아 시대의 새 백성을 탄생시킨다는 주장이기 때문에 요한복음 1:13의 본문 내용을 부정하는 것으로 보인다.[227] 왜냐하면 본문은 다음과 같은

---

224) 권해생, 「요한복음」, 59.

225) ἐγεννήθησαν는 '출생하다, 만들어내다'를 뜻할 수 있다. 불트만이 이 단어를 설명하면서 예수의 동정녀 탄생을 거론한 것이 흥미롭다. cf. 불트만, 「요한복음서 연구」, 56; 바레트, 「요한복음(1)」, 252; 비슬리-머리, 「요한복음」, 138.

226) Raymond E. Brown, *The Gospel according John I-XII*, The Anchor Bible (New York: Doubleday & Company, 1983), 926. 가톨릭은 전통적으로 마리아를 새 하와로 여겼다. 브라운이 가톨릭 교인이어서 이런 주장을 하는 것 같다.

227) cf. 권해생, "예수의 세족(요 13:1-17)에 나타난 성전과 가족으로서의 예수 공동체,"

특성이 있기 때문이다.

가) "혈통으로 나지 아니하고"(οἳ οὐκ ἐξ αἱμάτων)에서 '혈통'은 유대 혈통을 의미하고 특히 복수(αἱμάτων)로 되어 있는 것이 기이한 점이다.[228] '하이마'(αἱμά)는 혈통과 피를 의미하는 단어의 복수 형태로 양 부모를 가리키는지 아니면 많은 핏방울로 형성된 피를 가리키는지 분명하지 않다.[229] 마이클스도 피들이 복수로 된 것은 부모가 두 명이기 때문일 것으로 추정하지만, 확실하지는 않다고 해석한다.[230] 그래도 피들을 가리키는 것은 분명하다. 피츠너(V. C. Pfitzner)는 복수형태가 아마도 두 혈통의 융합을 배제하지는 않을 것 같다고 주장하였다.[231] 요한의 요점은 하나님의 자녀가 되는 것이 피의 혈연관계에 따른 것이 아니라는 것이다.[232]

나) "육정으로 나지 아니하고"(οὐδὲ ἐκ θελήματος σαρκὸς)에서 '육정'은 인간의 신체적 구성에서 일어나는 욕망이다. 하나님의 자녀가 되는 것은 어떤 인간도 해소할 수 있는 육정 곧 육체의 정욕에 그 기원을 두지 않는다.[233] 육정은 성적 욕구를 가리킨다.[234] 바울의 경우 일반적으로 육신을 악한 의미로 사용했지만(롬 13:14; 갈 5:16; 엡 2:3), 요한은 그 낱말을 그러한 의미로 사용하지 않는다는 점이다. 육신의 의지는 선택권과 우선성을 의미하는 것이지 육신의 욕망이나 정욕을 가리키지는 않는다.[235] 요한이 해석한 육신은 죄의 몸보다는 연약한 몸이었다.[236] 이 구절이 의미하는 바는 하

「교회와 문화」 제32호 (2014. 2), 56.

228) 솔로몬의 지혜서 7:1, 2에서 피는 고대세계에서 생식의 대행자로 간주되었다. V. C. 피츠너, 「요한복음」, 지미숙 역 (서울: 컨콜디아사, 1993), 37.

229) 모리스, 「요한복음(상)」, 127.

230) Michaels, *The Gospel of John*, 73.

231) 피츠너, 「요한복음」, 37.

232) Koestenberger, *John*, 39-40.

233) 피츠너, 「요한복음」, 37.

234) 비슬리-머리, 「요한복음」, 138.

235) Michaels, *The Gospel of John*, 72.

나님의 자녀가 되는 것이 사람 육신의 의지가 아니라 로고스 하나님의 새 창조의 결과라는 점일 것이다.

다) "사람의 뜻으로 나지 아니하고"(οὐδὲ ἐκ θελήματος ἀνδρὸς)에서 사람은 남편을 뜻한다. 그래서 사람의 뜻은 남편의 뜻으로 번역될 수 있는데, 보다 세련된 번역은 "어떤 인간적 자유 의지로도 나지 아니하고" 라고 할 수 있을 것이다. 이 구절은 유대인의 종족적 긍지를 나타내기도 한다. 유대인의 사고에 따르면 위대한 조상들 때문에 하나님이 그들을 곱게 보신다는 것이다. 요한은 유대인들의 그러한 고정관념을 강력하게 거부한다.[237] 아무리 탁월하고 위대할지라도 인간의 사유가 하나님의 자녀로 출생하는 것을 가능하게 하지는 못한다는 것이다. 고린도전서 7:37에 따르면, 사람의 뜻은 그의 성적 욕구를 의미하기도 한다. 사람의 뜻은 남성의 뜻이고 남성의 뜻이란 보통 성관계에서 주도권을 의미하기도 하지만, 여기서는 인간의 주도권을 뜻한다고 볼 수 있다. 따라서 본문의 의미는 하나님의 자녀가 되는 것은 인간의 일체의 우선행위는 봉쇄된다고 할 수 있다. 그렇게 때문에, 브라운의 주장대로 마리아가 하나님의 새로운 백성을 탄생시킬 수는 없다. 하나님의 자녀가 되는 것은 사람의 뜻으로는 불가능하고 로고스 하나님의 새 창조의 결과라고 할 수 있다.

4) 하나님께로부터 난 자들

이 구절에서 하나님의 자녀는 삼중부정과 한 번의 긍정으로 규명된다. 이것은 로고스 하나님의 새 창조적 사역을 가리킨다고 할 수 있다.[238] 이와

---

236) 모리스, 「요한복음(상)」, 127.
237) 모리스, 「요한복음(상)」, 128.
238) 이 구절의 어떤 사본들에는 단수동사를 적용하여 하나님께로서 난 자가 로고스 예수 그리스도의 동정녀 탄생을 의미하기도 한다(ἀλλ᾽ ἐκ θεοῦ ἐγεννήθησαν). 이레니우스와 터툴리안과 저스틴이 이 입장을 지지했다. 현대에 와서 단수의 입장을 주

함께 하나님의 자녀가 되는 것이 하나님으로부터 출생인 것을 로고스의 성육신과 관련짓는 견해는 전적으로 가능하고, 신학적으로 건전하다고 할 수 있다.[239] '하나님께로부터 난' 이란 표현은 하나님이 자기 백성 이스라엘을 낳으셨다고 말하는 구약 본문을 상기시키기 때문이다(신 32:18).[240]

그러나 대부분의 번역은 복수 동사를 적용하여 12절과 13절을 이어간다.[241] 하나님의 자녀는 혈통으로나 육정으로나 사람의 뜻으로 나는 것이 아니고 하나님에 의해서만 새 창조적으로 태어난 자들이라는 주장이다. 하나님으로부터 난 자들은 그들이 믿기 때문이거나, 그들이 이미 하나님으로부터 난 자들이기 때문에 믿는 자들이다.[242]

그런데 요한복음 1:13의 '하나님으로부터 난 자들' 은 요한복음 3:3-8에서 '물과 성령으로 난 자들' 로 표현되었다. 아래로부터가 아니라, 위로부터 난 자들이다. 요한복음 1:12에 나타난 하나님의 자녀 개념은 요한복음 3:1-21과 요일 3-4장에서 중생 개념으로 확대 설명되었다.[243] 하나님의 자녀는 하나님으로부터, 혹은 위로부터의 기원을 갖는다. 키너는 이러한 출생이 로고스의 메시아적 해산의 수고로 시작된 모든 새 창조에 참여하는 것이라고 주장한다(요 16:21).[244] 그리고 하나님으로부터의 출생은 나중에 요한복음 3:1-13에서 보다 자세하게 논의된 것으로 말했다. 왜냐하면 이러한 탄생은 사람으로서 할 수 있는 일과는 너무나 차이가 크기 때문에 좀 더 구체적인

장하는 학자들 중에는 Burney, Torrey, Boismard 등이 있다. 모리스, 「요한복음(상)」, 126. 그래서 하나님의 자녀가 되는 것은 로고스의 동정녀 탄생이 성령의 잉태에 의한 것과 같은 특성이 있음을 주장할 수 있다. 바레트, 「요한복음(1)」, 252.

239) 비슬리-머리, 「요한복음」, 139.
240) Koestenberger, *John*, 526.
241) 버지, 「요한복음」, 77.
242) Michaels, *The Gospel of John*, 71.
243) 비슬리-머리, 「요한복음」, 138.
244) Keener, *The Gospel of John*, 405.

설명이 필요했기 때문이다. 요한은 피와 살의 육체를 가진 사람으로서는 할 수 없는 일이고, 오직 '하나님으로부터만 새로 태어나는 것' 이 가능하다는 점을 강조했다는 의미이다. 이 문구의 논리는 변형을 함의한다. 영원히 하나님과 함께 계신 로고스가 육신이 되신 것처럼(1:14), 로고스가 아닌 보통 사람은 육신으로부터가 아니라 하나님으로부터 다시 날 수 있게 되었다는 것이다. 이러한 일은 하나님의 새 창조라고 할 수 있다.

§ 바레트와 카슨의 삼위일체론

흥미로운 것은 이 부분에서 하나님과 성령이 동일시되었다는 점이다.[245] 로고스도 하나님과 동일시되었다(요 1:1, 10:30). 따라서 하나님과 로고스와 성령이 동일시되고 있음을 알 수 있다.[246] 이러한 요한의 단순한 진술들을 통해서 볼 때, 바레트가 "요한은 다른 어떤 신약성서 저자보다도 더욱 확고히 참된 삼위일체 교리의 기초를 놓았다" 고 말한 주장은 요한복음 자체에 근거한다고 할 수 있다.[247] 이와 같이 하나님의 자녀로 새 창조되는 주제는 삼위일체 하나님의 사역으로 확산된다고 할 수 있다.[248] 카슨은 요한이 진술한 성령에 관한 언급이 삼위일체 교리로 알려지는 요소들이라고 말하였다.[249]

---

245) Ibid.

246) 쾨스텐베르거는 이러한 해석에 동의하지 않는다. 요 3:5-8의 프뉴마(πνεύμα)가 지칭하는 대상은 성령이 아니라는 것이다. cf. 쾨스텐베르거, 436. 그러나 쾨스텐베르거가 삼위일체 교리를 부인하는 것은 아니고, 인정한다. 그의 「요한신학」 제 9장의 제목을 "하나님: 아버지, 아들, 성령" 이라고 표기한 것이나, 요일 2:20, 22이 "분명히 삼위일체에 대한 교훈을 담고 있는 것" 으로 서술한 것이나, 요 2:21-22이 아버지-아들의 관계처럼 예수와 성령의 관계의 절정에 이른다는 표현, 그리고 '기독론적 유일신론' 과 '아버지와 아들과 성령 하나님' 이란 용어를 보면 그렇다. cf. 쾨스텐베르거, 「요한신학」, 397, 443, 445.

247) 바레트, 「요한복음(1)」, 145.

248) 박형용, 「사복음서주해 (I)」 (수원: 합동신학교출판부, 1994), 37.

249) Carson, The Gospel according to John, 98. cf. 1:31-34; 3:3, 5, 6, 33-34; 4:23-

§ 보컴의 이위일체론

그러나 이러한 해석에 대하여 리처드 보컴은 동의하지 않는다. 왜냐하면, 보컴은 그의 최근 저서인 「요한복음 새롭게 보기: 요한복음의 주요 주제들에 대한 심층분석」(*Gospel of Glory: Major Themes in Johannine Theology*, 2015)에서 다음과 같이 주장했기 때문이다. 요한복음은 삼위일체를 말하는 것이 아니라 이위일체를 말한다는 것이다.[250]

그렇지만, 이 같은 보컴의 주장은 요한복음 자체에 의하여 지지될 수 없는 것으로 보인다. 바로 1:13의 '하나님께로부터 난 자들' 과 3:5-6, 8의 '성령으로 난 자들' 에서 하나님과 성령이 동일시되기 때문이다. 이 분문들에 의하면, '하나님께로부터 난 자들' 은 '성령께로부터 난 자들' 이라고 할 수 있기 때문이다. 요한복음에서 성부와 성자는 한 하나님으로 선포되었기 때문에(1:1; 10:30), 1:13의 하나님이 성부를 의미한다면, 성자와 한 하나님이신 성부는 성령과도 한 하나님이시다고 할 수 있다. 이런 의미에서 성부와 성자와 성령이 한 하나님이라고 할 수 있을 것이다.[251] 따라서 요한복음에 아버지와 아들과 성령의 삼위일체가 나타나지 않고, 아버지와 아들의 이위일체적인 본문들만 등장한다는 보컴의 주장은 너무 근시안적인 문자주의의 연구 결과로 보인다. 왜냐하면 요한복음 15:26도 삼위일체를 나타내고 있기 때문이다.

24; 6:63; 7:37-39; 14:16-17, 23, 25-26; 15:26-27; 16:7-15; 20:21-23.

250) 리처드 보컴, 「요한복음 새롭게 보기: 요한복음의 주요 주제들에 대한 심층분석」(서울: 새물결플러스, 2016), 82-83.

251) http://dhspriory.org/thomas/John1.htm; Aquinas, *COMMENTARY ON THE GOSPEL OF ST. JOHN: Part I, Chapters 1-7*, trans. James A. & O.P. Weisheipl (N.Y.: Magi Books, Inc., 1998), LECTURE 6, 162. 아퀴나스는 '하나님께로부터 난 자들'의 하나님이 성부 하나님이라고 주석했다. 반면에 Calvin, Bultmann, Barrett, Lincoln, Koestenberger, Brown, Burge, Keener, Michaels, Morris, Beasley-Murray, Hendrickson, McHugh, 이상근, 이필찬, 주성준, 이상훈, 유상섭 등은 그들의 요한복음 주석에서 1:13의 '하나님께로부터 난 자들' 의 '하나님' 에 대해 별다른 주석을 하지 않았다.

§ 김세윤과 쾨스텐베르거의 삼위일체론

김세윤은 그의 저서 「요한복음강해」에서 13-16장을 '예수의 고별사' 로 명명하고, 그 내용의 한 부분으로 '삼위일체적 신론' 이라 하여 해석했다.

> 성령은 하나님의 아들이 아버지에게 요청하여 아버지께서 보내신다(14:16). 아버지께서 아들의 이름으로 보내신다(14:26). 아들이 아버지께로부터 보낸다(15:26; 16:7). 이렇게 요한복음은 성령을 하나님 아버지의 사자(使者; agent)라고도 하고 하나님의 아들의 사자(使者; agent)라고도 해서, 하나님 아버지와 하나님의 아들이 성령을 보내심에 함께 작용함을 보여 준다. 그리하여 요한은 하나님의 삼위일체적 존재와 사역을 나타내고 있다.[252]

김세윤의 이 같은 주장은 쾨스텐베르거에 의하여도 지지된다. 왜냐하면 쾨스텐베르거는 "삼위일체는 요한복음의 알파와 오메가이다. 예수의 정체성과 선교에 대한 요한의 기사는 말 그대로 처음부터 끝까지 삼위일체적이다" 고 진술했기 때문이다.[253] 쾨스텐베르거는 "예수가 떠난 다음을 대비해 제자들을 준비시키는데 주된 목적이 있는 고별강화에서 성령은 훨씬 더 두드러지게 나타난다" 고 말하면서,[254] "요한복음 후반부는 사복음서에서, 참으로 신약 전체에서 성령을 가장 상세하게 묘사한다" 고 주장하였다.[255]

§ 이한수와 변종길의 삼위일체론

이한수도 신약 저자들과 함께 요한이 말하는 성령은 삼위일체 신론을 지

---

252) 김세윤, 「요한복음 강해」 (서울: 도서출판 두란노, 2002), 183.

253) 안드레아스 쾨스텐베르거, 스코트 스웨인 공저, 「아버지와 아들과 성령: 삼위일체와 요한복음」, 221.

254) Ibid., 129.

255) 안드레아스 쾨스텐베르거, 스코트 스웨인 공저, 「아버지와 아들과 성령: 삼위일체와 요한복음」, 189.

지한다고 주장한다.[256] 변종길도 요한복음에 관한 저술에서 "삼위일체 하나님 중에서 성부는 제1위 하나님, 성자는 제2위 하나님, 그리고 성령은 제3위 하나님"이라고 주장한다.[257] 이복우는 요한복음 1:1의 로고스가 하나님이라는 요한의 진술이 삼위일체 교리를 위한 결정적 요소인데 인간의 생각으로는 해결 못할 일이라고 주장하였다.[258]

이와 같은 학자들의 설명에 따르면, "요한복음은 성령과 아버지 및 아들과의 관계를 직접 정의하지 않는다"는 보컴의 주관적인 이유만으로, 요한복음 자체가 말하는 삼위일체 하나님을 부정하는 것은 합리적 해석이라고 할 수 없다. 보컴이 사용한 '이위일체'란 용어가 적절한가에 대하여 명쾌한 설명도 없다. 더구나 '일체'라고 할 때 하나의 실체(substance)나 본질(essence)의 의미로 전통적 신학에서 사용되었는데, 보컴은 성부와 성자의 '이위일체'의 개념에 대한 구체적 논의를 하지 않았다. 또한 보컴은 "과연 요한복음이 성령과 아버지 및 아들 사이의 관계를 정의하는가에 관한 후속 연구가 있어야 할 것이다"고 하여 자신이 책임 있게 연구를 수행하지 않고, 연구 과제를 다른 학자들에게 미루는 듯한 인상을 주는 것으로 보인다.

아울러 '오직 하나님께로부터 난 자들'은 성전과 가족으로서 예수 공동체를 이룬다고 할 수 있다.[259] 우선, 로고스의 성육신에 따른 거하심은 오직 하나님께로부터 난 자들 가운데 거하심을 의미할 것이다. 로고스의 성육신과 거하심(요 1:14)과 성전 사건(요 2:19-21)에서 로고스 예수 그리스도는 자신이 성전임을 선포했다. 권해생은 로고스 예수 그리스도가 하나님이 거하시는 장소로서 새 아버지 집임을 주장하였다. 요한복음은 예수 공동체가 하나님이

256) 이한수, 「신약이 말하는 성령」 (서울: 도서출판 솔로몬, 2009), 492-96.
257) 변종길, 「우리 안에 계신 성령」 (서울: 생명의말씀사, 2003), 14.
258) 이복우, 「내 뒤에 오시는 이」, 248-51.
259) 권해생, "예수의 세족(요 13:1-17)에 나타난 성전과 가족으로서의 예수 공동체," 「교회와 문화」 제32호 (2014. 2), 53.

거하시는 장소로 묘사했다는 것이다.[260] 요한복음 14장에서도 아버지 집은 종말론적 성전으로서 성도들이 거하는 곳으로 묘사되었다. 그래서 예수 공동체는 하나님이 거하시는 곳, 곧 성전이 된다는 주장은 요한복음의 문맥을 따른 해석이라 할 수 있다.[261]

그리고 '오직 하나님께로서 난 자들' 이 이루는 예수 공동체로서 성전은 하나님의 가족이라고도 할 수 있을 것이다.[262] 왜냐하면 가족 개념은 요한복음에 나타나는 대표적인 모티브 중의 하나라고 할 수 있기 때문이다. 요한복음에서 하나님과 로고스 예수 그리스도는 아버지와 아들의 관계로 계시되었다(요 1:34, 49; 3:36 등). 예수는 하나님의 아들로 계시되고, 하나님은 예수의 아버지로 묘사되었다(요 5:17; 8:42; 17:1 등등). 권해생은 요한복음에서 가족을 나타내는 더 많은 본문들을 제시하였다. 예수의 제자들은 하나님의 자녀로 불리어지고(1:12), 예수의 형제들로 일컬어졌다(20:17). 그들은 성령으로 다시 태어나 하나님의 가족으로 귀속된다(3:5). 요한복음 14:2-3에 나타난 집(οἰκίᾳ) 건물뿐만 아니라 가족을 묘사한다(11:31; 12:3; 4:53; 8:35). '아버지 집' (τῇ οἰκίᾳ τοῦ πατρός)은 장소 개념으로서 성전뿐만 아니라, 가족 개념으로서의 성전을 의미한다고 할 수 있다(14:2-3). 더구나 예수는 십자가상에서 하나님의 새로운 가족을 선언하시기도 했다(19:26-27). 권해생은 이것이 로고스 예수 그리스도가 십자가 사역으로 가져 올 새 창조의 모습을 나타낸다고 주장하였다.[263] 이러한 주장은 영적 출생으로 되는 새 생명이 하나님의 자녀가 되는 것을 의미하고, 이것은 곧 하나님의 가족이라는 주장을 반복한 것이라 할 수 있다.[264] 왜냐하면 로고스의 십자가 사역은 하나님의 백성을 피 흘려 구속하는 사역이기 때문이다. 로고스의 피로 하

260) 권해생, "예수의 세족," 53-54.
261) Ibid., 54.
262) 권해생, "예수의 세족," 54.

나님의 가족이 되었다고 할 수 있다. 모리스는 13절을 주석하면서, '하늘나라의 가족으로 들어가는 그 길'이라고 하였다.[265] 이러한 주장은 또한 이 논문의 논지와 일치한다.

키너는 하나님에 의한 출생이 메시아의 사명 감당으로 시작된 새 창조에 참여하는 것으로 주장한다.[266] 키너의 이러한 주장은 지금까지의 논의를 뒷받침한다고 할 수 있다. 즉 하나님의 자녀는 하나님께로부터 새 창조적으로 난 자들이라는 주장이다. 그리고 여기에 덧붙인다면, '출생하다'(γεννάω)는 '만들어내다'를 뜻할 수 있기 때문에,[267] 하나님에 의한 출생은 하나님에 의하여 만들어진 새 창조인 것이 보다 분명해 보인다.

(4) 은혜와 진리

로고스는 새 창조 중보자 예수 그리스도를 가리킨다(요 1:17). "왜냐하면 율법은 모세를 통하여 주어졌고, 은혜와 진리는 예수 그리스도를 통하여 왔기" 때문이다.[268] 이 구절을 보면, 요한은 의도적으로 로고스 예수 그리스도가 시내산을 배경으로 한 새로운 모세임을 보여주려고 하는 것으로 보인다. 요한은 이 구절에서만 모세와 로고스 예수 그리스도 간의 관계를 연결시키고 있는 것이 아니다. 요한복음 3:14에서도 "모세가 광야에서 뱀을 든 것 같이 인자도 들려야 한다"고 하여 모세와 로고스를 연결시키고 있다. 요한복

---

263) 권해생, "예수의 세족," 55-56.
264) 권해생, 「요한복음」, 59.
265) 모리스, 「요한복음(상)」, 126.
266) Keener, *The Gospel of John*, 405.
267) 불트만, 「요한복음서 연구」, 56.
268) '왔다'로 번역한 ἐγένετο는 '생겼다'로도 번역할 수 있다. 그러나 구약시대에도 '은혜와 진리'는 '인자와 진실'로(출 34:6; 시 86:15, 117:2 등) 존재했기 때문에, 신약시대에 처음으로 생겼다고는 할 수 없을 것이다. 그래서 '왔다'로 번역하는 것이 무난해 보인다.

음 6장의 5병2어 기적은 모세와 이스라엘의 광야에서의 만나와 비교될 수 있다. 요한복음 17장의 고별설교는 모세의 최후 설교인 신명기를 떠오르게 한다. 이 외에도 요한복음 1:45에서 예수 그리스도는 '모세가 율법에 기록하였던' 분으로 언급하였다. 또한 요한복음 5:46에서 "모세를 믿었더라면 또 나를 믿었으리니 이는 그가 내게 대하여 기록하였음이라"고 하여 모세가 로고스 예수 그리스도의 증거자인 것을 밝혔다. 또한 복음서 중 요한복음만이 모세를 가장 많이 언급했다. 마태는 모세를 7번, 마가는 8번, 누가는 10번 언급했고, 요한은 12번 언급했기 때문이다.[269)]

1) 은혜와 진리의 출애굽 모티프

요한문헌에서, 은혜는 요한이서 1:2과 요한계시록 1:4 그리고 요한계시록 22:21의 인사말에 나온다. 요한복음 1:14과 1:16-17에서 은혜는 율법과 비교되고, 진리와 결합되어 로고스의 계시의 결과를 지시한다. 여기에 이 단어의 독특한 의미가 드러나 있다. 바울은 은혜에 의한 구원을 말했다(엡 2:5-8). '은혜와 진리' (ἡ χάρις καὶ ἡ ἀλη'θεια)를 말하는 요한복음 1:17은 14절보다 구체적인 내용으로 제시되고 있다. 은혜와 진리는 출애굽의 구원 사건을 배경으로 한다(출 34:6). 출애굽 사건은 이스라엘에 대한 하나님의 은혜로운 구원 사건이다. 출애굽의 구원 사건은 새 창조의 모티프가 있는 것으로 보인다.

이러한 이유로 요한은 의도적인 문학적 패턴으로 출애굽기와 자신의 복음서를 연관시키는 것으로 보인다.

a) 요한복음과 출애굽기는 다 같이 인정받지 못한 구원자를 언급한다. 요한복음 1:11에 보면 로고스 예수 그리스도가 "자기 땅에 오매 자기 백성이

---

269) 김득중, 「복음서 신학」 (서울: 컨콜디아사, 1991), 337-38.

그를 영접하지 않았다." 모세 역시 출애굽기 2:14에 보듯이, 모세가 자기 백성에게 나가지만 "누가 너를 우리의 주재와 법관을 삼았느냐?" 고 반문했다. 하나님의 새 창조가 사람들에게 인정받지 못함을 의미한다고 할 수 있다.

b) 뱀의 표적을 다 같이 나타낸다. 모세가 광야에서 뱀을 든 것이 로고스 예수 그리스도가 들려야 할 것을 언급했다(출 4:4-5; 요 314-15).

c) 첫 번째 표적에 대한 믿음을 다 같이 나타냈다. 출애굽기 4:30의 기록에 의하면 아론이 백성 앞에서 이적을 행하니까 백성이 믿었다. 요한복음 2:11에 보면, 예수께서 첫 기적을 갈릴리 가나에서 행하니까 제자들이 믿었다. 하나님의 새 창조의 역사가 시작되었음을 표적으로 나타낸 것으로 볼 수 있다.

d) 둘 다 중재기도를 기록했다. 출애굽기 32-33장에는 모세의 기도, 요한복음 17장에는 로고스 예수 그리스도의 기도가 나타나 있다. 이 외에도, 떡(출 16:15, 요 6:35), 빛(출 3:13:21-22, 요 8:12), 선한 목자(출 3:1, 요 10:11), 자기 정체를 밝히는 말씀(출 3:14, 요 8:12)을 들 수 있다. 요한복음과 출애굽기의 이러한 병행은 우연이 아니라 의도적인 것이라 할 수 있다.[270)]

요한복음의 출애굽 모티프는 은혜와 구원을 설명하는 것으로서 새 출애굽 및 새 창조와 연결될 수 있다. 특히 출애굽은 이스라엘이 새롭게 창조되었다는 것을 의미하는데, 이사야는 바벨론 포로 귀환을 새 출애굽으로 이해하여 출애굽을 새 창조와 연결시킨다. 우선 이사야가 말하는 이스라엘의 포로 귀환은 제2 출애굽의 관점에서 묘사할 수 있다. 출애굽기 15:1-18을 연상할 때, 이사야 40:3-5; 41:17-20; 42:16; 43:19-21; 49:10은 새 출애굽 이미지를 강력하게 표명하고 있다. 특히 이사야 51:9-11은 홍해와 광야를 건너는 새

270) 김득중, 「복음서 신학」, 338-39.

출애굽 모티프가 매우 놀랍고 대담한 방식으로 제시되었다.[271] 이사야 51:1-8도 마찬가지로 새 출애굽의 이미지를 반영하고 있다. 그런데 이사야는 그의 예언서 이사야 65:17-18에서 창세기 1:1의 '창조'란 단어를 세 번 반복한다. 17절에 1번 18절에 2번 쓰였다. 이것은 현재의 개조가 아니라 전적으로 새 창조를 하신다는 하나님의 예언이다. 이사야서는 이미 패망을 맛본 하나님의 백성들이 포로에서 해방되어 예언자들이 고대하던 새 하늘과 새 땅의 중심지가 될 약속의 땅으로 부름을 받을 예루살렘의 복구된 모습을 보여준바 있으나(사 11:6-9; 29:17; 32:15), 여기서는 전적인 새 창조를 가리킨다(사 65:17-18).[272] 새 하늘과 새 땅은 전혀 새로운 것이기 때문에 이전의 하늘과 땅은 기억되지 않을 것이다(사 65:17; 계 21:1). 이 새 창조는 이사야 56-66에 예고된 총체적 구속을 가리킨다.[273] 구속을 통하여 새 창조가 이루어진다. 이사야 43:1; 44;6; 54;1-10은 출애굽기 15:3과 연관하여 구속으로 말미암은 새 창조를 말한다. "여호와께 구속 받은 자들이 돌아와 노래하며 시온으로 돌아오니 영원한 기쁨이 그들의 머리 위에 있고 슬픔과 탄식이 달아나리이다"고 말한 이사야 51:11은 이사야가 시온으로 귀환하는 제2 출애굽을 낙원의 상태로 귀환하는 것으로 예고하였다. 이러한 용법은 이사야 65:17-25에 나오는 새 하늘과 새 땅의 도래를 말하는 새 창조의 특징을 묘사할 때도 사용되었다.[274]

그러나 김득중이 스미드(R. H. Smith)를 따라서 요한복음에 기록된 표적을 출애굽기의 열 가지 재앙과 대비시킨 것은 매우 부자연스러워 보인다. 여섯 번째 독종 재앙이 베데스다 연못의 38년 된 병자를 고친 이적과 비교한

---

271) 덤브렐, 「새 언약과 새 창조」, 229.
272) 이상근, 「구약주해: 이사야」 (대구: 성등사, 1991), 498.
273) 덤브렐, 「새 언약과 새 창조」, 229.
274) 덤브렐, 「새 언약과 새 창조」, 230.

것(출 9:8-12, 요 5:2-9)과 흑암 재앙을 소경과 비교한 것(출 10:21-29, 요 9:1-41), 그리고 장자를 죽이는 재앙을 죽은 나사로 살리는 이적과 비교한 것(출 11:1-12:32, 요 11:1-44)을 제외하고는, 개구리, 이, 파리, 생축 재앙, 우박, 메뚜기 재앙 등에서 공통점을 찾을 수 없기 때문이다.[275] 그래도 출애굽의 열 가지 재앙과 요한복음의 이적이 어느 정도 연관성이 있는 것은 부정될 수 없을 것이다. 열 가지 재앙이 애굽에는 재앙이었어도, 이스라엘에게는 출애굽할 수 있는 계기가 되었다고 할 수 있을 것이다.

이처럼 요한은 출애굽의 상황과 연관시키면서 17절에서 예수 그리스도로 말미암은 은혜와 진리를 말한다. 요한이 17절에서 예수 그리스도의 은혜와 진리를 말한 것은, 모세로 말미암은 출애굽이 하나님의 새 창조적 기적이었던 것처럼, 로고스 예수 그리스도로 말미암은 빛과 생명의 은혜와 진리도 하나님의 새 창조를 나타내기 위함이라고 할 수 있다. 로고스 예수 그리스도께서 사람들을 죄에서 구원한다는 점에서 은혜이다. 이러한 은혜와 진리가 로고스 예수 그리스도로 말미암아 왔다는 것은, 사람들 스스로가 도무지 할 수 없는 일이고, 그 전에 없었던 전혀 새로운 일이며, 하나님만이 하신 일이기 때문에, 하나님의 새 창조라고 할 수 있다. 로고스 예수 그리스도는 자신이 하나님이기 때문에(요 1:1), 로고스의 성육신 자체가 하나님의 계시이다. 이런 의미에서 로고스는 진리이다. 모세는 율법을 통하여 하나님의 계시를 백성에게 전달했다. 모세는 계시의 단순한 전달자였지만, 로고스 예수 그리스도는 자신의 존재와 나타남 자체가 하나님의 계시였다.

이런 의미에서 율법을 능가하는 은혜와 진리를 가져온 예수 그리스도는 새로운 모세로 묘사될 수 있을 것이다.[276] 그러나 17절은 요한복음의 서문에 속하기 때문에 은혜와 진리의 구체적인 내용은 암시적이라 할 수 있다.

---

275) 김득중, 「복음서 신학」, 339-41.

은혜와 진리는 로고스 그리스도의 성육신의 인격과 구속사역으로 말미암아 주어진다는 것을 미리 포괄적으로 함의했다고 할 수 있을 것이다.[277)]

모세는 여호와 하나님의 인도에 따라서 출애굽 사역을 수행하였고, 시내산에서 율법을 백성에게 선포했다. 모세를 통한 출애굽과 율법 수여는 이스라엘에 대한 하나님의 은혜였다. 모세는 출애굽 이후 시내산에 도착하여 하나님의 율법을 하나님께 받아 백성에게 전달하였다. 이것은 하나님께서 모세를 통하여 이스라엘에게 주신 은혜였다. 따라서 모세는 하나님의 은혜를 이스라엘에게 전달하는 중보자였다. 이스라엘의 출애굽적 구원은 애굽의 노예살이에서 해방이었다. 시내산에서 율법은 전적으로 이스라엘이 애굽의 노예에서 해방된 다음에 주어졌다. 이러한 배경에서 출애굽이 하나님의 새 창조가 될 수 있는 것은 출애굽의 해방과 구원이 이스라엘 스스로는 할 수 없는 일이었고, 하나님께서 기적적으로 해내신 일이었기 때문이다.

또한 새 출애굽이 로고스 예수 그리스도의 구속사역을 의미한다는 것은 예수 자신의 사역 때문이다. 첫 출애굽 때 시내 광야에서 하나님이 만나를 먹이신 것처럼 로고스 예수께서 첫 출애굽의 구원을 기념하는 유월절에 광야에서 굶주린 5천명을 먹이셨다(요 6:1-15). 더욱이 예수가 갈릴리 바다 위를 걸어와서 제자들을 구원하셨기(요 6:16-21) 때문에, 당시 사람들은 예수가 바로 신명기에 약속한 모세와 같은 선지자(신 18:15)인 제 2의 모세라고 생각하고 모세가 이루었던 출애굽적 구원을 기대하게 했다. 또한 사도 요한이 세례요한의 발언을 기록하여 예수를 '하나님의 어린양' 이라고 나타낸 것은 신약성경에서 유일하다(1:29, 36).[278)] 요한은 세상의 죄를 대속하는 사역

276) 모리스, 「요한복음(상)」, 141.

277) 은혜는 하나님의 호의와 선물로서 로고스 하나님의 성육신과 그의 구속사역이 핵심을 이룬다고 할 수 있다. 그러나 로고스의 성육신 이후 그의 구속사역의 구체적인 기사는 요한복음 서문에 나타나 있지 않고 서문 이후에 기록되어 있기 때문이다. 진리는 예수 자신을 가리킨다고 예수 스스로 선언하였다(요 14:6).

을 이 표현으로 나타내었는데, 어린양은 출애굽 당시 유월절의 희생양이었다.[279] 그래서 로고스 예수 그리스도의 구원사역은 새 출애굽이라고 표현할 수 있다. 이와 관련하여 누가복음 9:31에서 예수님의 죽음으로 이루어지는 구속사역을 출애굽으로 표현했다(τὴν ἔξοδον αὐτοῦ). 로고스의 예수 그리스도의 죽음과 부활로 수행되는 구속사역을 새로운 출애굽이라 할 수 있는 근거는 이러한 예수 자신의 사역과 발언이다. 모세로 말미암은 출애굽이 이스라엘에게 은혜이고, 시내산에서 모세로 말미암아 율법이 주어진 것처럼, 예수 그리스도로 말미암아 구속의 은혜가 주어지고, 로고스 예수 그리스도 자신이 진리를 직접 나타내었다. 새 출애굽을 새 창조라 할 수 있는 것은 사람이 할 수 없었고, 하나님만이 하실 수 있는 사역이었기 때문이다. 모세로 말미암은 새 창조는 그리스도의 새 창조의 모형이라 할 수 있을 것이다. 모세로 말미암은 출애굽 사건과 달리 예수 그리스도로 말미암은 새 출애굽적 새 창조는 우주적 영적 구원이라 할 수 있을 것이다.

로고스는 이미 창조 중보자였다(3절). 따라서 로고스 예수 그리스도로 말미암아 은혜와 진리가 주어진 것은(요 1:17) 로고스가 구속 중보자로서 구속 중보 사역을 새 창조적으로 수행한 것이라고 할 수 있을 것이다.

2) 율법과 은혜

율법이 모세로 말미암아 주어졌다는 것은(요 1:17) 하나님이 시내산에서 모세에게 율법을 주시고 십계명을 두 돌판에 써 주신 것을 지시한다(출 31:18; 34:27-28).[280] 율법은 하나님의 뜻을 알리고 고소하는 기능을 가진다. 이러한 측면에서 율법은 사람을 구원할 수 없다. 왜냐하면 율법은 정죄와 고소의 기능으로 그리스도에게로 인도하는 몽학선생(갈 3:24-25)의 기능

---

278) 요한계시록에서 27번 사용되었다.

279) 크레이그 L. 블롬버그, 「예수와 복음서」, 김경식 역 (서울: CLC, 2008), 261.

만을 갖기 때문이다. 이와 반면에 로고스 예수 그리스도는 사람을 죄에서 구원한다. 이런 점에서 모세의 율법은 예수 그리스도의 은혜와 대조된다. 하나님은 율법을 그냥 백성들에게 선포하신 것이 아니고 모세를 중보로 하여 주셨다. 은혜와 진리는 예수 그리스도로 말미암아 왔다. 이런 점에서도 은혜와 진리는 율법과 대조된다.

그러나 율법은 은혜와 대조되는 것만은 아니다. 왜냐하면 시내산에서 모세로 말미암은 율법수여 이전에 하나님의 출애굽적 구원의 은혜가 선행되었기 때문이다. 이스라엘은 스스로의 힘으로 애굽에서 해방될 수 없었지만 하나님의 기적적 능력으로 구출되는 은혜를 받고 난 이후에 시내산에서 율법을 받았기 때문이다. 그래서 모세로 말미암아 주어진 율법도 사실상 은혜의 선물이고, 예수 그리스도로 말미암은 은혜와 진리도 실제로 선물의 성격을 띠고 있다. 이 부분에 대하여, 불트만이 은혜는 선물의 형식이고, 진리는 은혜의 내용이라고 말했다.[281] 이러한 불트만의 설명은 사실상 무의미하다고 할 수 있다. 왜냐하면 로고스 예수 그리스도를 신화 이야기로 치부하고 그리스도의 역사성을 부인하기 때문이다. 주성준은 요한복음 14:6에 따르면, 하나님을 계시하는 로고스 예수 그리스도 자신이 진리라고 말한다.[282] 로고스 없는 은혜와 진리는 생각할 수 없다는 것이다. 그래서 로고스는 은혜와 진리의 핵심을 이루고 있다. 은혜와 진리는 예수 그리스도의 구속사역으로 말미암아 새 창조적으로 사람들에게 왔기 때문이다.

은혜(χάρις)의 동사형(χαίρω)은 '기뻐하다' 는 뜻이 있다. 그래서 은혜는 기쁨과 연관이 있다. 은혜는 기쁘게 만드는 것이다.[283] 은혜는 호의로 인해 느끼는 즐거움을 표현한다(요 16:20). 죄인들로서 우리 인류에게 진정한 기

280) 이복우, 「내 뒤에 오시는 이」, 211.
281) 불트만, 「요한복음서 연구」, 73.
282) 주성준, 「요한복음: 확신과 경고」 278.

뿜은 율법의 정죄가 무효화되는 것이라 할 수 있다. 그러나 율법에는 이러한 기쁨이 없다. 율법에는 정죄만 있다(롬 2:12). 그러나 로고스는 새 창조적으로 성육신하여 인류의 죄를 제거하는 구속사역을 했기 때문에 사람들의 진정한 기쁨을 회복하였다.[284] 죄가 제거된 결과는 영생이다. 죄의 값은 사망이기 때문에, 죄가 없어지면 사망도 없어져서 영원히 기뻐하며 살 수 있게 될 것이다. 율법은 이러한 일을 할 수 없다. 그러므로 은혜와 진리는 은혜로 주어진 율법을 넘어선다. 요한복음에 로고스의 성육신이 기록된 것은 성육신한 로고스 예수 그리스도가 하나님의 백성들에게 속죄의 은혜를 새 창조적으로 베풀어 율법의 정죄를 무효화하여 영생하는 기쁨을 주기 때문이다(20:31). 그러므로 모세를 통한 율법수여도 은혜인데, 예수 그리스도를 통한 은혜와 진리는 더 큰 은혜라고 할 수 있다. 이처럼 은혜의 관점에서 율법과 은혜는 연속성과 불연속성이 있다고 할 수 있다. 연속성은 은혜에 속하고 불연속성은 새 창조에 속한다고 할 수 있을 것이다.

(5) 요약

이상에서 논의한 내용은 다음과 같이 정리할 수 있을 것이다. 한 마디로 요한복음 서문에는 새 창조 모티프가 나타나 있다는 점이다.

첫째, 로고스는 하나님으로서 이미 창조 중보자였고(요 1:1, 3), 로고스의 성육신(요 1:14)은 새 창조적 구속중보의 출발점이었다. 로고스의 성육신과 거하심은 구약의 성막과 성전이 새 창조적으로 성취되고 확대되었다. 로고스의 성육신의 목표가 구속사역이다. 요한복음 서언(1:1-18)은 창세기 1:1-5을

283) Bauer, *A Greek-English Lexicon of the New Testament and Other Early Christian Literature*, 1074-80; 킷텔, 「신약성서신학사전」, 840.

284) 하나님은 새 창조로 백성이 기뻐하는 것을 원하신다. cf. "보라 내가 새 하늘과 새 땅을 창조하나니 이전 것은 기억되거나 마음에 생각나지 아니할 것이라 너희는 내가 창조하는 것으로 말미암아 영원히 기뻐하며 즐거워할지니라"(사 65:17-18).

상기시켜준다. '태초, 빛, 어둠' 은 창세기와 요한복음이 서로 연관되었음을 나타낸다. 이 단어들은 옛 창조에서 새 창조에로 전환을 지시한다. 옛 창조에서 새 창조로 변환하는 결정적 계기는 하나님의 구속사역이라 할 수 있다. 로고스의 창조 중보자로서 구속 중보자가 되었다.

둘째, 로고스가 나타내는 생명과 빛은 창조와 새 창조에도 나타났다. 생명과 빛은 로고스 아들의 구속사역과 연관이 있다. 죄 때문에 죽어야 할 인간이 로고스의 구속사역으로 멸망하지 않고 영생을 얻게 된 것은 사람이 할 수 없고, 그 때까지 없었던 일이며, 하나님만이 할 수 있는 일이다. 그래서 이 일은 하나님의 새 창조이다. 하나님의 새 창조도 로고스가 생명의 빛으로서 빛을 비추는 사역을 통하여 수행하기 때문에, 로고스는 새 창조 중보자라고 할 수 있다. 요한이 로고스의 창조 중보를 서술한 것은 로고스가 새 창조 중보자의 충분한 자격과 능력을 갖춘 자로서 새 창조 사역을 말하기 위함이었다. 세상은 로고스의 성육신과 새 창조를 알지 못했기 때문에 이 진리를 설명할 필요가 있었다. 요한복음 1:18에 따르면, 무지에 대한 해결책은 '나타냄' (ἐξηγήσαθαι)이었다. 로고스의 새 창조 사역은 생명과 빛을 보유한 로고스의 성육신과 거하심에 나타났다. 생명과 빛은 창조 용어에 해당하고, 요한복음이 새 창조 모티프로 작성되었음을 의미한다. 세상에 빛을 창조하신 로고스 하나님이 어둠 속에 있는 인간을 구원하기 위해 구원의 빛으로 오셨다. 하나님의 첫 창조에 어둠이 창조의 빛을 제어하거나 이기지 못하듯이(창 1:2-3) 어둠의 세력이 새 창조의 빛을 막을 수 없다.

셋째, 하나님의 자녀가 태어나는 것도 새 창조이다. 로고스를 영접하는 자는 곧 그 이름을 믿는 자가 되어 새 창조적으로 하나님의 자녀가 되는 권세를 로고스로부터 받은 자이다. 로고스의 이름을 믿는다는 것은 그의 인격과 사역을 믿는 것인데, 로고스의 성육신의 인격과 그의 구속사역을 받아들이는 것을 의미한다. 로고스를 영접하고 믿는 하나님의 자녀는 혈통으로나 육정으로나 사람의 뜻으로 나지 않는 3중 부정의 강조와 함께 하나님께로부터 새 창조적으로 거듭난 자들임이 강조되었다. 이렇게 해서 하나님에게서 거듭난 자는 의미상 그리스도의 성령 잉태와 동정녀 탄생과 연관되었다고 할 수 있다. 또한 요한복음 1:12에 언급된 하나님의 자녀는 요한복음 3장에서 중생의 개념으로 확대되었다. 중생도 하나님의 새 창조이다. 모세의 중보를 통하여 율법이 주어졌듯이, 제2의 모세라 할 수 있는 예수 그리스도의 중보로 말미암아 은혜와 진리가 온 것은, 로고스 예수 그리스도가 하나님의 어린 양으로서 구속적 중보 사역을 새 창조적으로 수행하여 주어졌다고 할 수 있다. 따라서 하나님의 자녀로 태어나는 것은 로고스의 구속사역에 따른 결과라고 할 수 있다.

VI

제 6 장

결 론

1. 요약과 결론

이상에서 성경 전체를 창세기의 '창조' 와 요한계시록의 '새 창조' 에 이르는 과정으로 보고, 성경의 일부인 요한복음 서문(1:1-18)에 새 창조 모티프가 반영되었는지를 고찰하였다. 특히 고대로부터 최근의 학자들에 이르기까지의 연구를 통하여 로고스의 새 창조의 모티프가 드러나 있는지를 살폈다. 그 결과 크리소스톰과 어거스틴은 로고스가 "태초에 계셨다" 는 것을 로고스의 영원한 선재를 가리키는 것으로 설명하였다. 크리소스톰은 로고스로서의 하나님의 독생자가 하나님의 영원한 나심이라고 설명했다. 어거스틴은 로고스가 삼위일체의 한 위격이라고 해석했다. 칼빈은 로고스가 하나님이고, 삼위일체 하나님의 한 위격이며, 하나님의 성육신일 뿐만 아니라, 로고스가 그리스도로서 한 인격에 두 본성 즉 신성과 인성이 있음을 말했다. 모리스는 로고스의 신격을 말하고, 아버지와 일체임을 말하여 삼위일체를 뒷받침하였다. 이뿐만 아니라 크리소스톰은 로고스의 성육신과 속죄사역을 말했다. 어거스틴은 로고스가 성육신하여 구속사역을 한 것이라고 설명했다. 칼빈은 로고스의 구속사역을 말하고 로고스가 하나님 아버지의 품 안에 있는 비밀까지도 나타내셨다고 주해했다.

크리소스톰은 17절을 설명하면서 시내산의 배경으로 모세가 아말렉 전투에서 두 팔을 펼친 이미지를 활용하여 성육신하신 로고스로서 예수 그리스도의 은혜와 진리를 언급했다. 어거스틴은 18절을 설명하면서 시내산 배경으로 하나님 목격 모티프와 모세 모티프를 사용했다. 아퀴나스의 성육신하신 로고스에 관한 설명에도 시내산 배경이 있다는 강력한 인상을 주었다. 칼빈에 이어 브라운과 모리스도 성육신하신 로고스에 대해서 해석할 때 시내산 배경을 언급했다. 결국 크리소스톰, 어거스틴, 아퀴나스, 칼빈, 모리스는 요한복음이 하나님의 말씀이라는 전통적 정통적 신학의 입장에서 우리의 본문을 주석하였고, 불트만, 바레트, 브라운은 현대의 역사비평적이고 편집비평적인 입장에서 본문을 주석했음을 드러내었다. 모리스, 카슨, 쾨스텐베르거, 버지, 키너, 권해생의 연구는 지금까지의 연구와는 조금 다르게 요한복음 연구에서 새 창조의 모티프를 드러냈다는 점에서 의의가 있다. 이전의 연구자들은 새 창조의 관점에서 본문연구를 시도하지 않은 것으로 보였기 때문이다.

이어서 요한복음 서문의 새 창조 모티프를 추적한 결과는 새 창조가 신구약 성경의 중심주제일 수 있다는 점이었다. 구약 성경은 철저하고 풍성하게 새 창조를 예언했고, 신약 성경은 이 예언의 성취를 기록했기 때문이다. 특히 이사야 43:18-20의 '새 일' 과 이사야 65:17의 '새 하늘과 새 땅의 창조' 등의 예언 등은 로고스의 새 창조 모티프를 명확하게 반영했다.

이 같은 구약 예언의 성취로서 신약은 공관복음에서부터 로고스의 새 창조 풍성하게 드러냈다. 마태복음 1:1의 '계보' 와 창세기 5:1의 '계보' 가 동일한 단어로 사용되었고, 마태복음 28:18-20의 모든 민족에 대한 선교명령에는 로고스 새 창조 모티프가 있었다. 마가복음의 첫 마디 '시작' (ἀρχή)과 창세기의 '태초' (ἀρχή: 70인역)와 요한복음 1:1의 '태초' (ἀρχή)는 새 창조를 표명하고 있다. 마가의 '더러운 귀신의 축출' (막 1:26) 기사는 창세기 3:15의 예언 성취의 한 실례였다. "예수께서 각종 병이 든 많은 사람을 고치신 것"(막 1:34)은 로고스의 새 창조 사역의 일환이다. 누가의 족보(눅 3:23-38)가 예수님에서 시작하고 하나님에서 끝난 것은 종말적 새 시대에 예수님이 하나님의 아들이자 마지막 아담으로서 첫 아담이 하지 못한 임무를 수행하는 자의 인격을 드러냈다. "새 포도주는 새 부대에 넣어야 할 것"(마 9;17; 막 2:22; 눅 5:38)은 시간적으로 질적으로 새로운 것을 의미한다. 누가복음 11:27-28은 하나님의 새 가족 창조가 마지막 아담의 임무임을 말했다. 누가복음 22:20의 "새 언약"은 그리스도가 새 창조의 주체임을 밝혔다. 이처럼 구약 전체와 공관복음에 요한복음 서문의 새 창조 모티프가 풍성하게 들어있다.

바울은 고린도후서 5;17과 갈라디아서 6:15에서 '새로운 피조물' 이란 용어를 직접 사용하여 새 창조에 관하여 말하였다. 또한 고린도전서 15:39-47에서는 창세기 1장의 6일간의 창조물들을 언급하면서 그리스도의 부활에 따른 우주적 새 창조 모티프를 분명하고 확실하게 드러내었다.

유대문헌에도 새 창조 모티프가 나타났다. 에스라4서, 시리아어 바룩 묵시록, 이디오피아어 에녹서, 요벨서 그리고 쿰란문헌들에서 '사람의 새 창조' 와 더불어 '세상의 새 창조' 를 나타내는 우주적 새 창조 모티프가 나타났다. 유대문헌에 나타난 새 창조의 성격은 인간론적이고 종말론적이며 우주적인 특성을 나타냈다.

이와 같은 새 창조 모티프는 요한복음 전체에도 반영되었다. 요한은 의도적으로 창세기에 기록된 창조의 첫 주간과 비슷하게 평행을 시사하는 방식으로 로고스 예수님의 사역의 첫 주간을 소개하였다. '이튿날', '이튿날', '이튿날', '사흘째 되던 날' 등이 메시아 사역의 첫 주간을 이루었다. 요한복음에 대하여 7일이나 일곱 시기 혹은 7주간으로 나눌 수 있는 근거를 찾을 수 있는 것은 기록자의 의도적인 창조의 7일 모티프를 반영한 결과로 로고스의 새 창조를 드러내기 위함이라고 할 수 있다. 로고스 예수님은 창조주로서 생명의 수여자이고 회복자로서 안식일에도 권위를 행사하였다는 것은 요한복음 전체에 창조 모티프를 뛰어 넘는 새 창조 모티프가 작용하고 있음을 나타내었다. 특히 요한복음에 나타난 7 가지 표적은 새 창조의 표적이라 할 수 있었다. 가나 혼인 잔치에서 물로 포도주를 만든 기적(2:1-11), 왕의 신하의 아들을 고친 이적(4:46-54), 38년된 병자의 치유(5:1-15), 5병2어의 이적(6:1-15), 물위를 걸으신 이적(6:16-21), 나면서부터 맹인된 자의 치유(9장), 그리고 죽은 나사로를 살리신 이적(11장) 등을 통하여 로고스는 단순히 기적 행하는 자가 아니라, 요한복음 서문에 암시된 새 창조의 하나님 나라를 세울 메시아임을 보여주었다. 요한복음 서문(1:1-18)에서 창조 모티프와 관련된 처음 언급들은 주로 로고스 예수 그리스도 안에서와 로고스로 말미암은 하나님의 첫 창조와 연관이 있는 반면에, 요한복음 마지막 부분의 수난 내러티브는 이런 언급들을 기반으로 하여 로고스 예수님의 십자가 수난과 부활을 배치하여 새 창조의 맥락을 결정적으로 강조하였다. 성육신한 로고스 예수님의 부활은 가장 중요한 새 창조 신학의 절정을 이루었다. 이처럼 요한복음 전체가 서문(1:1-18)에서 제시된 새 창조 모티프를 드러냈다.

로고스의 성육신과 하나님의 새 창조가 필요한 이유는 사람의 타락 때문이었다. 요한복음 서문(1:1-18)에 나타난 '어둠'과 '깨닫지 못함'과 '알지 못함'은 인간의 타락을 나타내기 때문이다. 로고스의 피조물들이 자신들의 창조자이며 소유주인 로고스를 알지 못한 것은 인간의 타락의 결과이다. 타락의 결과로 세상이 하나님으로서 로고스의 성육신을 알지 못했고, 로고스가 타락한 인간을 구원한다는 로고스의 새 창조를 알지 못했다. 아담의 범죄와 인간의 타락은 요한복음 서문에서 어둠으로 표현되었다. 따라서 요한복음 서문에는 창세기에 기록된 아담의 범죄와 타락이 암시되어 있다.

인간의 타락 문제를 해결하기 위하여 로고스의 인격과 사역으로 말미암는 새 창조 필요했다. 로고스는 새 창조의 중보자로서 요한복음 서문에 하나님,

아버지의 독생자, 그리고 예수 그리스도 등으로 제시되었다. 로고스는 하나님으로서 이미 창조 중보자였고(요 1:1, 3), 로고스의 성육신은 새 창조적 구속중보의 시작이었다. 로고스의 성육신과 거하심은 구약의 성막과 성전이 새 창조적으로 성취되고 확대되었다. 옛 창조에서 새 창조로 변환하는 결정적 계기는 하나님의 구속사역이라 할 수 있다. 생명과 빛은 로고스 아들의 구속사역과 연관이 있다.

로고스의 새 창조 사역은 생명과 빛을 보유한 로고스의 성육신과 거하심에 나타났다. 생명과 빛은 창조 용어에 해당하고, 요한복음이 새 창조 모티프로 작성되었음을 의미하기 때문이다. 세상에 빛을 창조하신 로고스 하나님이 어둠 속에 있는 인간을 구원하기 위해 구원의 빛으로 오셨다. 하나님의 첫 창조에 어둠이 창조의 빛을 제어하거나 이기지 못하듯이(창 1:2-3) 어둠의 세력이 새 창조의 빛을 막을 수 없다. 하나님의 자녀가 태어나는 것도 새 창조이다. 로고스를 영접하는 자는 곧 그 이름을 믿는 자가 되어 새 창조적으로 하나님의 자녀가 되는 권세를 로고스로부터 받은 자이기 때문이다. 로고스의 이름을 믿는다는 것은 그의 인격과 사역을 믿는 것인데, 로고스의 성육신의 인격과 하나님의 어린 양으로서의 새 창조적 구속사역을 의미한다. 로고스를 영접하고 믿는 하나님의 자녀는 혈통으로나 육정으로나 사람의 뜻으로 나지 않는 3중 부정의 강조와 함께 하나님께로부터 새 창조적으로 거듭난 자들임이 강조되었다. 이렇게 해서 하나님에게서 거듭난 자는 의미상 그리스도의 성령 잉태와 동정녀 탄생과 연관되었다. 요한복음 1:12에 언급된 하나님의 자녀는 요한복음 3장에서 중생의 개념으로 확대되었다. 중생도 하나님의 새 창조이다.

모세의 중보를 통하여 율법이 주어졌듯이, 제2의 모세라 할 수 있는 예수 그리스도의 중보로 말미암아 은혜와 진리가 온 것은, 로고스 예수 그리스도가 하나님의 어린 양으로서 구속적 중보 사역을 새 창조적으로 수행하여 주어졌다고 할 수 있다. 따라서 요한복음서문에 나타난 새 창조 모티프에 관한 연구의 결론은 다음과 같이 정리할 수 있다.

첫째, 요한복음 서문(1:1-18)에 새 창조 모티프가 나타난다.
둘째, 요한복음 서문의 주제로서 로고스는 새 창조의 중보자이다.
셋째, 새 창조의 주요 대상은 사람이다(1:4).
넷째, 새 창조는 로고스의 성육신으로 이루어졌고, 이루어질 것이다.
다섯째, 새 창조의 가장 중요한 계기는 로고스 예수의 구속사역이다.
여섯째, 새 창조의 중보자는 삼위일체 하나님의 제2위 성자 그리스도이다.
일곱째, 로고스의 새 창조는 종말론적 사건이다.
따라서 사도요한은 창조 신학자(theologian of creation)를 넘어 "새 창조 신학자"(theologian of new creation)로 호칭 받는 것이 합당할 것이다.[1)]

2. 과제

공관복음과 요한복음 이후의 나머지 신약 성경에 나타난 새 창조 모티프를 찾는 과제는 이 논문에서 다루지 못한 부분이다. 사도행전과 공동서신 그리고 요한계시록에 나타난 새 창조 모티프에 대해서는 이 논문에서 다루지 못했다. 베드로후서 3:13은 "새 하늘과 새 땅을 바라보도다"고 말하고, 요한계시록 21:1에서는 "또 내가 새 하늘과 새 땅을 보니 처음 하늘과 처음 땅이 없어졌고 바다도 다시 있지 않더라"는 묘사로 완성된 새 창조를 말한다. 이처럼 요한복음 서문 이외에 새 창조를 나타내는 다른 성경 본문에 대해 연

1) cf. 안드레아스 쾨스텐베르거, 스코트 스웨인 공저, 「아버지와 아들과 성령: 삼위일체와 요한복음」, 213.

구할 필요성이 있다. 그러나 이런 구절들에 대한 연구는 이 논문의 범위를 벗어나기 때문에 추후의 과제로 남겨둔다.

국문초록

최근에 성경을 새 창조의 관점에서 조망하려는 시도가 일어났다. 윌리엄 덤브렐(W. J. Dumbrell)은 그의 「새 언약과 새 창조」(*The End of The Beginning: Revelation 21-22 and the Old Testament*)에서 성경 전체를 새 창조의 관점에서 성경신학을 정립하려 했다. 그레고리 빌(G. K. Beale)도 그의 「신약성경신학: 성경신학적 종말론적 주제별 연구 방식」(*A New Testament Biblical Theology: The Unfolding of the Old Testament in the New*)에서 시작된 종말과 시작된 새 창조라는 시각에서 성경 전체를 조망하려는 시도를 진행했다. 그레엄 골즈워디(G. Goldsworthy)는 그의 「복음과 하나님의 계획」(*According to Plan: The Unfolding Revelation of God in the Bible*)과 「하나님의 아들과 새 창조」(*The Son of God and the New Creation*)에서 새 창조의 관점에서 성경신학을 정립하려 하였다. 이러한 경향은 기왕의 헬만 레델보스(H. Ridderbos, *The Coming of the Kingdom; Paul: An Outline of His Theology*)나 게할더스 보스(G. Vos, *Biblical theology: old and new Testaments; The Pauline Eschatology*)가 구속사적 종말론의 관점에서 성경 전체가 하나님의 나라를 지향한다는 성경신학을 수립하였던 노력에 새로움을 더하는 시도라고 할 수 있다. 그러나 이러한 연구들은 성경 전체를 개략적으로 다루는 것들이어서 보다 구체적인 성경 각 권이나 특정 본문에 대한 세밀한 연구는 진행되지 못하는 한계가 있었다.

신구약 성경 전체에서 새 창조의 모티프를 찾을 수 있다. 그렇다고 성경의 모든 새 창조 모티프를 찾는 것은 하나의 제한된 책에서 다루기에는 범위가 너무 넓었다. 따라서 창조에서 새 창조에 이르는 전 과정에 대해서는 한정된 지면 때문에 전부 논구할 수는 없었다. 따라서 논의의 집중도를 높이기 위하여 요한복음 서문(1:1-18)으로 연구의 범위를 한정했다. 여기에 곁들여 새 창조 모티프가 성경과 유대문헌 그리고 요한복음 전체에 어떻게 반영되었는지를 살펴보았다.

성경 전체를 창세기의 '창조'에서 요한계시록의 '새 창조'에 이르는 과정으로 보는 것이 타당하다면, 성경의 일부인 요한복음 서문(1:1-18)에 새 창조 모티프가 반영되었는지를 고찰할 수 있었다. 따라서 이 책에서는 과연 요한복음 서문(1:1-18)에 새 창조의 개념이 나타나 있는지를 탐구하였다. 이와 함께 로고스는 요한복음 서문의 주제로서 합당한지도 살폈다. 아울러 요한복음 서문에서 로고스는 새 창조의 중보자로서 어떻게 새 창조를 수행하는지를 논의하였다. 그 결과 새 창조와 로고스의 구속사역의 연관성이 드러났다.

따라서 빌과 덤브렐과 골즈워디가 성경 전체를 조망하여 새 창조를 제시하였다면, 이 연구는 새 창조의 관점으로 성경의 일부 혹은 특별한 본문을 해석하는 것이 가능함을 밝혔다. 그 결과 이 연구에서는 요한복음 서문(1:1-18)에 새 창조 모티프가 어떻게 반영되었는지를 드러냈다. 로고스는 요한복음 서문의 주제임이 드러남과 아울러 다음과 같은 결과도 드러났다. 로고스는 새 창조의 중보자이다. 새 창조의 주요 대상은 사람이다(1:4). 사람의 변화가 새 창조의 핵심이다. 로고스 성육신의 목표는 하나님의 백성에 대한 구속사역이다. 하나님의 자녀가 되는 것도 로고스의 성육신과 구속사역을 통한 새 창조이다(1:12-13). 그러므로 사도요한은 "새 창조 신학자"라고 할 수 있다.

주제어: 요한복음 서문, 로고스, 새 창조 모티프, 성육신, 구속사역

Abstract

A Study of New Creation Motif of Logos in John's Prologue

Recently, there was an attempt to research the Bible from a vantage point of new creation. W. J. Dumbrell studied to establish biblical theology as a viewpoint of new creation in his *The End of The Beginning: Revelation 21-22 and the Old Testament*. G. K. Beale argues that every major concept of the New Testament is a development of a concept from the Old Testament and is to be understood as a facet of the inauguration of the latter-day new creation and kingdom in his *A New Testament Biblical Theology: The Unfolding of the Old Testament in the New*. G. Goldsworthy also studied to establish biblical theology as new creation in his *According to Plan: The Unfolding Revelation of God in the Bible* and *The Son of God and the New Creation*. These tendencies seem to develop a viewpoint of redemptive eschatology in H. Ridderbos's *The Coming of the Kingdom & Paul: An Outline of His Theology* and G. Vos's *Biblical theology: old and new Testaments & The Pauline Eschatology*.

This study is a research on new creation motif of John's prologue(Jn 1:1-18). Logos is a central theme of John's Prologue. Also Logos is the mediator of new creation. Mankind is the major managed object of new creation(Jn 1:4). Logos's incarnation is His presence among mankind. Logos was incarnated to be present with them in His Person. So, Logos as God's incarnation is the God who dwells among us(Jn 1:14). Logos is God Incarnate. Logos incarnated Himself to save mankind and to be with them.

This book consists of six chapters. Chapter one and six are introduction and conclusion. Chapters from two to five are the studies of John's prologue. The purpose of these chapters is to disclose new creation in John' prologue.

The key point of new creation is the transformation of people(Jn 1:13), because a motive of Logos's incarnation was the formation of new mankind. Logos changes humankind as the Redeemer(Jn 1:29). Logos Jesus Christ saved mankind with His blood. New creation was and is and will be accomplished and consummated by the redemption of Logos Jesus Christ. Therefore John the Apostle can be entitled "a theologian of new creation".

Key Words: John's Prologue, Logos, new creation motif, incarnation, redemption

참고문헌

1. 외국문헌

Hengel, Martin. "The Prologue of the Gospel of John as the Gateway to Christological Truth." *The Gospel of John and Christian Theology*. eds Richard Bauckham, Carl Mosser. Grand Rapids, Michigan: Wm. B. Eerdmans Pub. Co., 2008.

Roh, Jakwan. "The Recreator as the Son of God in the Gospel of John." Ph.D. Dissertation: California Union University, 1998.

Aquinas, Thomas. *COMMENTARY ON THE GOSPEL OF ST. JOHN Part I: Chapters 1-7*. Trans. James A. Weisheipl, O.P. Albany, N.Y.: Magi Books, Inc., 1998.

Ashley, Timothy R. *The Book of Numbers*. NICOT. Grand Rapids, Michigan: Wm. B. Eerdmans, Pub. Co., 1993.

Ashton, J. *Studying John: Approaches to the Fourth Gospel*. Oxford: Clarendon Press, 1994.

Barrett, C. K. *The Gospel According to St. John: An Introduction with Commentary and Notes on the Greek Text*. London: SPCK, 1978.

Barth, Karl. *Die kirchliche Dogmatik*. Zurich: Theologischer Verlag, 1976.

Bauckham, Richard and Carl Mosser eds. *The Gospel of John and Christian Theology*. Grand Rapids, Michigan: Wm. B. Eerdmans Pub. Co., 2008.

Bauer, Walter. *A Greek-English Lexicon of the New Testament and Other Early Christian Literature*. Third Edition. Revised and edited by Frederick William Danker. Chicago and London: The University of Chicago Press, 2003.

Boismard, M. E. *St. John's Prologue*. Trans. Carisbrooke Dominicans. Westminster, Maryland: Newman Press, 1957.

Brown, Francis, S. R. Driver and Charles A. Briggs, *Hebrew and English Lexicon of the Old Testament*. Trans. Edward Robinson. Oxford: The

Clarendon Press, 1966
Brown, R. E. *An Introduction to New Testament Christology*. New York: Paulist Press, 1994.
____. *The Gospel according John* (i-xii). The Anchor Bible. New York: Doubleday & Company, 1977.
Bruce, F. F. *The Book of the Acts*. NICNT. Grand Rapids, Michigan: Wm. B. Eerdmans Pub. Co., 1988.
_____ . *The Epistle to the Hebrews*. NICNT. Grand Rapids, Michigan: Wm. B. Eerdmans Pub. Co., 1990.
Calvin, John. *The Gospel according to St. John 1-10*. Trans. T. H. L. Parker. Calvin's Commentaries. Grand Rapids, Michigan: Wm. B. Eerdmans Pub. Co., 1995.
Carson, D. A. *The Gospel according to John*. Leicester: Inter-Varsity, 1991.
Chrysostom, J. "Homilies on the Gospel of St. John," *A Select Library of the Nicene and Post-Nicene Fathers of the Christian Church*. ed. Philip Schaff, vol. xiv. Grands Rapids: Eerdmans Publishing Co., 1983.
Cogan, Mordechai & Hayim Tadmor. *II Kings*. The Anchor Bible. New York: Doubleday & Company, 1988.
Dahood, Mitchell. S. J. *Psalms II 51-100*. The Anchor Bible. New York: Doubleday & Company, 1965.
Dodd, C. H. *The Interpretation of the Fourth Gospel*. Cambridge: Cambridge Unoversity Press, 1980.
Duke, P. D. *lrony in the Fourth Gospel*. Atlanta: John Knox press, 1985.
Duram, John I. *Exodus*. Word Biblical Commentary. Waco, Texas: Word Books, Publisher, 1987.
Eller, W. *The Beloved Disciple*. Grand Rapids: Eerdmans, 1987.
Endo, Masanobu. *Creation and Christology: A Study on the Johannine Prologue in the Light of Early Jewish Creation Accounts*. Tubingen: Mohr Siebeck, 2002.
Green, Joel B. *The Gospel of Luke*. NICNT. Grand Rapids, Michigan: Wm. B. Eerdmans, Pub. Co., 1997.
Gundry, Robert H. *Mark: A Commentary on His Apology for the Cross*. Grand Rapids, Michigan: Wm. B. Eerdmans, Pub. Co., 1998.

Hamilton, Victor P. *The Book of Genesis: Chapter 1-17*. NICOT. Grand Rapids: Wm Eerdmans Pub. Co., 1990.

Harvey, H. *Commentary on the Pastoral Epistles, First and Second Timothy, and Titus and the Epistle to Philemon*. Philadelphia: The American Baptist Publication Society, 1890.

Keener, Craig S. *The Gospel of John: A Commentary Vol. 1*. Massachusetts: Hendrickson Publishers, 2003.

Kittel, Gerhard ed. *Theological Dictionary of the New Ttestament*. Trans. Geoffery W. Bromiley Vol. IV. Grand Rapids, Michgan: Wm. B. Eerdmans Pub. Co., 1993.

Koesrenberger, Andreas J. & Scott R. Swain. *Father, Son and Spirit: The Trinity and John's Gospel*. NSBT 24. Illinois: IVP, 2008.

Koesrenberger, Andreas J. *John*. Grand Rapids, Michigan: Baker Academic, 2004.

Kysar, R. *John's Story of Jesus*. Philadelphia: Fortress Press, 1984.

_____. *The Fourth Evangelist and his Gospel*. Minneapolis: Augsburg, 1975.

Lane, William L. *The Gospel according to Mark*. NICNT. Grand Rapids, Michigan: Wm. B. Eerdmans, Pub. Co., 1974.

Lincoln, Andrew T. *The Gospel According to St John*. Black's New Testament Commentary, London, New York: Hendrickson Publishers, Continuum, 2005.

Mann, C. S. *Mark*. The Anchor Bible. New York: Doubleday & Company, Inc, 1986.

McHugh, John F. *A Critical and Exegetical Commentary on John 1-4*. ICC. London: T & T Clark, 2009.

Meyer, F. B. *Devotional Commentary on Exodus*. Grand Rapids, Michigan: Kregel Publications, 1978.

Meyers, Carol L. & Eric M. Meyers. *Haggai, Zechariah 1-88*. The Anchor Bible. New York: Doubleday & Company, Inc, 1987.

Michaels, J. Ramsey. *The Gospel of John*. NICNT. Grand Rapids, Michigan: Wm. B. Eerdmans Pub. Co., 2010.

Morris, Leon. *The Gospel according to the JOHN*. NICNT, Revised Edition. Grand Rapids, Michigan: Wm. B. Eerdmans Pub. Co., 1995.

Myers, Jacob M. *1 Chronicles*. The Anchor Bible. New York: Doubleday & Company, 1965.

Oswalt, John N. *The Book of Isaiah Chapter 40-66*. NICOT. Grand Rapids, Michigan: Wm. B. Eerdmans, Pub. Co., 1998.

Painter, J. *The Quest for the Messiah: The History, Literature and Theology of the Johannine Community*. Edinburgh: T&T Clark, 1991.

Phillips, Peter M. *The Prologue of the Fourth Gospe: A Sequential Reading l.* London: T&T Clark, 2006.

Ridderbos, Herman. *The Coming of the Kingdom*. Trans. H. de Jonste. Philadelphia: The Prebyterian and Reformed Pub. Co., 1962.

______. *The Gospel of John: A Theological Commantary*. Trans. John Vriend. Grand Rapids, Michigan/Cambridge: Wm. B. Eermans Pub. Co., 1997.

Schaff, Phillip ed. *A Select Library of the Nicene and Post-Nicene Fathers of the Christian Church Vol. XIV. Saint Chrysostom: Homilies on the Gospel of St. John and the Epistle to the Hebrews*. Edinburgh: T&T Clark, 1989.

Smalley, S. S. *John-Evangelist & Interpreter*. Exeter: Paternoster Press, 1978.

Smith, D. M. *The Theology of the Gospel of John*. Cambridge: Cambridge University Press, 1995.

Speiser, E. A. *Genesis*. The Anchor Bible. Garden City, New York: Doubleday & Company, Inc., 1964.

Staley, J. I. *The Print's Kiss: A Rhetorical Investigation of the Implied Reader in the Fourth Gospel*. Atlanta: Scholars Press, 1988.

Suh, Chul Won. *Christology*. Seoul: Chongshin University Press, 2000.

Thompson, J. A. *The Book of Jeremiah*, NICOT. Grand Rapids, Michigan: Wm. B. Eerdmans, Pub. Co., 1980.

Thompson, M. M. *The Incarnate Word Perspective on Jesus in the Fourth Gospel*. Massachusetts: Hendrickson Publishers, 1988.

Verhoef, Pieter A. *The Book of Haggai and Malachi*. NICOT. Grand Rapids, Michigan: Wm. B. Eerdmans Pub. Co., 1987.

2. 국내문헌

강종석. "요한복음서언(요한 1,1-18)에 대한 주석학적 고찰: 요한의 로고스 해석의 새로운 요소로서 그의 인간론을 제기하면서." 박사학위논문, 대구가톨릭대학교 대학원, 2003.

강창희. "요한복음의 말씀의 意味."「ACTS 神學과 宣教」Vol.3, 1999.

권해생. "예수의 세족(요 13:1-17)에 나타난 성전과 가족으로서의 예수 공동체."「교회와 문화」제32호, 2014.

_____. "요한복음 20:19-23에 나타난 예수의 성전 건축과 메시야 직분."「신약연구」제12권 제2호, 2013.

_____. "요한복음의 새 창조 모티프: 표적, 십자가와 부활, 성전."「신약연구」제16권 4호, 2017.

김석만. "요한복음 서문의 로고스 기독론연구: 서사비평을 중심으로." 박사학위논문, 호서대학교대학원, 2008.

김선욱. "바다 위를 걸으신 예수의 기적 이야기(막 6:45-52)에 나타난 출애굽 이미지 연구와 새 출애굽으로서의 신학적 의의."「신약연구」제15권 제2호, 통권 42호, 2016. 6.

김응수. "요한복음의 로고스 모티프에 관한 연구." 박사학위논문, 호서대학교, 2008.

김지찬. "창 6장의 '하나님의 아들들': 내러티브 읽기를 통해서 본 통합적 해석의 가능성."「신학지남」통권 제304호, 2010년 가을호.

김형주. "마태의 선교명령전승(28:16-20)의 진정성에 관한 연구." 박사학위논문, 총신대학교대학원, 2001.

나채운, "요한복음 서론의 문학적 구조와 신학적 의미 (Ⅱ),"「장신논단」Vol.7, 1991.

노재관. "창세기 1-3장과 관련된 요한복음 서언(요 1:1-18)에 관한 연구." 박사학위논문, 한국성서대학교, 2005.

. "요한복음 서언에 나타나는 로고스의 배경."「칼빈논단」제24호, 2004.

문우일. "소경으로 태어나 다시 보는 사람(요한복음 9)."「신약연구」제13권 제2호, 통권 34호, 2014. 6.

박정식. "요한복음 로고스의 의미: 요한복음 서언(1:1-18)에 나타난 로고스의 정체성과 역할을 중심으로.” 「광신논단」 19권, 2010.

박희석. “요한복음의 ‘요병이어의 표적’에 대한 상호텍스트성 분석.” 박사학위논문, 한영신학대학교, 2011.

서형석, “요한복음 서막의 로고스와 코스모스.” 박사학위논문, 연세대학교대학원, 2004.

송병구. “뮈토스와 로고스: 현대의 신화 읽기.” 「종교와문화」 9권, 2003.

송영의. “요한복음의 성령론 연구: 구약과의 관계에서 본 새로운 구속사적 해석의 탐구.” 박사학위논문, 총신대학교 대학원, 2007.

안치범. “쿰란공동체의 사상과 의식에 대한 연구.” 「신학지평」 제29집, 2016.12.

오광만. “창조와 구속: 구속과 새 창조의 패러다임으로서 ‘에덴’.” 「진리와 학문의 세계」 제17권, 2006.12.

이영진. “요한복음 1장17절 두 dia 구조에 나타난 요한공동체의 정체성 연구.” 박사학위논문, 호서대학교, 2009.

이정희. “한국교회의 설교 전달에 대한 수사학적 연구: 파토스적 전달 방법을 중심으로.” 박사학위논문, 계명대학교, 2012.

정승익. “니케아-콘스탄티노플 신경에서의 성자 하느님의 '낳음(generatio)'과 성령 하느님의 '발하심(processio)'의 구분에 대해: 아우구스티누스의 심리학적 삼위일체론을 중심으로.” 「누리와 말씀」 27호, 2010.

최동식. “포스트모던 시대에서의 강단 사역을 위한 에토스(Ethos), 파토스(Pathos), 로고스(Logos) 이해.” 박사학위논문, 장로회신학대학교, 2009.

최 수. “로고스와 뮈토스: 철학과 문학텍스트에 나타난 대리보충.” 박사학위논문, 고려대학교, 2015.

최영실. “요한복음 안의 역사적 예수 연구: σαρξ의 역사성.” 박사학위논문, 이화여자대학교, 1987.

최영철. “창조와 구원.” 「가톨릭사상」 Vol.8, 1993.

최의원. “창조론의 재검토.” 「신학지남」 제161호, 1973, 6.

황현숙. “구원의 희망 속에서 탄식하는 피조물 (롬 8:19-22).” 「한국기독교신학논총」 Vol.9 No.1, 1992.

거쓰리, 도날드. 「신약개론」. 나용화와 박영호 공역. 서울: 기독교문서선교회,

1988.

고펠트, 레온하르트.「모형론: 신약의 구약해석」. 최종태 역. 서울: 새순출판사, 1987.

골즈워디, 그레엄.「복음과 하나님의 계획」. 김영철 역. 서울: 성서유니온선교회, 2007.

_____.「하나님의 아들과 새 창조」. 강대훈 역. 서울: 부흥과개혁사, 2016.

권성수.「성경해석학1」. 서울: 총신대학출판부, 1992.

_____.「요한계시록」. 서울: 선교횃불, 2001.

_____.「히브리서」. 서울: 총신대학교출판부, 1997.

권종선 편.「해설 복음서 대조서」. 서울: 도서출판 누가, 2013.

권해생.「요한복음」. 서울: 대한예수교장로회고신총회출판국, 2016.

그로샤이데, F. W.「고린도전서」. 서문강역. 성경주석 뉴 인터내셔널. 서울: 생명의말씀사, 1984.

길성남.「에베소서 어떻게 읽을 것인가」. 서울: 성서유니온선교회, 2006.

김득중.「요한복음의 신학」. 서울: 컨콜디아사, 1999.

_____.「복음서 신학. 서울: 컨콜디아사, 1991.

김문현.「가슴으로 읽는 요한복음」. 서울: 도서출판 영성네트워크, 2005.

김이곤.「출애굽기의 신학」. 서울: 한국신학연구소, 1991.

김창선.「쿰란문서와 유대교」. 서울: 도서출판한국성서학, 2002.

김희보.「구약신학논고」. 서울: 기독교문서선교회, 1996.

_____.「구약호세아주해」. 서울: 총신대학출판부, 1983.

노희원.「성서주석: 사무엘하」. 서울: 대한기독교서회, 2006.

더햄, 존.「출애굽기」. 손석태, 채천석 공역. WBC. 서울: 도서출판 솔로몬, 2000.

던, 제일스.「로마서 1-8」. 김철과 채천석 공역. WBC. 서울: 도서출판 솔로몬, 2003.

델리취, 카일.「구약주석2: 출애굽기」. 김득중 역. 서울: 기독교문화출판사, 1983.

덤브렐, 윌리엄 J.「새 언약과 새 창조」. 장세훈 역. 서울: CLC, 2007.

드 브리스, 시몬 J.「열왕기상」. 김병하 역. WBC. 서울: 도서출판 솔로몬, 2001.

레인, 윌리암.「성경주석 뉴 인터내셔널: 마가복음 (상)」. 이상훈 역. 서울: 생명의말씀사, 1983.

레인, 윌리암 L.「히브리서 9-13」. 채천석 역. WBC. 서울: 도서출판 솔로몬,

2007.
리델보스, 헤르만. 「하나님 나라」. 오광만 역. 서울: 도서출판 솔로몬, 2008.
모리스, 레온. 「뉴인터내셔널성경주석: 요한복음(상)」. 이상훈 역. 서울: 생명의말씀사, 1994.
_____. 「신약신학」. 황영철과 김원주 공역. 서울: 생명의말씀사, 1992.
_____. 「요한신학」. 홍찬혁 역. 서울: 기독교문서선교회, 1995.
바레트, C. K. 「고린도후서」. 국제성서주석. 서울; 한국신학연구소, 1992.
_____. 「요한복음(1)」. 국제성서주석. 서울: 한국신학연구소, 1993.
바운스, 윌리암 D. 「목회서신」, 채천석과 이덕신역. WBC. 서울: 도서출판 솔로몬, 2009.
박윤선. 「구약주석: 다니엘서」. 서울: 영음사, 1985.
_____. 「구약주석: 창세기」. 서울: 영음사, 1985.
_____. 「성경주석: 고린도전후서」. 서울: 영음사, 1980.
_____. 「성경주석: 공관복음」. 서울: 영음사, 1979.
_____. 「성경주석: 욥기」. 서울: 영음사, 1985.
_____. 「신약주석: 로마서」. 서울: 영음사, 1985.
박종칠. 「시편의 구속사적 이해」. 서울: 도서출판영문, 1997.
박형용. 「사복음서주해 (I)」. 수원: 합동신학교출판부, 1994.
박호용. 「천하제일서 요한복음」. 서울: 쿰란출판사, 2012.
배재욱. 「초기 유대교와 신약성경의 중생」. 서울: 대한기독교서회, 2008.
배제민. 「새로운 형태의 구약연구」. 서울: 총신대학출판부, 1982.
_____. 「새로운 형태의 모세오경연구」. 서울: 총신대학출판부, 1984.
버지, 게리. 「요한복음」. 김병국역. NIV 적용주석. 서울: 도서출판 솔로몬, 2011.
버틀러, 트렌트 「여호수아」. 정일호 역. WBC. 서울: 도서출판 솔로몬, 2004.
보스, 게할더스. 「성경신학」. 원광연 역. 서울: 크리스챤다이제스트, 2005.
보컴, 리처드. 「요한복음 새롭게 보기: 요한복음의 주요 주제들에 대한 심층분석」. 문우일 역. 서울: 새물결플러스, 2016.
불트만, 루돌프. 「예수 그리스도와 신화」. 이동영 역. 서울: 한국로고스연구원, 1994.
_____. 「신약성서신학」. 허혁 역, 서울: 성광문화사, 1980.
_____. 「요한복음서연구」. 허혁 역. 서울: 성광문화사, 1990.

블롬버그, 크레이그 L. 「예수와 복음서」. 김경식 역. 서울: CLC, 2008.
브라운, 레이몬드 E. 「신약개론」. 김근수 외 역. 서울: 기독교문서선교회, 2009.
_____. 「요한복음 1: 표적의 책」. 최흥진 역. 앵커 바이블. 서울: 기독교문서선교회, 2013.
_____. 「요한복음 II: 영광의 책」. 최흥진 역. 앵커바이블. 서울: 기독교문서선교회, 2013.
_____. 「요한복음개론」. 최흥진 역. 서울: 기독교문서선교회, 2013.
브라운, 로디. 「역대상」. 김의원 역. WBC. 서울: 도서출판 솔로몬, 2001.
브루스, F. F. 「신약사」. 나용화 역. 서울: 기독교문서선교회, 1984.
비슬리-머리, G. R. 「요한복음」. 이덕신 역. WBC. 서울: 도서출판 솔로몬, 2001.
비일, 그레고리 K. 「성전신학: 하나님의 임재와 교회의 선교적 사명」. 강성열 역. 서울: 새물결플러스, 2016.
_____. 「신약성경신학」. 김귀탁 역. 서울: 부흥과개혁사, 2014.
빌, G. K., D. A. 카슨 편. 「신약의 구약 사용 주석 시리즈 2: 누가 요한복음」. 우성훈과 배성진 공역. 서울: 기독교문서선교회, 2012.
빌,그레고리 K. & 데이비드 H. 켐벨 공저. 「요한계시록 주석」. 김귀탁 역. 서울: 도서출판 복있는사람, 2015.
사르나, 나훔 M. 「출애굽기 탐험」. 박영호 역. 서울: 도서출판 솔로몬, 2004.
서영한. 「요한복음 서언연구」. 서울: 성광문화사, 1994.
서중석. 「요한복음해석」. 서울; 대한기독교서회, 2012.
서철원. 「갈라디어서 주석」. 서울: 대한예수교장로회총회, 2005.
_____. 「교리사」. 서울: 총신대학교출판부, 2003.
_____. 「기독론」. 서울: 총신대학교출판부, 2000.
_____. 「신학서론」. 서울: 총신대학교출판부, 2001.
_____. 「인간, 하나님의 형상」. 서울 총신대학출판부, 2007.
_____. 「창세기 I」. 서울; 도서출판 목양, 1999.
소긴, A. 「여호수아」. 서울: 한국신학연구소, 1993.
손석태. 「창세기 강의」. 서울: ESP, 2001.
슈라이너, 토마스 R. 「강해로 푸는 갈라디아서」. 김석근 역. 존더반신약주석. 서울: 도서출판 디모데, 2017.
스몰리, 스티븐 S. 「요한신학」. 김경신 역. 서울: 도서출판 풍만, 1987.

스미드, 랄프. 「미가 -말라기」. 채천석과 채훈 공역. WBC. 서울: 도서출판 솔로몬, 2001.
스미스, 무디. 「요한복음 신학」. 최흥진 역. 서울: 한들출판사, 2001.
스미스, 스티븐. 「본문이 이끄는 장르별 설교」. 김대혁과 임도균 공역. 서울: 아가페북스, 2016.
신성종. 「신약총론」. 서울 기독교문서선교회, 1983.
아우구스티누스. 「삼위일체론」. 김종흡 역. 서울: 크리스챤 다이제스트, 1997.
알렉시우, 요아니스. 「성 요한 크리소스토모스」. 정교회 교부총서 1. 서울: 정교회출판사, 2014.
안진호. 「예수와 신약」. 서울: 총신대학교출판부, 2006.
알렌, 레슬레. 「시편 101-150」. 손석태 역. WBC. 서울: 도서출판 솔로몬, 2002.
양용의. 「마태복음 어떻게 읽을 것인가」. 서울: 성서유니온선교회, 2006.
앤더슨, A. A. 「사무엘하」. 권대영 역. WBC. 서울: 도서출판 솔로몬, 2001.
엘로브스키, 조엘 C. 편. 「교부들의 성경주해: 신약성경 V 요한복음 1-10장」. 정영한 역. 칠곡: 분도출판사, 2013.
예레미아스, 요아킴. 「신약신학」. 정충하 역. 서울: 새순출판사, 1992.
오스월트, 존. 「NIV 적용주석: 이사야」. 장세훈과 김홍련 공역. 서울: 한국성서유니온선교회, 2007.
와츠, 존. 「이사야 34-66」. 강철성 역. 서울: 도서출판 솔로몬, 2002.
「외경위경전서 상」. 서울: 기독교문화사, 1993.
「외경위경전서 하」. 서울: 기독교문화사, 1993.
웬함, 고든. 「창세기 상」. 박영호 역. WBC. 서울; 도서출판 솔로몬, 2001.
유상섭. 「설교를 돕는 분석 누가복음」. 서울: 규장문화사, 1998.
_____. 「설교를 돕는 분석 요한복음」. 서울: 규장문화사, 1999.
이복우. 「내 뒤에 오시는 이」. 수원: 합신대학원출판부, 2011.
이상근. 「신약주해: 고린도서」. 대구: 성등사, 1991.
_____. 「신약주해: 공동서신」. 대구: 성등사, 1991.
_____. 「신약주해: 누가복음」. 대구: 성등사, 1990.
_____. 「신약주해: 요한복음」. 대구: 성등사, 1991.
_____. 「구약주해: 에스겔 다니엘」. 대구, 성등사, 1997.
_____. 「구약주해: 에스라-욥」. 대구: 성등사, 1998.

_____. 「구약주해: 이사야」. 대구: 성등사, 1991.
_____. 「구약주해: 창세기」. 대구: 성등사, 1990.
이상훈. 「성서주석: 요한복음」. 서울: 대한기독교서회, 1993.
이종윤. 「신약개론」. 서울: 개혁주의신행협회, 1988.
이태훈. 「시편 어떻게 읽을 것인가」. 서울: 성서유니온선교회, 2006.
이필찬. 「요한복음1: 이 성전을 허물라」. 고양: 엔크리스토, 2008.
이한수. 「갈라디아서」. 서울: 선교횃불, 2006.
이환진. 「성서주석: 시편 II」. 서울: 기독교서회, 2010.
임창일. 「이사야의 창조신학」. 서울: 개혁주의신행협회, 2001.
장세훈. 「한 권으로 읽는 이사야서」. 서울: 도서출판 이레서원, 2005.
정규철. 「성경무오: 역사적 증거」. 서울: 도서출판 그리심, 2003.
조병수. 「신약성경총론」. 수원: 합동신학대학원출판부, 2013.
주성준. 「요한복음: 확신과 경고」. 서울: 도서출판혜안, 2008.
좁스, 캐런, 모세 실바. 「70인역으로의 초대」. 김구원 역. 서울: 기독교문서선교회, 2012.
차준희. 「출애굽기 다시보기」. 서울: 프리칭아카데미, 2009.
최종태. 「시편주석 I」. 서울: 도서출판횃불, 2006.
카슨, D. A. 「요한복음」. 박문재 역. PNTC. 서울: 도서출판 솔로몬, 2017.
카이사르, 로버트. 「요한복음서 연구」. 나채운 역. 서울: 성지출판사, 1996.
칼빈, 존. 「성경주석: 시편 III」. 서울: 성서원, 2001.
_____. 「성경주석: 여호수아 II, 시편 I」. 서울: 성서원, 2001.
_____. 「성경주석: 이사야 I, 시편 V」. 서울: 성서원, 2001.
_____. 「신약성경주석 3: 요한복음 I」. 서울: 성서교재간행사, 1980.
컬페퍼, 앨런. 「요한복음 해부」. 권종선 역. 서울: 요단출판사, 2006.
코운, 제랄드 L., 파멜라 J. 스칼라이스, 코마스 G. 스모덜스 공저. 「예레미야 26-52」. 정일호 역. WBC. 서울: 도서출판 솔로몬, 2006.
쾨스텐베르거, 안드레아스 J. 「요한복음 총론: 역사적, 문학적, 신학적 관점」.? 김광모 역. 서울: 크리스찬출판사, 2005.
_____. 「요한신학」. 전광규 역. 서울: 부흥과개혁사, 2015.
쾨스텐베르거, 안드레아스, 스코트 스웨인 공저, 「아버지와 아들과 성령: 삼위일체와 요한복음」, 전광규 역 (서울: 부흥과개혁사, 2016
쿨만, 오스카. 「신약의 기독론」. 김근수 역. 서울: 도서출판나단, 1991.

크랜필드, C. E. B.「로마서 2」. 문전섭과 이영재 공역. 국제비평주석. 서울: 로고스, 1994.

크루즈, 콜린 G.「요한복음」. 배용덕 역. 서울: 기독교문서선교회, 2013.

킷텔, 게르하르트, 게르하르트 프리드리히 편,「신약성서신학사전」. 브리밀리, 제프리 W. 편역. 서울: 요단출판사, 1986.

테이트, 마틴 E.「시편 51-100」. 손석태 역. WBC. 서울: 도서출판 솔로몬, 2002.

폰 라트, 게르하르트.「국제성서주석: 창세기」. 서울: 한국신학연구소, 1993.

피츠너, V. C. 「요한복음」. 지미숙 역. 서울: 컨콜디아사, 1993,

해리슨.「신약개론」. 정성구 역. 서울: 세종문화사, 1975.

헤그너, 도날드.「마태복음 1-13」. 채천석 역. WBC. 서울: 도서출판 솔로몬, 1999.

_____.「마태복음 14-28」. 채천석 역. WBC. 서울: 도서출판 솔로몬, 2000.

헤이스, 리처드.「고린도전서」. 유승원 역. 서울: 한국장로교출판사, 2006.

헨드릭슨, 윌렴.「요한복음(상)」. 문창수 역. 서울: 아가페출판사, 1985.

_____.「요한복음(중)」. 문창수 역. 서울: 아가페출판사, 1985.

_____.「요한복음(하)」. 문창수 역. 서울: 아가페출판사, 1984.

휴즈, 필립 E.「고린도후서」. 이기문 역. 성경주석 뉴 인터내셔널. 서울: 생명의 말씀사, 1993.

3. 인터넷사이트

http://dhspriory.org/thomas/SSJohn.htm

http://www.holybible.or.kr